새로운 시각 이론에 관한 시론

대우고전총서
Daewoo Classical Library
026

새로운 시각 이론에 관한 시론

An Essay Towards A New Theory of Vision

조지 버클리 | 이재영 옮김

아카넷

차례

새로운 시각 이론에 관한 시론
|11

신의 직접적인 현전과 섭리를 보여주는 시각 이론 또는 시각적 언어 이론에 대한 옹호와 설명
|207

역자 해제 | 287

참고문헌 | 375

저자 연보 | 379

역자 후기 | 383

■ 일러두기

1. 이 책은 조지 버클리(George Berkeley)의 『새로운 시각 이론에 관한 시론』(*An Essay Towards A New Theory of Vision*, 1709)과 『신의 직접적인 현전과 섭리를 보여주는 시각 이론 또는 시각적 언어 이론에 대한 옹호와 설명』(*The Theory of Vision or Visual Language shewing the immediate Presence and Providence of a Deity Vindicated and Explained*, 1733)을 번역한 것이다.
2. *The Works of George Berkeley, Bishop of Cloyne*, 9 vols., eds. A. A. Luce & T. E. Jessop(Edinburgh : Thomas Nelson, 1948~1957)을 번역 판본으로 삼았으며, 버클리의 모든 저작도 여기서 참고했다. 본 번역서에 인용된 저작들을 연도 순으로 정리하면 다음과 같다.
Philosophical Commentaries(1707~1708) : 『철학적 주석』으로 표기함.
An Essay Towards a New Theory of Vision(1709) : 『시각론』으로 표기함.

A Treatise concerning the Principles of Human Knowledge(1710): 『원리론』으로 표기함.

Three Dialogues between Hylas and Philonous(1713): 『세 대화편』으로 표기함.

De Motu(1721): 『운동론』으로 표기함.

Alciphron or the Minute Philosopher(1731): 『알키프론』 또는 『섬세한 철학자』로 표기함.

The Theory of Vision or Visual Language shewing the immediate Presence and Providence of a Deity Vindicated and Explained(1733): 『옹호와 설명』으로 표기함.

The Analyst or a Discourse addressed to an Infidel Mathematician: 『분석자』로 표기함.

Siris: A Chain of Philosophical Reflexions and Inquiries Concerning the Virtues of Tar-Water, and Divers Other Subjects Connected Together and Arising One from Another(1744): 『시리스』로 표기함.

A Word to the Wise, or an Exhortation to the Roman Catholic Clergy of Ireland(1749): 『현자에게 하는 말』로 표기함.

새로운 시각 이론에 관한 시론

■ 편집자 서론[1]

 이 책은 버클리의 주요 저작 가운데 첫 번째로 출판된 것이다. 이 책이 출판된 1709년에 그는 24세이거나 25세였고, 이 책은 친구 퍼서벌 경[2]에게 헌정되었다. 2판은 1판과 같은 날짜에 출판된 것으로 되어 있지만, 아마도 1710년 1월이나 2월에 출판된 것 같다. 2판에는 약간 수정된 부분이 있고 부록이 덧붙여졌는데, 1710년 3월 1일에 퍼서벌에게 쓴 편지에서 버클리가 "더블

---

1) 편집자 서론은 우리말 번역본에 불필요한 내용만 제외하고 모두 번역하였다. 각주는 대부분 편집자가 붙인 것이며, 인용된 인물들에 대한 간단한 소개는 옮긴이가 덧붙였다. 옮긴이의 주석은 역주로 표시하며, 본문에 나오는 버클리 자신의 주석은 원주로 표시한다.
2) 역주) Sir John Percival, 1st Earl of Egmont(1683~1748). 아일랜드의 귀족. 조지아 주를 발견했으며, 영국 의회에서 조지아 주의 권리를 옹호했다. 1742년 사퇴할 때까지 의원들 중 가장 뛰어난 인물이었다.

린의 대주교가 제시한 반대 의견에 대답하기 위해 부록을 덧붙였다."[3]고 말하고 있기 때문이다. 1판과 2판은 모두 레임즈(A. Rhames)가 스키너 로우(Skinner Row)의 서적상인 펩얏(J. Pepyat)을 위해 더블린에서 인쇄했다. 3판과 4판은 모두 1732년 버클리가 런던에서 출판했는데 각각 『알키프론』의 1판과 2판에 덧붙여졌고, 헌정사와 부록은 빠져 있다.[4] 본 번역서에 사용된 것은 4판이지만, 편집자는 헌정사와 부록을 되살렸다.

1) 개요

이 책은 철저한 계획에 따라 질서 정연하게 서술되었다. 내용은 크게 세 부분으로 나누어지는데 각각 당시 이론으로는 해결할 수 없었던 실천적인 문제로 예시된다. '배로 박사[5]의 사례'

---

3) B. Rand, *Berkeley and Percival*(Cambridge, 1914), 72~73쪽.
4) 이 책은 버클리 전집의 모든 판(1784, 1820, 1837, 1843, 1871, 1897~1898, 1901), 그리고 선집(1874, 1910, 1929)에 실려 있고, 1872년 에든버러에서 단독으로 출판되었으며, 프랑스어, 독일어, 이탈리아어, 러시아어로 번역되었다. T. E. Jessop, *A Bibliography of George Berkeley*(Hague : Martinus Nijhoff, 1973) 참조.
5) 역주) Issac Barrow(1630~1677). 케임브리지 대학 루카스 석좌교수에 최초로 임명되었으며, 1669년에 제자 뉴턴(Issac Newton, 1642~1727)을 위해 자진해서 사임한 수학자. 미분법과 적분법이 역연산이라는 사실을 최초로 깨달은 인물.

(거리), '지평선 위의 달'(크기), '망막에 거꾸로 맺힌 상'(위치)이 그것들이다. 2절부터 120절까지는 우리가 시각에 의해서 대상의 거리와 크기, 위치를 지각하는 방식을 논하는 주요 논증으로 채워져 있다.[6] 나머지 부분은 시각 대상과 촉각 대상의 이질성(121~146절), 시각 고유의 대상의 궁극적 본성(147~148절), 기하학의 대상인 공간의 본성(149~159절)을 다루고 있다.

(1) 거리(2~51절)

선과 각에 의존하는 거리 판단에 관한 기존의 설명 부분을 부인하는 세 가지 이유(2~15절). 거리 판단의 진정한 토대인 감각, 즉 눈의 변화, 현상의 혼란스러움, 눈의 긴장, 그리고 다른 세부 사항들(16~28절). 배로 박사의 사례(29~40절). 논증의 결과들(41~51절).

---

6) 이 책의 발생과 구성에 대해 공부하려는 사람들은 편집자가 『철학적 주석』이라고 바꿔 불렀던 버클리의 공책들을 주의 깊게 연구해야 한다. 버클리가 이 공책들에 예비 작업을 많이 해놓았기 때문이다. 초기 공책들의 많은 목차들이 시각을 다루고 있으며, 이것은 그가 적어도 1707년이나 아마도 한두 해 전부터 이 문제들과 씨름했음을 보여준다. 그가 공책에 메모를 해나가고 있었을 때 이 책의 개요와 구조가 이미 마음속에 뚜렷하게 자리 잡았으며, 그것 역시 수기 원고로 남겼던 것 같다. 심지어 저작의 주요 부분들을 1 거리, 2 크기, 3 시각과 촉각의 이질성, 3a 위치와 같은 식으로 공책 가장자리에 숫자로 표현했다.

(2) 크기(52~87절)

크기는 각에 의해서 또는 각과 연합된 거리에 의해서 판단되지 않는다. 촉각 대상의 크기는 시각적 크기, 혼란스러움과 뚜렷함, 시각 현상의 희미함과 생생함에 의해서 판단된다. 상응하는 관념들의 연관성은 필연적인 것이 아니라 습관적인 것이다(52~66절). 지평선 위에 있는 달의 겉보기 크기는 이 해결책을 확증한다(67~78절). 이 원리들의 다양한 결과들(83~87절).

(3) 위치(88~120절)

망막에 거꾸로 맺힌 상에 대한 진정한 해결책이 위치 문제를 해결한다. 기하학 이론으로 설명할 수 없는 난점은 시각 대상과 촉각 대상의 차이를 간과한 데 따른 것이다. 우리는 자신이 다른 사람의 망막에 있는 작은 상을 보고 있다고 상상하지만, 망막에 맺힌 상은 시각적인 것이 아니라 촉각적인 것이다. 그 상은 외부 촉각 대상의 상이나 유사물이 아니며, 시각 고유의 영역에 관하여 거꾸로 되어 있는 것도 아니다. 우리는 위에 있는 것을 보기 위하여 눈을 위로 뜨며, 아래에 있는 것을 보기 위하여 눈을 아래로 뜨기 때문이다.

2) 배경

그 당시는 시각에 관한 저작들이 필요한 상황이었다. 그것은 전혀 알려지지 않은 저술가가 썼으며 (겉으로는) 대단치 않아 보이는 이 저작이 불과 두세 달 안에 2판이 나왔고, 르클레르[7]의 『선정 도서』(Bibliothèque Choisie, 1711)에 서평이 실렸으며, 저명한 철학자 킹 대주교[8]가 주목했다는 사실에서 엿볼 수 있다. 안경과 현미경, 망원경이 일반화되기 시작했으며, 광학 기구들에 대한 새로운 수요는 새로운 광학 이론에 대한 요구로 이어졌다. 당시에 유행하던 이론은 본질적으로 기하학적인 것이었으며, 일반적으로 적절하지 못하다는 평가를 받았다.

1685년에 이 책의 제목을 예견하는 『새로운 시각 이론』(Nova Visionis Theoria)이 브리그스 박사(Dr. W. Briggs, 1642~1704)에 의

---

7) 역주) Jean Le Clerc(Johannes Clericus, 1657~1736). 스위스의 신학자로서 성경에 대한 뛰어난 주해와 비판적인 해석으로 유명했다. 또한 역사가, 비평가, 언론인으로서 25권으로 된 『세계의 도서』(Bibliothèque universelle et historique, 1686~1693), 28권으로 된 『선정 도서』(1703~1713), 29권으로 된 『고대와 현대의 도서』(Bibliothèque ancienne et moderne, 1714~1726)를 남겼다. 1682년 6개월간 런던에 머물렀으며, 암스테르담에서 로크(John Locke, 1632~1704)를 만난 적도 있다.
8) 역주) William King(1650~1729). 18세기 영국에서 널리 읽힌 『악의 근원에 대하여』(Essay on the Origin of Evil, 1702)를 쓴 더블린의 대주교. 몰리누가 1613년에 시작한 더블린 철학회의 초기 구성원이었다.

해서 출판되었다. 이 책은 시각 생리학에 관하여 라틴어로 쓰인 작은 논문[9]이며, 주로 시신경의 섬유조직에 대해 다루고 있다.

배로의 『광학 강의』(*Optical Lectures*, 1669)는 표준적인 저작이었으며, 버클리는 이 책을 잘 알고 있었다. 그는 배로가 '시각의 방식이 더 완전하게 알려질 때까지' 극복하기 어렵다고 말하면서 일반적으로 인정된 이론의 난점을 솔직하게 지적하는 구절을 상세히 인용한다(29절). 버클리의 책이 사실, 구절, 심지어 도표까지 빚지고 있는 선구적 저작인 몰리누[10]의 『새로운 굴절 광학』(*Dioptrica Nova*, 1692)은 일반적으로 받아들인 광학을 곤란스럽게 하는 몇 가지 요소가 시각에 있음을 인정한다(104~105쪽). 버클리는 주로 빛과 색깔을 다루는 뉴턴의 『광학』(*Optics*, 1704)을 주의 깊게 연구하였으며(『철학적 주석』, 502~505), 뉴턴의 노선을 따라서 색깔 합성 실험을 했다. 시각 철학에 관한 버클리의 주된 원천은 말브랑슈[11]의 『진리 탐구』(*Recherche de la Vérité*,

---

[9] 왕립학회의 회보인 《철학회보》(*Philosophical Transactions*)에 미리 영어로 실려 출판되었다.

[10] 역주) William Molyneux(1656~1698). 영국의 자연철학자이며 《철학회보》에 광학, 자연철학 등의 주제에 관한 글을 여러 편 발표했다. 그가 발표한 가장 유명한 글은 볼록렌즈와 오목렌즈, 망원경과 현미경 등의 다양한 효과와 특징을 쓴 『새로운 굴절 광학』(1692)이다.

[11] 역주) N. de Malebranche(1638~1715). 프랑스의 철학자. 신앙의 진리와 이성적 진리를 어떻게 조화시킬 것인가 하는 문제에 관심을 갖고 많은 철학자들의 비판에 응수했다. 그중 데카르트(René Descartes, 1596~

1674~1675)였다. 1권 6장[12]과 뒤이은 장들, 특별히 거리에 관한 9장, 감각적 지각에 관한 이 오라토리오 수도사의 일반 이론을 제시하는 장들은 버클리의 책에 강한 영향을 미쳤다. 거리와 크기를 별개로 다루는 것, 지각 판단의 이중적 특성, 거리 판단에 들어 있는 '매개체', 감각 자료를 언어에 비유하는 것, 관념들의 연관성이 필연적이지 않다는 것, 습관적인 연관성과 신의 의지에 의해 수립된 보편적 연관성을 대조하는 것 같은 버클리의 원리들은 모두 이 책에서 발견할 수 있다.

이러한 배경을 알면 버클리가 시각에 관심을 갖고 그에 관한 책을 출판하기로 결정한 것을 쉽게 이해할 수 있다. 하지만 그가 책을 쓴 진짜 이유는 매우 명확하며 그 자신도 확실하게 말하고 있다. 그는 우리가 볼 때 실제로 무슨 일이 일어나는지를 단정하기 위해서 책을 썼다. 비물질주의[13]에 관한 그의 연구가 시각에 관한 전체 철학을 포함하는 특수한 문제에 부닥쳤는데, 그 문제

1650)와 라이프니츠(Gottfried Wilhelm Leibniz, 1646~1726)를 비판했던 포르 루와얄(Port-Royal) 논리학자 아르노(Antoine Arnauld, 1612~1694)와 25년간에 걸쳐 벌인 논쟁은 유명하다.
12) 『철학적 주석』 257번에 언급되어 있다.
13) 역주) materialism을 유물론(唯物論)으로 번역하므로 immaterialism을 비유물론으로 번역하기도 한다. 그러나 비유물론은 유물론에 대한 부정을 의미할 뿐만 아니라 물심이원론까지 포함한다. 물질적 실체를 부정하는 버클리의 철학을 정확하게 표현하는 의미에서 비물질주의라고 번역했다.

란 바로 다음과 같은 것이기 때문이다. 한 사물이 실제로 그리고 형이상학적으로 내 마음의 바깥에 있다면 나는 그것을 어떻게 볼 수 있을까? 또는 그 자신의 말로 하자면 "우리가 사실상 외부 공간을 보고 그 공간 안에 실제로 어떤 사물은 더 가깝고 어떤 사물은 더 멀리 떨어져 있다고 보는 것은 이제까지 그 사물들이 마음 바깥에서는 결코 존재하지 않는다고 주장해온 것과는 약간 반대되는 점을 수반한다고 생각되기 때문이다. 이 난점에 대한 고찰이 얼마 전에 출판한 나의 『시각론』을 낳았다."(『원리론』 43절)

3) 이 책의 심리학[14]과 형이상학

이 책은 시각의 방식에 관한 설명으로 시지각의 중대한 특징들을 심리학적으로 연구한 것이다. 이 책은 눈이나 빛과 색깔, 또는 일반적으로 광학에 관한 논고가 아니다. 그리고 이 책이 광학에 관한 저작들에서 여전히 언급되고 있기는 하지만 순수하게

---

14) 역주) 시각에 의해 공간적 속성에 관해 지각하는 것, 이를테면 우리가 어떻게 거리를 보느냐 하는 문제는 저 멀리 대상이 있느냐 없느냐 하는 문제가 아니라, 그 주제가 지각자이므로 시각의 심리학이라고 할 수 있다. M. Atherton, *Berkeley's Revolution in Vision*(Cornell University Press, Ithaca and London, 1990), 53쪽.

과학적 이론에 크게 공헌한 것은 없다. 이 책은 시각 **철학**에 관한 책이라고 할 수 있다. 이 책은 대부분 비철학적 저술가들이 일부러 피하려는 시각 과정의 요소를 설명하려고 한다.

그 설명은 도대체 어떤 것인가? 그의 새로운 시각 이론은 정확하게 어떤 것인가? 이 물음에 대해 짧고 명쾌하게 답할 수는 없다. 이 책의 제목은 적당하다. 이 책은 새로운 이론을 제시하지 않으며, 단지 새로운 이론을 향한 발판을 제시한다. 이 책에 대해 버클리는 세월이 흐르면서 더욱 확신했다. 그는 『옹호와 설명』이라는 소책자를 냈는데 거기서 '시각은 조물주의 언어'(38절)라는 것을 '자기 이론'(34절)의 핵심으로 제시한다. 만약 우리가 그의 이론을 아주 간결하게 말해야 한다면 바로 그렇게 말할 수 있다. 그러나 이 명제는 중요하고 새롭기는 하지만 심리학자, 안과 의사, 또는 광학자가 이른바 이론이라고 부르기에 충분하도록 상세하게 서술된 것은 아니다.

버클리는 거리와 크기와 위치는 보이는 것이 아니라 판단되는 것이라는 원리를 아주 돋보이도록 해서 이 원리가 때때로 버클리의 이론으로 여겨지기도 한다. 그러나 이 원리는 적어도 아리스토텔레스만큼이나 오래된 것이며, 아마도 우리의 생각만큼이나 오래된 것이기도 해서 버클리가 이 책을 쓰기 전부터 자유롭게 받아들여졌다.[15]

버클리의 더 고유한 이론이라고 할 수 있는 것은 우리가 선과 각에 의해서 지각한다는 것을 부인하고, 기하학의 주장이 시각에 관한 최종 설명임을 받아들이지 않은 점이다. 그러나 그의 논증은 중요하기는 해도 하나의 이론으로 보기는 힘들다.

버클리의 저작에서 가장 특징적인 부분, 그의 새로운 이론으로 분류하기에 가장 적합한 주장을 포함하고 있는 부분은 지각 판단의 매개체에 관한 그의 분석, 그 분석의 토대가 되고 있는 시각 대상과 촉각 대상에 관한 그의 구별이다. 그는 1절에서 '내 계획은 우리가 시각으로 대상의 거리, 크기, 위치를 지각하는 방식을 보여주려는 것이다. 또한 시각 관념과 촉각 관념의 차이를 고찰하고, 두 감각기관에 공통인 관념이 있는지 없는지를 고찰하려는 것'이라고 말하고 있다. 버클리는 우리가 느끼기는 하지만 거의 알아차리지 못하는 눈의 내적인 움직임을 주의 깊게 검토한다. 그리고 그 움직임이 혼란스러운 현상, 뚜렷함, 희미함 따위와 맺고 있는 연관성을 거리, 크기, 위치에 대해서 훌륭하게 푼다.

버클리가 시각의 심리학에 공헌한 것을 네 가지로 간추려보면 다음과 같다.

첫째, 일반적으로 인정된 심적 해석의 원리를 시지각의 세부사항에 독창적으로 적용했다.

---

15) 거리에 적용된 이 원리에 대해서 모든 사람이 동의했다. 『시각론』 2절.

둘째, 거리, 크기, 위치 판단의 토대를 날카롭게 분석했다.

셋째, 시각적 공간과 촉각적 공간을 뚜렷하게 구별했다.

넷째, 시각 문제에 대한 순전히 기하학적인 해결책을 거부했다. 이 결과들은 "마음이 시각 관념을 매개로 촉각 대상의 거리, 크기, 위치를 지각하거나 파악하는 방식을 보았다."(121절)는 그의 주장을 정당화할 만큼 위력이 크다.

그러나 이 책은 형이상학에 관한 저작으로서도 두 가지 측면이 있다. 이 책은 한편으로는 물질에 반대하는 버클리 입장의 일부, 단지 일부에 대한 임시(*ad interim*) 진술이다. 이 책은 비물질주의를 암시하지만 물질을 가정함으로써 『원리론』으로 나아가는 길을 마련하면서도 그 책과는 일치하지 않으며, 형이상학적 관점에서 보자면 그 책에 의해 대체된다. 다른 한편으로는 시각 경험을 토대로 하여 모든 감각 경험에 대해 타당한 원리를 산출함으로써 그 책에 인계되고 일생 동안 버클리의 것이 된 비물질주의의 주요 원리를 수립한다.

이 두 측면은 이 책에 대한 평가를 어렵게 하며, 철학자들도 이 책이 불만족스럽다는 것을 발견할 수밖에 없다. 버클리 자신도 이 책에 관해 처음에는 두 가지 생각을 했던 것으로 보인다. 『원리론』을 출판하기 직전에 퍼서벌에게 보내는 편지[16]에서 그

---

16) B. Rand(1914), 72쪽.

는 마치 이 책이 『원리론』에 부수적이며, 『원리론』이 없다면 쓸모없다고 비난을 받게 될 것처럼 말한다. 『원리론』의 43절과 44절에서는 자신의 이론을 지지하는 것으로서 이 책에 호소하며, 마치 자신의 핵심적인 입장을 확립한 것처럼 말하고 있다. 하지만 그렇게 하면서 그는 이 책을 경시하며(44절의 '심지어 그 책에서조차'라는 구절), 이 책이 어디서 완전한 진리를 제시하는 데 실패하는지 지적한다. 중년에 이르러서 그는 이 책이 중간점 이상의 것임을 뚜렷하게 보여주었다. 그는 아메리카에 있는 그의 추종자들이 자신의 저작들을 출판된 순서대로 읽고 서로 연관시키기를 원했다. 그래서 『원리론』과 『세 대화편』과 함께 이 책의 복사본을 그들에게 보냈다. 1732년에 그는 이 책을 『알키프론』의 부록으로 다시 출판했는데 시각에 관한 이 책의 학설을 네 번째 대화편의 중심 내용으로 삼았다. 다음 해에는 시각 이론을 옹호하고 설명하는[17] 소책자, 앞서 말한 『옹호와 설명』을 출판했다.

이 책은 시각 대상과 촉각 대상에 전혀 다른 지위를 부여한다. 이 책에 따르면 시각 대상은 마음속에 있다. 그러나 촉각 대상은 마음의 바깥, 즉 물질 속에 있다고 독자가 추측하게 하며, 몇몇 구절(예를 들어, 55절)에서는 실제로 그렇게 말하고 있다. 더 나아

---

17) 하지만 이 소책자는 어떤 중요한 사항에서는 '설명'을 넘어서며, 버클리는 사실상 이 책 본래의 형이상학을 변경해서 『원리론』의 형이상학과 일치시킨다.

가서 『원리론』에서는 모든 감각 대상에 동일한 지위를 부여하고, 시각적 세계와 촉각적 세계를 둘 다 마음속으로 가져오며, 물질은 없다.

그런데 이 책을 썼을 때 그는 이미 확신을 가진 비물질주의자였다. 어쩌면 그는 물질의 문제를 시각의 문제 이전에 마음속에 갖고 있었을지도 모른다.[18] 우리는 이 책의 반(半)물질주의(semi-materialism)가 어느 단계에서 버클리 자신의 견해를 대표한다고 생각하지 않는다. 그는 너무 총명하고 정직해서 그런 타협을 할 수 없었다. 그렇다면 왜 그는 이렇게 입을 다물고 계획을 공개하지 않았는가? 그는 왜 대중이 촉각 대상을 물질적이라고 상정하게끔 했는가? 그 자신은 '시각에 관한 논의에서 통속적인 오류'를 검토하고 반박하는 것이 자신의 목적에서 벗어난 것이었다고 대답한다. 물론 그의 이 말은 받아들여야 하겠지만, 그 말이 온전한 설명인지는 의심의 여지가 있다.

버클리는 책략가였다. 그는 혁명적인 신조를 갖고 있었지만 사람들이 자신의 주장을 듣기도 전에 일소에 부쳐버릴 것이 두려웠다. 그리고 그는 현명하게 사실 그대로 말하지 않음으로써 비물질주의의 개념이 '독자에게 은연중에 스며들기를' 희망했다.[19] 그는 이 말을 『원리론』에 관해서 썼지만, 이 말은 이 책에

---

18) 『원리론』 43절 참조.

적용된다. 만약 그가 『원리론』에 대해서 신중해야 했다면, 이 책에 대해서는 두 배로 신중해야 할 필요가 있었을 것이다. 이 책에서 그가 비물질주의를 부분적으로 노출하고 부분적으로 은폐한 것은 정략적이었다는 것은 의심할 여지가 없다.

그는 상황을 정확하게 파악했다. 오늘날 사람들은 시각 자료의 상징적 기호에 대한 논증에 호의적으로 귀를 기울일 것이다. 그러나 그것은 '촉각적인 것의 무간섭'을 희생으로 한 것이다. 촉각적인 것이 마음속에 있다고 보거나 아니면 물질을 부정해보라. 그러면 그들은 꽁무니를 뺀다. 그 당시에 버클리의 책략은 상당한 성과를 거두었다. 이 책은 추종자들을 이상한 처지에 놓이게 했다. 볼테르[20]와 프랑스 유물론자들[21]은 이 책을 대부분

---

19) B. Rand(1914), 82쪽.
20) 역주) F. M. A. de Voltaire(1694~1778). 프랑스의 대표적인 계몽사상가로서 영국 경험론과 이신론(理神論, deism)의 영향을 많이 받았다. 로크의 인식론과 뉴턴의 우주론을 프랑스에 소개해서 데카르트주의를 종식시켰다.
21) 역주) 인간의 관념은 인간의 의식으로부터 독립하여 존재하는 외부 존재물에 의하여 주어진 것이라고 보는 18세기 프랑스의 유물론자들. 자연과학의 발달과 시민 계층의 발흥을 배경으로 생겨났으며 계몽사상, 특히 프랑스혁명에 영향을 주었다. 대표적 사상가는 라메트리, 디드로이다. Julien Offray de La Mettrie(1709~1751). 1746년 유물론적, 무신론적 경향의 출판물 때문에 프랑스에서 추방되어 네덜란드를 거쳐 프리드리히 2세의 초청으로 베를린으로 건너가 평생을 지냈다. 영혼을 육체적 성장의 소산으로 보고, 발이 걷는 근육을 갖고 있는 것처럼 뇌수는 생각하는 근육을 갖고 있다고 주장했다. Denis Diderot(1713~1784). 기계적 유물

인정했는데, 만약 그가 이 책에서 자신의 완전한 신조를 선언했다면 그들은 이 책의 주장을 거의 들어주지 않았을 것이다. 밀[22]은 버클리의 시각 이론을 반대 학파의 사상가들이 받아들였음을 지적한다. 이 책은 『원리론』이 조롱거리가 되었던 곳에서 영향력을 행사했다.

이 두 책은 모순이 없는가? 비물질주의를 인정하면 이 책은 무효가 되는가? 버클리는 그렇게 생각하지 않았다. 그는 '통속적인 잘못(즉, 촉각적 세계는 마음의 바깥에 있다)이 『시각론』에서 진술된 개념을 확립하는 데 필수적이었다고 상정하는 것'을 부정한다.[23] 이 책의 심리학은 받아들이고 형이상학은 고려하지 않는 데 만족하는 독자가 충돌을 피할 수 있으리라는 것은 의심

론자로서 감성을 가진 최소의 물질을 분자라고 하고, 이것이 인간의 지혜의 근원인 감각의 기초라고 주장했다. 달랑베르와 함께 『백과전서』를 편찬했다. Jean le Rond D'Alembert(1717~1783). 수학을 경험적으로 해석하여 물체의 공간성만을 추상하여 논할 때 기하학이 생기며, 공간 부분의 관계들을 고찰할 때 대수학이 생긴다고 주장했다. 1751년 『백과전서』 서론을 썼다.

22) 역주) John Stuart Mill(1806~1873). 영국의 철학자이자 정치경제학자로서 논리학, 윤리학, 정치학, 사회평론 등에 걸쳐 방대한 저술을 남겼다. 경험주의 인식론과 공리주의 윤리학, 그리고 자유주의적 정치경제 사상을 바탕으로 현실 정치에도 적극적으로 참여해서 하원 의원을 지내기도 했다. 대표적인 저서로는 고전적인 자유주의를 대표하는 『자유론』이 있다.

23) 『원리론』 44절.

의 여지가 없다. 그러나 형이상학자는 색깔은 마음속에 있으며 거칠거칠함은 그렇지 않다고 여기는 것이 불가능에 가깝다는 것을 발견한다. 두 책이 논쟁하고 있는 감각 자료의 지위에 관해서 모든 것이 언급되었으며, 근본적인 충돌이 있다. 만약 여기서 『원리론』이 옳다면, 이 책은 그르다. 이런 측면에서 『원리론』은 이 책의 지위를 빼앗으며, 그렇게 하도록 의도되었다. 만약 시각의 직접적 대상인 색깔이 촉각의 가능한 대상의 기호라는 것이 참이라면, 촉각의 직접적 대상인 거칠거칠함 따위가 시각의 가능한 대상이라는 것 역시 참이다. 한쪽에 들어맞는 것은 다른 쪽에도 들어맞으며, 아주 밀접하게 혼합된 감각기관들 사이의 일방적인 관계는 불가능하다.

두 책을 각각의 논증의 절정에서 조화시키는 중요한 일치점이 있으며, 편집자는 그것을 간단히 지적하려고 한다. 그러나 두 책이 낮은 수준에서 철학적으로 일치한다고 거짓으로 주장해서 얻는 것은 전혀 없다. 두 책은 그렇게 일치하지 않기 때문이다. 하지만 이 책에서는 실제로 임시 형이상학의 부분이며, 따라서 『원리론』에서는 사라지거나 적어도 그 효력과 영역의 많은 부분을 잃게 되는 두 가지 학설이 많이 강조된다. 그것은 바로 시각과 촉각의 이질성에 대한 주장과 거리의 부정이다.

버클리가 '몰리누의 문제'(Molyneux's problem)[24]에서 깊은 인상을 받은 이 이질성은 이 책의 논증의 토대이다. 시각 대상과 촉각 대상의 대조가 독자에게 시각적인 것을 촉각적인 것의 기호이며 시각적인 것은 마음속에 있고 촉각적인 것은 그렇지 않은 것으로 파악할 수 있게 하기 때문이다. 그런데 『원리론』(44절)과 『옹호와 설명』(35절)에서 버클리는 여전히 이질성을 주장하며, 또 그렇게 할 수 있다. 시각적인 것과 촉각적인 것은 서로 다른 감각기관의 대상이므로 명백히 서로 다르기 때문이다. 그러나 이 두 저작에서 그 학설은 예전의 중요성과 그 의미에서 많은 부분을 잃게 되었다. 그런데 시각적인 것과 촉각적인 것은 둘 다 우리가 말하는 대로 감각 자료이거나, 또는 버클리의 기법에서는 관념이다. 그것들은 동일한 부류에 속하며, 따라서 엄밀하게 말하면 이질적인 것이 아니다. 그것들은 둘 다 마음속에서 비슷하다. 일단 감각적 사물이 '관념의 집합'[25]으로 정의되면 이질성의 원래 학설은 그 효력과 핵심을 잃게 된다. 시각적인 것과 촉

---

24) 『시각론』 132절, 『철학적 주석』 27번을 편집자의 각주와 함께 참조할 것. 역주) 1688년 아일랜드의 광학자 몰리누가 로크에게 제기한 문제로서 로크, 버클리, 디드로, 콩디야크, 라이프니츠, 리드, 칸트를 비롯한 수많은 철학자들 사이에 약 1세기 동안 논란을 불러일으켰고, 19세기 심리학과 20세기 인지심리학에서도 지속적으로 논의되어왔다. 이 문제는 외부 대상의 지각을 둘러싸고 경험주의(관찰)와 이성주의(본성 구조 이해)가 첨예하게 맞서는 부분이었다. 버클리가 이 문제에서 깊은 인상을 받은 시각 관념과 촉각 관념의 이질성이 『시각론』의 논증의 토대이다. 자세한 내용은 역자 해제 3장 참조.

25) 『원리론』 1절.

각적인 것은 사물 안에서 똑같은 토대 위에 있음에 틀림없으며, 그것들 사이에 종류의 형이상학적 구별은 유지될 수 없다.

마찬가지로 이 책에서 아주 중대하게 보이는 거리의 부정도 『원리론』에서는 중요하지 않은 지위를 차지한다. 버클리는 초기 저작에서 거리에 관해 말한 것을 여전히 인정할 수 있다.[26] 그러나 전체적인 물음은 그 사이에 바뀌었다. 이 책에서는 촉각적 사물이 절대적 거리의 기준이며 유형이고 보증으로서 배경에 있으며, 버클리는 말하자면 밖에서 기다리고 있는 촉각적인 것을 갖고 있다는 이유만으로 색깔이 눈으로부터 떨어져 있다는 것을 부정할 수 있다. 그러나 버클리의 궁극적인 철학에서는 이 임시 구별이 사라졌으며, 그것과 함께 거리에 관한 원래의 물음은 사실상 사라진다. 우리는 우리가 2차원에서 보는지 3차원에서 보는지 여전히 논의할 수도 있지만, 이 점에서 우리가 색깔에 관해서 말하는 것을 거칠거칠함에 관해서도 역시 말해야만 하며, 그 역도 또한 같다. 사실상 『원리론』에서는 절대적이고 물질적인 거리는 부정되지만, 상대적이고 감각적인 거리는 여러 차례 긍정되며 사물들도 심지어 외적[27]이라고 불린다. 감각적 대상들은

---

26) 『원리론』 43~44절.
27) 『원리론』 90절. 58, 112~113, 116절, 그리고 편집자의 *Berkeley's Immaterialism*(1945), 119쪽 참조. 애버트(T. K. Abbot)가 자신의 *Sight and Touch*(1864)에서 '시각에 관한 기성(또는 버클리의) 이론'에 관해

서로 그리고 관찰자의 몸에서 떨어져 있을 수도 있지만 모두 마찬가지로 마음이나 마음의 영역 안에 있다. 즉 지각되거나 지각될 수 있다.

이제 **임시적인** 것이 아니라 영구적이며, 버클리의 궁극적인 철학의 본질적인 부분으로서 『원리론』에 흡수되는 이 책의 형이상학 안에 있는 요소를 살펴보자.

시각적 세계는 기호들, 즉 의미 있는 실재들의 세계이다. 기호들은 임의의 집합이 아니라 질서 정연한 체계를 형성한다. 그것들 사이의 연관성은 되풀이되며 규칙적이고 목적이 있으며 영원하다. 그 연관성은 임의적이며 다를 수도 있었다. 예를 들면 이 색깔과 이 감촉 사이에는 필연적인 연관성이 없다. 전자는 후자와 **비슷하지** 않으며, 설령 그것들이 연관되어 있다 해도 경험을 통해 배우기 전까지 우리는 그것을 알 수 없다. 인간의 삶은 우리의 경험을 함께 구성하는 이 확립된 일양성(一樣性, uniformi-

---

행한 강력한 공격은 전적으로 '그 이론의 토대—촉각은 연장성(延長性 또는 延長, extension)과 거리를 탁월하게 지각하는 감각기관이라는 가정'을 향하고 있다(60쪽). 편집자가 여기서 했듯이 버클리는 앞서 말한 '가정'이 그에게는 임시로 중요할 뿐이며, 실제로 『원리론』에서는 그 가정을 버리고 있다고 인정함으로써 적절하게 옹호된다. 역주) T. K. Abbot(1820~1913). 트리니티 칼리지를 졸업한 후 학생들을 가르치며 종교와 과학에 관한 많은 저술을 남겼다. 주요 저작은 『시각과 촉각』, 버클리의 시각 이론이 잘못되었음을 증명하는 『논리학 입문』(*Elements of Logic*)이다.

ties)에 항상 의존한다. 마치 독자가 책을 구성하는 기호들의 미로를 통해 움직이듯이 사람들은 경험에 의해서 시각 대상들의 미로를 통해 움직일 수 있게 된다. 시각 대상들은 낱말들과 아주 비슷하다. 낱말들은 의미가 있지만 의미와 유사하지는 않기 때문이다. 시각 대상들은 낱말들과 같은데, 그것은 낱말들이 마음에게 낱말들을 쓰고 읽도록 암시하기 때문이다. 그러나 한 가지 차이점이 있다. 특정한 언어의 낱말들은 사람 마음에 의해서 결정된다. 그러나 이 다른 임의적 기호들은 그렇게 결정되지 않는다. 시각적 세계를 구성하는 시각적 기호들의 이 광대한 체계, 관념들의 이 유익한 체계, 중국에서 페루에 이르기까지 서로 다른 언어를 사용하는 사람들에 걸쳐 있는 지적 세계는 사람이 만드는 것이 아니라 사람에게 주어지는 것이며, 그 선물에 걸맞은 힘과 지식을 갖춘 증여자를 암시한다. 그러므로 시각적 세계는 조물주의 보편적 언어이다. "우리는 이 언어를 통해 우리 몸의 보존과 안녕에 필수적인 것을 얻기 위해서 우리 행동을 규제하는 방법을 배운다."[28]

시각 고유의 대상에 관해서는 140절에서 146절까지 이렇게 단정된다. 그리고 147절에서 본 연구의 결론으로서 정식으로 진술된다. 이와 같이 신의 시각적 언어라는 학설은 이 책의 주된

---

28) 『원리론』 147절.

형이상학적 귀결이며, 결코 경건한 척 꾸미는 것은 아니다. 이 학설은 『원리론』에 인계되어[29] 다른 감각기관들의 대상들로 슬며시 확대되며, 신의 감각적 언어라는 형태로 두 책이 훌륭하게 연결된다. 이 학설은 『알키프론』의 네 번째 대화편(14절부터)에서 다시 한 번 거론되며 뚜렷하고 강력한 표현으로 『알키프론』과 이 책의 부록을 연결시킨다.

4) 영향

우리는 이 책의 2판이 곧 나왔고 킹 대주교가 이 책을 비판했다는 사실 이외에는 이 책의 직접적인 평판에 대해 거의 알지 못한다. 이 책에 대해서 현존하는 최초의 비평은 르클레르가 자신의 『선정 도서』 22권 58쪽부터 88쪽에서 서평한 것이다. 서평이라기보다는 차라리 요약이라 할 수 있는 이 작품은 줄거리를 버클리의 용어로 제시하며 주석도 거의 붙이지 않는다. 이 작품은 시각에 관한 기하학적 설명에 대한 버클리의 공격을 칭찬하고, 그가 '순수 지성'을 간과했다고 비판하며, 로크의 추상 관념 학설을 조심스럽게 옹호한다.[30]

---

29) 『원리론』 44, 65~66, 108절.
30) 대영박물관에는 버클리가 르클레르에게 라틴어로 써서 보낸 두 통의 편지 초고가 있는데, 그중 한 편지에서 서평에 대해 비평하고 있다. 필사본

이 책은 1732년에 재발행됨으로써 대중의 눈에 띄게 되었고, 대중은 그 후 이 책을 결코 잊지 않았다. 1732년 9월 9일자 일간지 《데일리 포스트 보이》(*Daily Post-boy*)에서 이 책을 공격하자 버클리는 다음 해에 『옹호와 설명』으로 응답했다. 이 이론은 수년 동안 《젠틀맨즈 매거진》(*Gentleman's Magazine*)[31]에서 이따금 언급되었다. 1738년 스미스 박사[32]가 기부금[33]으로 출판한 방대한 『광학의 완전한 체계』(*A Compleat System of Opticks*)는 이 책에 대한 몇 편의 온건한 비평을 포함하고 있는데, 그 책의 사변적인 장들(특히 1권 3장 5절)에서 뚜렷하게 이 책에 많은 신세를 지고 있다. 스미스는 시각과 촉각을 함께 논하고, 많은 저술가들이 그 후에 그래야 했듯이 체즐던[34]의 사례에 크게 유의하며, 이 책을 언급하고(172쪽), 다음과 같이 결론 내린다. "따라서 마침내 빛과 색깔의 감각에 의해서 외부 대상들이 우리에게 의미되

39304, 76~105쪽.
31) 색인(1789), 특별히 22권, 11~13쪽의 버클리에 반대하는 비평, 128쪽의 응답 참조.
32) 역주) Robert Smith(1689~1768). 영국의 수학자이며 음악 이론가. 주요 저서는 『광학의 완전한 체계』(1738)가 있다.
33) 버클리의 이름도 기부자 명단에 들어 있다.
34) 역주) William Cheselden(1688~1752). 영국의 외과 의사이며, 해부학을 가르쳤다. 1728년 홍채 절제술로 백내장 수술을 한 것이 몰리누의 문제에서 커다란 전환점이 되었다. 방광의 결석을 제거하는 방법을 발견하여 사망률을 낮췄으며, 소화에서 타액의 역할을 밝혀냈다.

는 방식은 사람이 약속한 언어와 기호의 방식과 동일하다고 여겨지며, 이것은 사물이 자연의 어떤 유사성이나 동일성에 의해 의미된다는 것을 시사하는 것이 아니라 끊임없는 경험 때문에 우리가 외부 대상들 사이에서 관찰해왔던 습관적인 연관성에 의해서만 의미된다는 것을 시사한다."

같은 해에 볼테르는 암스테르담에서 『뉴턴 철학 원론』(*Elémens de la Philosophie de Newton*)을 출판했다. 그 책의 5장과 6장에서는 버클리의 경향을 따라 시각을 논하며, 80쪽에서는 체즐던의 사례와 관련하여 '버클리 박사'의 이름을 댄다. 83쪽에서 볼테르는 시각적인 것에 관해서 "이것은 자연이 모든 눈에게 말하는 언어이다. 그러나 경험만이 그 언어를 이해한다."고 썼다. 『알키프론』은 이 책과 함께 1734년에 프랑스어로 번역되었으며, 볼테르의 영향으로 그 이론은 곧 프랑스에 잘 알려지게 되었고 다소간 받아들여졌다. 콩디야크[35]는 그 이론을 공격한 뒤에 생각을 바꾸고 그 이론을 받아들인 것처럼 보인다. 달랑베르, 디드로, 뷔퐁[36]은 다른 프랑스 철학자들과 함께 그 이론을 받아

---

[35] 역주) E. B. de Condillac(1715~1780). 프랑스의 철학자. 데카르트의 본유관념, 라이프니츠와 스피노자(Benedict De Spinoza, 1632~1677)의 추상적이고 형이상학적인 사고법에 반대하고, 경험적이고 구체적인 감각에서 출발하였다. 대표 저서로는 『감각론』(1754)이 있다.

[36] 역주) G. L. L. Buffon(1707~1788). 프랑스의 박물학자. 백과전서파 철학자. 생물의 진화, 지구의 변화를 과학적인 방법으로 증명하여 만물의

들인 것으로 거명된다.

하틀리[37]는 『인간론』(*Observations on Man*, 1749)의 훨씬 철학적인 절들에서—촉각에 관해서(명제 30, 여기서 그는 버클리의 이름을 댄다), 시각에 관해서(명제 58)—많은 것을 뚜렷하게 이 책에 의지하고 있다.

이 책을 유명하게 한 것은 스코틀랜드학파였다. 1759년 에든버러에서 포터필드 박사[38]는 『눈에 관한 논고』(*A Treatise on the Eye*)를 출판했는데, 이 저작은 주로 시각 생리학에 관한 것이기는 하지만 철학적 논점들에 관한 비평을 포함하고 있다. 그는 버클리의 이론을 면밀히 연구했으며, 그 영향력을 깊이 느꼈지만, 자신은 그 이론에 반대한다고 고백한다. 그가 버클리를 가장 흥미롭게 언급한 곳은 5권 1장에 대한 주석이다. 그는 위치와 거리에 대한 우리의 판단은 "습관과 경험이 아니라 원초적이고 선천적이며 불변하는 법칙에 의존한다."고 주장하며, 자신은 그와

창조가 신에서 비롯되었다고 믿고 있던 신학자들로부터 맹렬한 비난을 받기도 했다.

37) 역주) David Hartley(1705~1757). 영국의 심리학자이며 의사. 심리 현상을 대뇌의 생리 과정으로서 설명하려고 신경 진동이라는 가정에 의해 연상심리학을 확립했다.

38) 역주) Dr. W. Porterfield(1696경~1771). 스코틀랜드의 내과 의사. 『눈에 관한 논고』(1759)에서 눈의 구조, 눈의 원근 조절에 관한 내용, 근시, 동공의 크기 변화, 눈의 움직임에 대해 기술했다. 그는 시각적 위치가 본유적이라고 전제함으로써 버클리의 시각 이론을 통렬히 비난했다.

반대되는 '이제껏 주목받지 못한' 버클리의 치밀한 추리에 대답해야 한다고 말한다. 버클리에 대한 그의 대답의 요지는 "촉각 관념은 시각 관념과 같은 정도로 마음과 함께 현전하며, 그 때문에 외부 사물의 관념을 똑같이 도입할 수 없음에 틀림없다."는 것이다. 이것은 매우 흥미로운 대답이다. 포터필드는 버클리의 '임시 형이상학'의 중심적인 모순을 가리키며, 사실상『원리론』을 무기로 시각 이론과 싸운다.[39]

리드[40]는『인간의 마음에 관한 연구』(Inquiry into the Human Mind, 1764)에서 버클리에 대해 많이 언급했다. 습관과 본능을 대비시키는 물음에서 그는 버클리가 너무 많은 것을 습관으로 돌리며 포터필드는 너무 적게 돌린다고 말한다(6장 2절). 그는 비물질주의를 거부하지만 버클리의 시각 이론에서 상당히 많은 것, 특별히 시각 대상과 촉각 대상의 구별과 시각적 언어 학설을 받아들인다(6장 2절, 11절 참조.).

스코틀랜드학파의 리드 후계자들은 감식력이 훨씬 더 뛰어났

---

39) 예를 들어 그는 "엄밀하게 말해서 대상을 볼 때 마음은 마음에 현전하는 것 이외에는 아무것도 지각하지 않는다."고 말한다.
40) 역주) Thomas Reid(1710~1796). 스코틀랜드 상식학파의 창시자. 글래스고 대학 교수로 있으면서 로크와 버클리의 영향을 받아 인식비판에서 출발, 특히 흄(David Hume, 1711~1776)의 인식론을 연구했다. 그의 상식철학은 흄 철학의 범위에 있으면서도 종교를 변호하려고 한 점에 의의가 있다.

다. 스튜어트[41]와 브라운[42]은 버클리의 이론을 받아들이고 격찬했다. 해밀턴 경[43]은 "귀납 추리의 범위에서 어떤 것도 버클리의 증명보다 더 만족스럽게 보이는 것은 없다."고 말한다. 그러나 그는 하등동물들은 예외인 듯하다고 불평한다. 애덤 스미스[44]는 그의 『철학적 주제에 관한 시론』(*Essays on Philosophical Subjects*, 1795)에서 시각을 다룰 때(외적 감각기관에 관하여) 버클리의 저작을 "우리 자신의 언어나 또는 어떤 다른 언어에서 발견할 수 있

---

41) 역주) Dugald Stewart(1753~1828). 1772년부터 1785년까지 에든버러 대학교 수학 교수를 지냈고, 리드의 상식철학을 계승하여 그 해석에 주력했다.
42) 『인간 마음의 철학에 관한 강의』(*Lectures on the Philosophy of the Human Mind*, 1820), Nos. 28~29. 역주) Thomas Brown(1778~1820). 에든버러 대학교 도덕철학 교수를 지냈다. 리드를 따라 인과관계 및 외부 세계에 대한 직각적이고 본능적인 신념을 인정하고 지적 인식을 시사(suggestion)로서 설명하여 단순 시사와 상대 시사로 나누었다. 연상심리학의 발달에 공헌했다.
43) 『리드 전집』 182쪽. 역주) Sir William Hamilton(1788~1856). 1836년 에든버러 대학교의 철학 교수가 되었다. 스코틀랜드 상식학파의 최후를 장식하는 학자.
44) 역주) Adam Smith(1723~1790). 스코틀랜드 출신의 정치경제학자이며 도덕철학자. 고전경제학의 대표적인 이론가인 그는 『국부론』을 저술하여 경제학의 아버지로 여겨지며 자본주의와 자유무역에 대한 이론적 기초를 제공했다. 허치슨, 흄과 돈독한 관계를 유지했으며 1759년에 『도덕감정론』(*The Theory of Moral Sentiments*)을 발표했다. Francis Hutcheson(1694~1747). 아일랜드 출신의 도덕철학자. 글래스고 대학의 도덕철학 교수로서 애덤 스미스의 스승이다. 이기주의에 반대하고 감정의 도덕적 가치를 중요시하여 선악의 평가는 본원적이고 보편적인 도덕감에 의해서 이루어진다는 도덕감 이론을 주장했다.

는 철학적 분석의 가장 훌륭한 예들 중 하나"라고 부른다. 그리고 그는 자신이 시각에 관해 쓰는 것은 무엇이든지 "설령 버클리 박사로부터 직접 빌려오지 않았다 하더라도 적어도 그가 이미 말했던 것에서 시사되었다."고 말한다. 매킨토시 경[45]은 『도덕 철학 발달론』(Dissertation on the Progress of Ethical Philosophy, 1830, 208쪽)에서 "버클리의 시각 이론은 심리철학에서 커다란 발견을 포함한다."고 말한다.

이와 같이 이구동성으로 찬성하는 것은 1842년 베일리[46]가 ('저 유명한 사변의 불건전함을 보여주려고 계획한') 『버클리의 시각 이론에 관한 논평』(A Review of Berkeley's Theory of Vision)을 출판했을 때 도전에 직면하게 되었다. 베일리는 그 저작에서 이 책을 철저하게 검토한다. 베일리는 버클리가 두 가지 구별되는 물음인 외부성의 지각과 거리 판단을 혼동한다고 말한다. 그는 버클리가 시각적 외부성의 촉각적 기원을 확립한다거나 체즐던의 사례가 두 감각기관의 이질성을 뒷받침한다는 것을 부인한다. 그는 유아의 움직임과 어린 동물들의 행동에서 버클리의 견해에

---

45) 역주) Sir J. Mackintosh(1765~1832). 영국의 평론가이자 정치가. 『프랑스 옹호론』의 저술로 프랑스혁명의 급진적 개혁을 변호했다. 선거법의 개정, 노예무역의 폐지 등 자유주의적 개혁을 주장했다.
46) 역주) S. Bailey(1791~1870). 영국의 경제학자이며 사상가. 리카도(David Ricardo, 1772~1823)의 경제학, 특히 그의 잉여가치론에 대한 비판자로 알려졌다.

반대되는 적극적 증거를 볼 수 있다고 주장한다.

밀은 1842년 10월 《웨스트민스터 논평》(*Westminster Review*)[47]에서 베일리에 대답했다. 그는 베일리가 감각과 감각으로부터 추리된 것을 본질적으로 구별하려고 노력하지 않았다고 말한다. 그는 체즐던의 사례에 대한 베일리의 진술을 반박한다. 그는 하등동물의 사례는 하나의 난점임을 인정하지만 그것은 난점일 뿐 반박은 아니라고 주장한다. 그리고 그는 버클리의 이론을 지지해서 '가장 반대되는 학파들의 일반적인 동의'에 호소한다.[48]

'일반적으로 인정된(또는 버클리의) 시각 이론이 그릇됨을 증명하기 위한' 철저한 시도는 애버트의 『시각과 촉각』[49]에서 이루어졌다. 그와 베일리는 둘 다 버클리의 『철학적 주석』이 발견되기 이전에 썼다는 것을 주목해야 한다. 그러므로 그들과 그 이전의 비평가들은 이 책의 형이상학을 정확히 평가할 수 없었다. 그들 가운데 누가 버클리가 『시각론』을 출판했을 때 확신을 가진 비물질주의자이고, 촉각적인 것에 돌린 외부성이 잠정적이며 의도적으로 임시적인 것[50]임을 깨달을 수 있었는지 의심스럽다.

---

47) 이 논문은 밀의 『논문집』(*Dissertations and Discussions* 1859), vol. 2, 84쪽 이하에 수록되었다.
48) 베일리는 『철학자에게 보내는 편지』(*A Letter to a Philosopher*)에서 응답하고, 밀은 1843년 5월 《웨스터민스터 논평》에서 『답변』(*Rejoinder*)을 출판했다.
49) 각주 27 참조.

프레이저[51]는 이 책을 평가하기를 주저하지만, 전체적으로 보아 찬성하지 않는 쪽이며, 1871년과 1901년 두 번에 걸쳐서 버클리의 전집을 편집하면서 모두 이 책을 '이 시험적이고 미숙한 시론'이라고 부른다. 이 말은 볼테르에서 밀에 이르는 독자적인 사상가들이 이 책에 표했던 경의에 비추어볼 때 다소 부적절해 보인다. 버클리의 시각 이론은 여전히 광학과 심리학에 관한 저작들에서 논의된다.[52] 그러나 그것은 더 이상 예전만큼 남의 주의를 끌지는 못한다. 그 이유는 오늘날 철학적 관심이 주로 그의 다른 저작들로 옮겨갔다는 데 있다. 문제의 성격상 버클리 초기

---

50) 베일리는 완전히 잘못된 주장을 한다. "『시각론』은 버클리가 마음 바깥에 있는 모든 대상의 존재를 부인한 사변에 빠지기 전에 썼다"(33쪽). 이 화제에 관한 다른 저술들 중 언급해야 할 사람들은 다음과 같다. 파울러(R. Fowler), 『버클리 논쟁의 난점에 관한 해결책』(*An Attempt to solve some of the Difficulties of the Berkeleyan Controversy*, 1859); 사이먼(T. C. Simon), 『우리는 거리를 볼 수 있는가: 버클리의 답변 검토』(*Can we see distance? Berkeley's Reply Examined*, 1864); 그로우트(J. Grote), 『철학적 탐구』(*Exploratio Philosophica*, 1866); 헉슬리(T. H. Huxley), 『버클리 주교의 감각 형이상학』(*Bishop Berkeley on the Metaphysics of Sensation*, 1871); 몽크(W. H. S. Monck), 『공간과 시각』(*Space and Vision*, 1872).
51) 역주) Alexander Campbell Fraser(1819~1914). 해밀턴에게 배우고 후에 에든버러 대학교 교수가 되었다. 인간의 인식은 불완전하며 이성도 결국 신앙을 근거로 한다고 주장했다. 1871년 4권으로 된 버클리 전집을 간행했다.
52) 예를 들어 스타우트(G. F. Stout), 『심리학 입문』(*Manual of Psychology*), 3권 2부 4장.

의 두 위대한 저작들은 서로 어느 정도 경쟁 관계에 있을 수밖에 없다. 그 저작들은 적당하게 구성되어서 만약 이 책의 평판이 좋아지면 『원리론』의 평판이 나빠질 것이며, 그 반대도 마찬가지이다. 오늘날 비물질주의는 우리에게 더 큰 주제이고, 『원리론』은 더 위대한 저작이며, 시각에 관한 이 책과 그 이론은 뒷전으로 물러난 듯하다. 그리고 그 결과는 아마 버클리의 궁극적인 철학적 목적의 성공 여부에 관한 올바른 척도일 것이다. 그는 『원리론』이 싸움에 이기게 하고, 이 책은 『원리론』의 성공에 기여하게 할 작정이었기 때문이다. 그러나 어떤 비교도 실제로 이 책을 작아 보이게 할 수 없다. 이 책은 어떤 사람들, 어떤 세대에게도 위대한 책이다. 시지각에 관한 이 책의 이론은 영향력이 있을 뿐만 아니라, 주요하고 일반적으로 인정된 이론이었으며, 어느 정도까지는 여전히 그렇다. 그의 이론으로 통용되는 많은 것들이 그가 창안한 것이 아니었으며, 그가 자기 이론이라고 주장한 것도 아니었다. 거리 자체는 보이지 않는다는 것, 거리는 끝 쪽이 눈을 향한 직선이라는 것, 거리에 관한 지각은 감각기관의 작용이라기보다는 판단 작용이라는 것, 우리는 중간에 있는 대상들, 물체들의 상대적 크기, 색깔의 희미함, 눈의 움직임에 의해 거리를 판단한다는 것—이 모든 '버클리의 원리들'은 몰리누의 『새로운 굴절 광학』(113쪽)에서 발견할 수 있다. 이 원리들은 이 두 사상가가 창안한 것이 아니라, 버클리 자신이 말하듯이(1절) 일반적으로 인정된 견해의 일부분이었다. 그러나 버클리만 다른 사람들이 자아낸 실로 직물을 짰다. 그는 당시의 지각 문제들[53]을 교묘하게 밑그림으로 넣었다. 그는 당시에 통용되던 기하학적 설명에서 오류를 설득력 있게 드러냈고, 시각에 관해서 '일반적으로 받아들여진' 이 원리들의 궁극적인 형이상학적 결과를 그 이전에는 아무도 못했고 그 이후로도 거의 그런 사람이 없을 만큼 대담하게 끌어냈다.

---

53) 배로의 사례, 지평선 위에 있는 달의 겉보기 크기, 망막에 거꾸로 맺힌 상, 몰리누의 문제.

■ 헌정사

폐하의 아일랜드 왕국 추밀원 고문관이신 존 퍼서벌 준남작 각하께[54]

각하,

저는 명예롭고 행복하게도 당신을 알게 된 이후로 제가 당신에 대해서 품어온 크나크고 충분한 이유가 있는 존경심을 제 자신을 모독하지 않고 이번 기회에 공공연하게 증언하지 않을 수 없었습니다. 가장 훌륭하고 저명한 사람들 가운데서도 당신이 갖고 있다고 알려진 명성 외에도 부의 외면적인 이점, 당신을 치

---

54) 3판과 4판에는 이 헌정사가 버클리와 퍼서벌이 주고받은 편지로 분류되었기 때문에 빠져 있다. B. Rand(1914) 참조.

장하는 때 이른 서훈이 멀리서 당신을 바라보는 사람들의 마음에 숭배와 존경의 인상을 남기는 것은 당연할지 모릅니다. 그러나 이것들이 제가 당신께 품은 존경심과 함께 저를 고무하는 주된 동기는 아닙니다. 제가 더 가까이 다가가보니 당신의 인격에서 명예와 재산이라는 외적인 장식을 훨씬 넘어선 어떤 것을 보게 되었습니다. 제가 뜻하는 것은 본래 내재하는 덕과 양식의 축적, 종교에 대한 진정한 관심, 조국에 대한 당신의 공평무사한 사랑입니다. 저는 이것들에다가 둘도 없이 선한 본성(제 마음속에서는 제1급의 완전함인 것)과 함께 최고 수준의 가장 유용한 지식 부문에 보기 드물게 능숙하다는 점을 덧붙입니다. 이 모든 것은 명성에 관한 불확실한 보고가 아니라 제 자신이 겪은 경험에서 온 것입니다. 영예롭게도 당신을 알게 된 이 몇 달 동안 제가 당신과 기분 좋고 발전적인 대화를 나누며 보낸 많은 즐거운 시간은 저에게 당신한테서 많은 탁월한 특성을 발견하는 기회를 제공했고, 제 마음은 즉시 그 특성에 대한 찬양과 존경심으로 가득 채워집니다. 당신은 그 시절 부와 저명함이 함께한 환경에서도 우리가 살고 있는 시대에 그렇게도 유행하고 지배적인 사치의 매력과 도가 지나친 쾌락에 넘어가지 않음을 계속 보여주셨습니다. 당신은 평범한 계층의 사람들 위에 군림하는 사람들에게서 흔히 볼 수 있는 무례하고 거만한 태도가 없는 상냥하고 예의 바른 행위를 유지했습니다. 당신은 막대한 재산을 신중하고 주의 깊게 관리한 동시에 관대하고 고상한 마음으로 그것을 씀으로써 지나치게 인색하지 않았고, 그렇다고 해서 당신에게 주어진 좋은 것들을 사치스럽고 경솔하게 낭비하지도 않았다는 것을 보여주었습니다. 확실히 이것들은 감탄할 만하고 칭찬할 만한 가치가 있었습니다. 게다가 당신은 이성을 공정하게 행사하고 성서를 항상 숙독함으로써 자연종교와 계시종교의 원리에 대한 올바른 개념을 얻으려고 애썼습니다. 당신은 진정한 애국자의 관심을 갖고 마음으로 대중의 이익을 생각하고, 조국에 불리함을 막고 이익을 촉진하기 위해서 조국에 불리하거나 유리하게 될 것을 조사할 어떤 방법도 등한히 하지 않았습니다. 결국 당신은 가장 까다롭고 유용한 연구를 변함없이 지원하고, 명예와 덕의 규칙을 엄격하게 지키며, 세상의 잘못된 척도와 인류의 참된 목적과 행복을 자주 진지하게 반성함으로써 당신 앞에 펼쳐져 있는 경주를 용감하게 할 자격을 모든 측면에서 갖추었고, 현세에서 위대하고 선하며 앞으로 영원히 행복할 인물이라고 할 만한 가치가 있습니다. 이것들은 놀랍고 거의 믿을 수 없는 것들이었습니다. 하지만 각하, 저는 당신의 예의 바름이 허용하거나 당신의 인품에 필요하다면 이 모든 것, 아니 이보다 더 많은 것을 당신에 관해서 공정하게 말할 수도 있습니다. 저는 저처럼 이름 없는 사람이 쓴 어떤 것도 당신의 명성에 빛을 더할 수 있다고 상상한다는 것이 당연히 허영이라고 생각될 수도 있음을 압니다.

그렇지만 저는 제가 섬세한 판단력을 갖춘 당신의 인격에 어느 정도 친밀하게 되었음을 알리기 위하여 이 기회를 잡음으로써 제가 얼마나 자신의 이익을 조장하는지 느끼고 있습니다. 그리고 그런 의도로 저는 감히 이런 성격의 인사말을 당신께 하려 했던 것입니다. 제가 당신께서 이 인사말을 호의적으로 받아들이리라고 희망하는 것은 이제껏 당신에게서 경험해왔던 훌륭함 때문입니다. 그렇지만 저는 당신이 소유한 덕에 아마도 아주 뚜렷이 구별될 정도로 모욕적일 수도 있는 것을 언급함에 대해 당신께 용서를 빈다고 고백해야만 합니다. 각하, 만약 제가 그것에 관해 명백하고 감동적인 **관념**을 갖고 있고, 다른 사람들의 모방에 대해 아무리 강력한 빛에 노출되어도 지나치지 않다고 확신하는, 그 엄청나고 놀랄 만한 가치에 경의를 표하지 않고 존 퍼서벌 경의 이름을 언급하는 것이 저의 권능 밖의 일이었다면 용서해주십시오. 최근에 저는 모든 감각기관 가운데 가장 고귀하고 즐겁고 광범위한 것을 고찰하는 데 기분 좋게 임하게 되었습니다. 그 기분 풀이(저는 그것을 노동이라고 부르렵니다만)의 결실이 지금 제가 일과 통속적 향락의 한가운데서 생각과 반성의 더 세련된 즐거움에 대한 의욕을 갖고 있는 사람에게 약간의 기분 전환이 되리라고 기대하고 당신께 선사하는 것입니다. 저는 시각에 관한 생각 때문에 상도(常道)를 멀리 벗어난 어떤 개념들에 빠지게 되어 그 개념들을 편협하고 옹졸한 **천재**라는 어떤 사람에게 건의하는 것이 부적절했습니다. 그러나 각하, 당신은 크나크고 자유로운 지성의 소유자이시며, 인류의 절대 다수를 포로로 하는 그 편견의 힘 위에 우뚝 서서 이런 종류의 시도에 적합한 후원자라고 당연히 생각되는지 모릅니다. 게다가 당신은 거기서 발생할지도 모르는 어떤 결점이든 식별하기에 적임자이면서도 그 결점을 용서하는 경향이 있습니다. 또한 저는 당신이 자신의 능력에 관한 정당한 확신에서 그런 것만큼이나 가장 추상적이고 어려운 일에 대한 정확한 판단을 하기에 필수적인 어떤 점에서도 결함이 있다고 생각하지 않습니다. 그리고 제가 말할 수 있도록 허락해주신다면, 당신은 제 경우에만 판단의 명백한 약점을 보이십니다. 다음 **시론**과 관련해서 제가 당신이 국가의 중대사로 바쁠 때 방해가 되게 그런 성질의 하찮은 일을 제시한 것은 죄송하며, 당신께서 제가 당신을 진정으로 존경한다고 생각해주시기 바란다는 것을 덧붙일 뿐입니다.

각하께

가장 충성스럽고 비천한 당신의 종

조지 버클리가

■ 차례

1. 계획
2. 거리는 저절로 눈에 보이지는 않는다.
3. 먼 거리는 감각기관보다는 오히려 경험에 의해서 지각된다.
4. 가까운 거리는 시각 축선들(optic axes)의 각에 의해 지각된다고 생각한다.
5. 거리를 지각하는 이 방식과 앞의 방식의 차이
6. 발산하는 광선에 의한 방식
7. 이 방식은 경험에 의존하지 않는다.
8. 이 방식들이 일반화되어 있는 설명이지만 만족스럽지 못하다.
9. 어떤 관념은 다른 관념의 매개에 의해 지각된다.
10. 그 자체가 지각되지 않는 관념은 다른 관념을 지각하는 수단이 될 수 없다.
11. 거리는 어떤 다른 관념에 의해 지각된다.
12. 광학에서 언급하는 선과 각 자체는 지각되지 않는다.
13. 따라서 마음은 선과 각에 의해 거리를 지각하지 않는다.
14. 그 이유는 그 선과 각이 실제로 존재하지 않기 때문이다.
15. 그 이유는 그 선과 각이 현상을 설명하기에 불충분하기 때문이다.
16. 첫째, 거리를 시사하는 관념은 눈의 변화에서 발생하는 감각이다.
17. 그 감각과 거리 사이에는 전혀 필연적인 연관성이 없다.
18. 이 문제에서 오류의 여지는 거의 없다.
19. 시각 축선들의 각은 전혀 고려하지 않는다.
20. 거리 판단은 두 눈으로 하며, 경험의 결과이다.
21. 둘째, 거리를 시사하는 관념은 현상의 혼란스러움이다.
22. 이것은 발산하는 광선 탓으로 돌린 판단의 경우이다.
23. 반대 의견에 대한 답변
24. 이 문제에서 광학 저술가들을 속이는 것
25. 한 관념이 다른 관념을 시사할 수도 있는 원인
26. 이것은 혼란스러움과 거리에 적용된다.

27. 셋째, 거리를 시사하는 관념은 눈의 긴장이다.
28. 거리를 시사하는 계기는 그 자체 본성으로는 거리와 아무런 관련도 맺고 있지 않다.
29. 배로 박사가 이미 알려진 모든 이론을 반박하는 것으로 제안한 어려운 사례
30. 이 사례는 반사 광학에서 받아들인 원리와 모순된다.
31. 이 사례는 우리가 규정한 원리에 일치하는 것으로 보인다.
32. 이 현상은 예증된다.
33. 이 사실은 그 현상을 설명하는 원리가 참임을 확증한다.
34. 뚜렷할 때와 혼란스러울 때의 시각
35. 평행, 발산, 수렴광선의 서로 다른 결과
36. 어떻게 수렴광선과 발산광선이 동일한 거리를 시사하게 될까?
37. 극도로 시력이 약한 사람은 앞서 말한 사례에 대해 올바르게 판단할 것이다.
38. 선과 각이 광학에서 유용한 이유
39. 이 이유를 이해하지 못하는 것이 오류의 한 원인이다.
40. 몰리누 선생이 자신의 『새로운 굴절 광학』에서 고찰하여 제안한 질문
41. 선천적 시각장애인은 처음에는 시각에 의한 거리 관념을 전혀 갖지 못할 것이다.
42. 이 사실은 일반화되어 있는 원리들에 합치하지 않는다.
43. 시각 고유의 대상은 마음 바깥에 있는 것도 아니고, 마음 바깥에 있는 어떤 것의 심상도 아니다.
44. 이 점이 좀 더 충분히 설명된다.
45. 어떤 뜻에서 우리는 거리와 외부 사물을 본다고 이해해야 하는가?
46. 얼간간 떨어져 있는 사물들과 거리는 귀로 지각하는 것과 다른 방식으로 눈으로 지각하는 것이 아니다.
47. 시각 관념은 청각 관념이 촉각 관념과 혼동되기 쉬운 것보다 더 촉각 관념과 혼동되기 쉽다.
48. 어떻게 이러한 일이 일어나게 되는가?
49. 엄격히 말해서 우리는 결코 동일한 것을 보고 느낄 수는 없다.
50. 시각 대상에는 간접적인 것과 직접적인 것이 있다.

51. 이 두 가지는 우리 생각에서 분리하기 어렵다.
52. 우리가 시각으로 크기를 지각하는 것에 관해서 일반적으로 받아들인 설명은 틀렸다.
53. 크기는 거리만큼이나 직접 지각된다.
54. 지각할 수 있는 두 종류의 연장 중 어느 것도 무한 분할될 수 없다.
55. 한 대상의 촉각적 크기는 한결같지만, 시각적 크기는 그렇지 않다.
56. 어떤 수단에 의해서 촉각적 크기를 시각으로 지각하는가?
57. 이 점이 더 상세히 설명된다.
58. 현상의 혼란스러움이나 희미함과 작거나 큰 크기 사이에는 어떤 필연적인 연관성도 없다.
59. 한 대상의 시각적 크기보다 촉각적 크기에 더 주의하게 된다. 그 이유는?
60. 한 가지 예
61. 사람은 시각적 피트나 인치로 측정하지 않는다.
62. 시각적 연장과 촉각적 연장 사이에는 어떤 필연적인 연관성도 없다.
63. 더 큰 시각적 크기가 더 작은 촉각적 크기를 뜻할 수도 있다.
64. 우리가 크기에 관해 내리는 판단은 전적으로 경험에 의존한다.
65. 거리와 크기는 예컨대 부끄러움이나 노여움처럼 보인다.
66. 그러나 우리는 달리 생각하기 쉽다. 그 이유는?
67. 달은 정점보다 지평선에 있을 때 더 크게 보인다.
68. 우리가 이 현상의 원인이라고 여기는 것
69. 지평선에 있는 달은 왜 어떤 때는 더 크게 보일까?
70. 우리가 제시한 설명이 참으로 증명된다.
71. 그 설명은 달이 안개 속에서 더 크게 나타나는 것에 의해 확증된다.
72. 반대 의견에 대한 답변
73. 희미함은 더 큰 크기를 시사한다. 그 방식에 대한 예증
74. 지평선에 있는 달의 현상을 설명하기 어렵다고 생각하는 이유
75. 여러 사람이 이 문제를 해결하려고 시도했으나 수포로 돌아갔다.
76. 월리스 박사의 의견
77. 그 의견은 불만족스러워 보인다.
78. 겉보기 크기를 계산하는 데 선과 각이 어떻게 유용한가?

79. 선천적 시각장애인이 볼 수 있게 된다면 그는 크기에 관해 어떤 판단을 할까?
80. 시각적 최소량은 모든 피조물에게 동일하다.
81. 반대 의견에 대한 답변
82. 눈은 언제나 똑같은 수의 시각적 점을 지각한다.
83. 시각 능력의 두 가지 결함
84. 그 답변으로 우리는 두 가지 완전함을 생각할 수도 있다.
85. 현미경은 이 두 방식 중 어느 것으로도 시각을 향상시키지 못한다.
86. 현미경의 특성을 가진 눈의 경우를 고찰함
87. 시각은 보는 행위의 목적에 훌륭하게 적응한다.
88. 대상을 정립한 것으로 보는 시각에 관한 난점
89. 이 난점을 설명하는 일반적인 방식
90. 동일한 것이 거짓으로 보인다.
91. 이 문제에서 시각 관념과 촉각 관념을 구별하지 않는 것이 오류의 원인이다.
92. 어떤 선천적 시각장애인의 경우를 고려하기에 적절하다.
93. 그런 사람은 촉각으로 위와 아래의 관념을 갖게 될 수도 있다.
94. 그가 촉각적 사물에만 속하는 것으로 여길 위치의 양태는 어떤 것인가?
95. 그는 첫눈에 본 어떤 것도 높거나 낮으며, 상이 정립하거나 거꾸로 선다고 생각하지 않을 것이다.
96. 이 사실은 한 예에 의해 입증된다.
97. 그는 어떤 수단에 의해 시각 대상을 높거나 낮은 따위의 것이라고 부르게 될까?
98. 왜 그는 눈의 가장 낮은 부분에 그려지는 대상을 가장 높다고(반대의 경우도 같음) 생각할까?
99. 그는 어떻게 시각에 의해서 외부 대상의 위치를 지각하는가?
100. 우리는 반대명제가 이제까지 말해온 것에 대한 어떤 반대 논증도 아니라고 생각하는 경향이 있다.
101. 반대 의견
102. 답변
103. 한 대상은 색깔에 의해 첫눈에 알려질 수 없었다.

104. 그 크기에 의해서도 첫눈에 알려질 수 없었다.
105. 그 모양에 의해서도 첫눈에 알려질 수 없었다.
106. 최초의 시각 작용에서 어떤 촉각적 사물도 보인 그대로의 광경에 의해 시사되지 않는다.
107. 수에 관해 제시된 난점
108. 시각적 사물의 수는 첫눈에 촉각적 사물의 수를 똑같이 시사하지는 않을 것이다.
109. 수는 마음의 창조물이다.
110. 선천적 시각장애인은 첫눈에 다른 사람처럼 시각적 사물을 세지 못할 것이다.
111. 어떤 대상의 위치는 동일한 감각기관의 대상에 관해서만 결정된다.
112. 하나의 시각적 사물과 하나의 촉각적 사물 사이에는 멀거나 가까운 어떤 거리도 없다.
113. 이 사실을 깨닫지 못하는 것이 상이 정립한 시각에 관한 난점의 원인이다.
114. 이 사실을 깨닫는다면 상이 정립한 시각은 설명할 수 없는 어떤 것도 포함하지 않는다.
115. 상이 거꾸로 선다는 것은 무엇을 뜻하는가?
116. 이 문제에서 오류의 원인
117. 눈 속의 심상은 외부 대상의 상이 아니다.
118. 그것은 어떤 의미에서 상인가?
119. 이 문제에서 우리는 시각 관념과 촉각 관념을 주의 깊게 구별해야 한다.
120. 참된 시각 이론은 말로 설명하기 어렵다.
121. 시각과 촉각에 공통인 어떤 관념이 있는지의 여부에 관한 물음이 진술된다.
122. 추상적 연장을 탐구한다.
123. 추상적 연장은 이해할 수 없는 것이다.
124. 추상적 연장은 기하학의 대상이 아니다.
125. 삼각형의 일반 관념을 고찰한다.
126. 진공 또는 순수 공간은 시각과 촉각에 공통이 아니다.
127. 두 감각기관에 공통인 어떤 (종류의) 관념도 없다.

128. 이 주장을 증명하려는 첫 번째 논증
129. 두 번째 논증
130. 시각적 모양과 연장은 색깔과 구별되는 관념이 아니다.
131. 세 번째 논증
132. 구와 정육면체 문제에서 몰리누 선생이 끌어낸 확증—로크 선생이 공표했다.
133. 만약 일반적인 가정이 참이라면, 어느 것이 잘못된 해결책인가?
134. 우리 신조를 증명하는 데 좀 더 많은 말을 할 수도 있지만, 이것으로 충분하다.
135. 앞서 나온 문제를 좀 더 숙고함
136. 동일한 것이 시각과 촉각 모두에 영향을 미치지는 않는다.
137. 동일한 운동 관념은 시각과 촉각에 공통이 아니다.
138. 우리가 시각으로 운동을 파악하는 방식은 이제껏 말해온 것과 쉽게 합치된다.
139. 질문: 동일한 종류에 속하지 않는다면 어떻게 시각 관념과 촉각 관념이 동일한 이름을 갖게 되었는가?
140. 이 점은 그 관념들을 동일한 종류에 속한다고 상정하지 않고서도 설명된다.
141. 반대 의견: 촉각적 사각형은 시각적 원보다 시각적 사각형과 더 유사하다.
142. 답변: 시각적 사각형은 시각적 원보다 촉각적 사각형을 표상하기에 더 적합하다.
143. 그렇다고 해서 시각적 사각형이 촉각적 사각형과 유사하다는 결론이 나오지는 않는다.
144. 왜 우리는 다른 기호와 그것이 의미하는 것을 혼동하기보다 시각 관념과 촉각 관념을 더 혼동하기 쉬운가?
145. 우리가 이 사실의 이유로 여기는 몇 가지 다른 것
146. 어떤 의견을 거부하기가 망설여진다는 것이 그 의견이 참임을 논증하는 것은 아니다.
147. 시각 고유의 대상은 조물주의 언어이다.[55]
148. 자연에는 감탄할 만하며 주목할 만한 가치가 있는 것이 많다.

149. 기하학의 대상에 관해 제시된 물음
150. 우리는 시각적 연장을 첫눈에 기하학의 대상이라고 생각하기 쉽다.
151. 시각적 연장은 기하학의 대상이 아닌 것으로 보인다.
152. 시각적 연장이 기하학의 대상이라고 생각하는 것은 낱말이 기하학의 대상이라고 생각하는 것과 같다.
153. 볼 수는 있지만 느낄 수는 없는 한 지성적 존재가 기하학에서 어떻게 진보할 수 있는지 탐구할 것을 제안한다.
154. 그는 절단면에 의해서 발생한 입체, 표면, 선과 관련되는 그 부분들을 이해할 수 없다.
155. 또한 평면기하학의 원리조차 이해할 수 없다.
156. 시각 고유의 대상을 기하학적 도형처럼 다룰 수는 없다.
157. 평면도형이 시각의 직접적인 대상이라고 주장하는 사람들의 의견을 고찰한다.
158. 평면이 시각의 직접적인 대상이 아닌 것은 입체가 그렇지 않은 것과 같다.
159. 위에 언급한 지성적 존재의 생각에 확실하게 공감하기는 어렵다.[56]
160. 기하학의 대상이 무엇인지 충분히 이해하지 못한 것이 기하학에서 난점과 헛된 노고의 원인이다.

---

55) the language of the Author of nature. 1판과 2판에는 the language of nature라고 되어 있다.
56) 1판과 2판에서는 하나의 절이 더 있었다.

1. 계획

 내 계획은 우리가 시각으로 대상의 거리, 크기, 위치를 지각하는 방식을 보여주려는 것이다. 또한 시각 관념과 촉각 관념의 차이를 고찰하고, 두 감각기관에 공통인 관념이 있는지 없는지를 고찰하려는 것이다.[57]

---

57) "우리는 공간 관념을 시각과 촉각 양쪽에 의해 얻는다." 로크의 『인간지성론』(*An Essay concerning Human Understanding*, 1690) 2권 13장 2절 참조.

2. 거리는 저절로 눈에 보이지는 않는다.

나는 거리가 저절로, 그리고 직접 보일 수 없다는 것에 모든 사람이 동의한다고 생각한다. 거리는 끝 쪽이 눈으로 향하는 직선이어서[58] 망막에 한 점만을 투사하며, 그 점은 거리가 멀거나 가깝거나 간에 항상 동일하게 남아 있기 때문이다.

3. 먼 거리는 감각기관보다는 오히려 경험에 의해서 지각된다.

나는 상당히 먼 대상의 거리에 대해 우리가 내리는 평가가 감각기관의 작용이라기보다는 오히려 경험에 의거한 판단 작용이라는 것 역시 인정됨을 안다. 예를 들어 내가 집, 들판, 강 같은 것처럼 중간에 있는 다수의 대상을 지각할 때, 나는 그것들이 상당한 공간을 차지한다고 경험해왔으며, 그 때문에 나는 그것들

---

[58] "거리는 저절로 지각되지는 않는다. 거리(또는 길이)는 그 끝이 우리를 향한 채 우리 눈에 보이기 때문이다." 몰리누의 『새로운 굴절 광학』 참조. 전체 단락은 103~120쪽. 버클리는 이 저작에 많은 신세를 지고 있다. 역주) 몰리누가 트리니티 칼리지 학장에게 로크의 『인간 지성론』을 학생들에게 읽히도록 추천함으로써 일찌감치 그 책이 연구되었다. 몰리누 책의 직접적인 영향은 『시각론』 전체를 관통하고 있다. 40절에서는 '현명한 몰리누 선생'이라고 언급하기도 한다.

너머로 내가 보는 대상이 아주 멀리 있다는 판단이나 결론을 내리는 것이다. 게다가 가까운 거리에서 강렬하고 크게 나타나는 것으로 경험해온 어떤 대상이 희미하고 작게 나타날 때, 나는 즉시 그것이 멀리 떨어져 있다고 결론 내린다. 그리고 이것이 경험의 결과임은 명백하다. 그 경험이 없다면 나는 희미함과 작음에서 대상의 거리에 관한 어떤 것도 추론해낼 수 없었을 것이다.

4. 가까운 거리는 시각 축선들(optic axes)의 각에 의해 지각된다고 생각한다.

그러나 한 대상이 아주 가까운 거리에 있어서 두 눈의 간격이 그 대상과 지각 가능한 비례관계를 맺을 때, 사변적인 사람들의 의견은 대상에 수렴하는 시각의 두 축선(우리는 동시에 열리는 한 눈으로만 본다는 공상에서 나왔다.)이 대상에서 각을 이루며, 그 각이 더 커지거나 작아짐에 따라 그 각에 의해서 그 대상이 더 가까이 있거나 멀리 떨어진 것으로 지각된다는 것이다.[59]

---

[59] 원주) 데카르트(R. Descartes, 1596~1650)와 다른 사람들이 이 주제에 관해 쓴 것을 볼 것. 역주) 예를 들어 데카르트의 『굴절 광학』, 제6강, 전집 6권, 130~147쪽; 말브랑슈의 『진리 탐구』, 1권, 6~9장, 25~47쪽. 본문 19절에 나오듯이 당시의 광학자들은 우리가 물체를 볼 때 안구를 움직여서 두 안구 사이를 지나는 선과 각 안구가 물체를 바라보는 선들(시각 축선)이 이루는 각들(측각)이 더 작아지거나 커지는 것을 지각하

5. 거리를 지각하는 이 방식과 앞의 방식의 차이

거리를 판단하는 이 방식(4절)과 앞의 방식(3절)에는 이처럼 현저한 차이가 있다. 가까운 거리와 크고 강렬한 현상, 또는 먼 거리와 작고 희미한 현상 사이에는 명백하고 필연적인 연관성이 없는 반면에(3절), 둔각과 가까운 거리, 그리고 예각과 더 먼 거리 사이에는 매우 필연적인 연관성이 나타난다(4절). 시각 축선들이 수렴되는 점이 가까워질수록 각이 커지며, 수렴되는 점이 멀어질수록 그 축선들에 포함된 각이 작아지리라는 것은 전혀 경험에 의존하지 않지만, 누구나 그것을 경험하기 전에 명백히 알 수 있을 것이다.

6. 발산하는 광선에 의한 방식

광학 저술가들이 언급한 또 다른 방식이 있는데, 그것은 우리가 거리에 따라 동공의 크기가 달라짐을 지각할 수 있다는 것이다. 시각적 점으로부터 광선이 많이 발산하거나 적게 발산해서 우리 눈에 들어온다. 가장 많이 발산하는 광선에 의해 보이는 점

며, 그 결과 기하학적인 방법에 의해 그 교점들이 가깝거나 멀다고 판단한다고 설명했다.

은 가장 가깝다고 판단되며, 더 적게 발산하는 광선에 의해 보이는 점은 더 멀다고 판단된다. 나아가 광선의 발산이 감소함에 따라 외관상의 거리는 더욱더 증가하며, 눈에 들어오는 광선이 평행으로 느껴지게 될 때 마침내 그 거리는 무한이 된다. 그리고 이 방식에 따라 우리가 한 눈으로만 볼 때 거리를 지각한다고들 한다.

7. 이 방식은 경험에 의존하지 않는다.

이 경우에도 마찬가지로 우리가 경험을 주시하고 있지 않음은 명백하다. 눈에 들어오는 직사광선이 평행에 더 가까울수록 그 광선의 교점 또는 그 광선이 흘러나오는 시각적 점이 더 멀어진다는 것은 확실하고 필연적인 진리이다.

8. 이 방식들이 일반화되어 있는 설명이지만 만족스럽지 못하다.

그런데 시각에 의해 가까운 거리를 지각하는 것에 관해 여기에 주어진 설명들(4, 6절)이 참으로 받아들여지고, 따라서 대상의 외관상의 위치를 결정하는 데 사용되었다. 다음과 같은 이유에서 그것들은 매우 불만족스럽게 보인다.

9. 어떤 관념은 다른 관념의 매개에 의해 지각된다.

마음이 직접적이고 저절로 지각하는 것은 아니지만 어떤 관념을 지각할 때, 그 지각이 어떤 다른 관념에 의해서 이루어져야 한다는 것은 명백하다. 예를 들어 다른 사람의 마음속에 있는 정념(情念, passion)이 저절로 내게 보이지는 않는다. 그러나 나는 정념이 얼굴에 일으키는 색깔을 봄으로써 직접적이지는 않지만 정념을 지각할지도 모른다. 우리는 종종 어떤 사람의 안색이 붉어지거나 창백하게 변하는 것을 지각함으로써 그의 얼굴에서 부끄러움이나 공포를 본다.

10. 그 자체가 지각되지 않는 관념은 다른 관념을 지각하는 수단이 될 수 없다.

게다가 그 자체가 지각되지 않는 관념이 나에게 다른 관념을 지각하는 수단이 될 수 없음은 명백하다. 만약 내가 어떤 사람의 얼굴의 붉음이나 창백함 자체를 지각하지 못한다면, 내가 그것으로 그의 마음속에 있는 정념을 지각할 수는 없다.

11. 거리는 어떤 다른 관념에 의해 지각된다.

그런데 2절에서 말했듯이 거리는 그 자체 본성으로는 지각될 수 없지만 시각에 의해 지각되는 것은 명백하다. 그러므로 거리는 시각 작용에서 그 자체가 직접 지각되는 어떤 다른 관념에 의해서 보인다.

12. 광학에서 언급하는 선과 각 자체는 지각되지 않는다.

그러나 몇몇 사람이 거리의 지각을 설명하는 수단으로 사용하는 선과 각은 그 자체가 결코 지각되지 않으며, 사실상 광학에 서투른 사람은 선과 각을 전혀 생각하지 않는다. 나는 도대체 누가 한 대상을 보자마자 두 시각 축선이 만나서 이루는 각의 크기에 의해서 그 거리를 계산하는지, 또는 어느 시각적 점에서 광선이 더 많거나 적게 발산해서 그의 눈동자에 도달한다고 생각하는지 자신의 경험에 비추어보기를 원한다. 모든 사람은 자기가 지각하는 것과 지각하지 않는 것에 대해 그 자신이 가장 좋은 심판관이다. 나 자신이 그런 것을 의식하지 못하는 한, 누군가가 나에게 내 마음에 거리의 다양한 관념을 들여오는 어떤 선과 각을 내가 지각한다고 말해주어도 그것은 헛된 일일 것이다.

13. 따라서 마음은 선과 각에 의해 거리를 지각하지 않는다.

그러므로 그 각과 선은 그 자체로는 시각에 의해 지각되지 않기 때문에, 10절로부터 마음은 각과 선에 의해서 대상의 거리를 판단하지 않는다는 결론이 나온다.

14. 그 이유는 그 선과 각이 실제로 존재하지 않기 때문이다.

이 주장이 참임은 그 선과 각이 자연에 실제로 존재하지 않으며 수학자가 형성한 하나의 가설에 불과하고, 수학자가 광학을 기하학적인 방식으로 다루기 위해서 광학에 끌어들인 것으로 여기는 어떤 사람에게도 더욱더 명백할 것이다.

15. 그 이유는 그 선과 각이 현상을 설명하기에 불충분하기 때문이다.

내가 그 학설을 거부하는 데 제시할 마지막 이유는 설령 우리가 그 광학적 각 따위의 실재적 존재를 인정한다 해도, 그리고 마음이 그것을 지각할 수 있었다 해도, 지금부터 보겠지만 이 원리들이 거리 현상을 설명하기에 충분하다고 여기지 않으리라는 것이다.

16. 첫째, 거리를 시사하는 관념은 눈의 변화에서 발생하는 감각이다.

그런데 우리가 볼 때 거리는 그 자체가 지각되는 어떤 다른 관념의 매개에 의해 마음에 시사된다는 것은 이미 제시되었으므로, 이제부터는 시각에 수반되는 어떤 관념이나 감각(우리는 그것에 거리 관념이 연결되고, 그것에 의해 거리 관념이 마음에 들어오게 된다고 상정할 수도 있다.)이 있는지 탐구해야 한다. **첫째**, 우리가 두 눈으로 가까운 대상을 볼 때 그것이 우리에게 다가오거나 우리에게서 물러섬에 따라 눈동자 사이의 간격을 줄이거나 늘임으로써 눈의 배열을 변경시킨다는 것은 경험에 의해 확실하다. 이러한 눈의 배열이나 변화는 하나의 감각을 수반하는데, 나에게는 이 경우에 그것이 멀거나 가까운 거리 관념을 마음에 가져다주는 것처럼 보인다.

17. 그 감각과 거리 사이에는 전혀 필연적인 연관성이 없다.

눈의 변화로 우리가 지각하는 감각과 더 멀거나 가까운 거리 사이에 자연스럽거나 필연적인 어떤 연관성[60]이 있는 것은 아니다. 그러나 눈의 다른 배열에 상응하는 서로 다른 감각이 대상까지의 거리가 다른 정도로 각 배열에 수반되는 것을 마음이 변함없는 경험에 의해 깨달았기 때문에, 두 종류의 관념 사이에 습관적인 연관성이 발생하게 되었다. 그 결과 마음은 눈동자를 더 가깝거나 멀리 떨어지게 하기 위해서 그 연관성이 눈에 가져다주는 서로 다른 변화에서 발생하는 감각을 지각하자마자, 그 감각에 익숙하게 연관된 서로 다른 거리의 관념을 지각한다. 마치 어떤 소리를 듣자마자 습관이 소리와 연합해놓은 관념이 지성에 즉시 시사되듯이.

18. 이 문제에서 오류의 여지는 거의 없다.

또한 나는 이 문제에서 내가 얼마나 쉽게 실수할 수 있을지 알지 못한다. 나는 거리가 저절로 지각되지 않음을 명백히 안다. 결과적으로 거리는 직접 지각되고 서로 다른 정도의 거리에 따라 변화하는 어떤 다른 관념에 의해 지각됨에 틀림없다. 마찬가지로 나는 눈의 변화에서 발생하는 감각이 저절로 직접 지각되며, 다양한 정도의 감각이 서로 다른 거리와 연관된다는 것을 안

---

60) 자연스럽거나 필연적인 연관성과 임의의 연관성의 구별에 대해서는 말브랑슈의 『진리 탐구』 2권 2장 3절. 영역본 *Treatise Concerning the Search After Truth*는 1694년 런던에서 출판됨.

다. 그 감각은 내가 두 눈으로 한 대상(그 거리가 너무 가까워서 그 거리보다는 두 눈 사이의 거리가 훨씬 더 멀다고 할 수 있는)을 뚜렷하게 볼 때 내 마음속에 반드시 거리를 동반해온다.

19. 시각 축선들의 각은 전혀 고려하지 않는다.

나는 눈의 배열을 변경시킴으로써 마음이 시각 축선들의 각 또는 두 눈의 간격과 축선들 사이에 포함된 측각들이 더 크거나 작게 되는지 여부를 지각한다는 것, 따라서 일종의 자연 기하학에 의해 마음이 그 교점들을 더 가깝거나 멀다고 판단한다는 것은 일반적으로 받아들인 하나의 견해임을 안다. 그러나 나는 내 눈의 변화로 내가 갖는 지각을 그렇게 사용한다는 것을 의식하지 못하므로, 나 자신의 경험에 의해 이 견해가 참이 아니라고 확신한다. 그리고 내가 그렇게 하고 있음을 알지 못하면서도 내가 그와 같은 판단을 하고, 그것으로부터 그와 같은 결론을 끌어낸다는 것은 전혀 이해할 수 없는 것처럼 보인다.

20. 거리 판단은 두 눈으로 하며, 경험의 결과이다.

이 모든 것으로부터 두 눈으로 본 한 대상의 거리에 관해 우리가 하는 판단은 전적으로 경험의 결과라는 결론을 내릴 수 있다.

만약 우리가 거리의 정도에 따른 눈의 다양한 배열로부터 발생하는 어떤 감각을 변함없이 발견하지 못했다면, 우리는 대상의 거리에 관하여 그 감각으로부터 그런 즉석 판단을 결코 하지 못했을 것이다. 이것은 우리가 단 한 번도 들어본 적이 없는 낱말을 어떤 사람이 발음하는 것을 듣고 그의 생각을 감히 판단하려 했던 것에 지나지 않는다.

21. 둘째, 거리를 시사하는 관념은 현상의 혼란스러움이다.

둘째, 눈으로부터 일정한 거리에 있고 눈동자의 폭이 그것과 상당한 비례관계에 있는 어떤 대상이 다가오게 되면 더 혼란스럽게 보인다. 그리고 그 대상이 더 가까워질수록 더 혼란스럽게 나타난다. 이러한 현상이 변함없이 일어난다는 것을 발견하게 되면, 각기 다른 정도의 혼란스러움과 거리 사이의 습관적인 연관성이 마음속에 발생한다. 더 큰 혼란스러움은 더 가까운 거리를 더욱더 함축하며, 더 작은 혼란스러움은 대상의 더 먼 거리를 함축한다.

22. 이것은 발산하는 광선 탓으로 돌린 판단의 경우이다.

그러므로 가장 인정받는 광학 저술가들이 발산점에서 나와서 눈동자에 들어오는 광선의 서로 다른 발산에 의해서 마음이 판단하리라고 주장하는 경우(6절 참조)에 마음이 거리를 판단하는 수단[61]이 바로 이 혼란스러운 대상의 현상인 것처럼 보인다. 나는 어떤 사람도 광선이 그의 눈에 다양한 경사를 이룸에 따라 형성한다고 상정되는 상상의 각들을 감히 보거나 느끼려 하지 않으리라고 믿는다. 그러나 그는 대상이 다소간 혼란스럽게 나타나는지 그렇지 않은지 볼 수밖에 없다. 그러므로 광선의 더 많거나 적은 발산 대신에 마음은 현상의 더 크거나 작은 혼란스러움에 의해서 한 대상의 외관상의 위치를 결정한다는 것은 이제까지 증명해온 것으로부터 명백한 결과이다.

23. 반대 의견에 대한 답변

또한 혼란스러운 시각과 멀거나 가까운 거리 사이에 어떤 필연적인 연관성도 없다고 말하는 것이 가치가 없는 것은 아니다. 나는 누구에게라도 붉은 안색과 부끄러움 사이에 어떤 필연적인 연관성이 있는지를 묻기 때문이다. 그렇지만 그가 다른 사람의 얼굴에 그 색깔이 나타나는 것을 바라보자마자 그 색깔은 그의 마음속에 그것에 수반하는 것으로 관찰되어왔던 정념의 관념을 가져다준다.

---

[61] 말브랑슈는 거리를 판단하는 여섯 가지 '수단'을 열거한다. 앞의 책, 1권 9장.

24. 이 문제에서 광학 저술가들을 속이는 것

이 문제에서 광학 저술가들을 잘못 인도해왔던 것처럼 보이는 것은 그들은 하나의 결론과 전제들 사이에 분명하고 필연적인 연관성이 절대적으로 필요한 수학에서 결론을 판단하듯이 사람들이 거리를 판단한다고 상상한다는 점이다. 그러나 사람들이 거리에 관해 내리는 즉석 판단에서는 사정이 아주 다르다. 우리는 짐승과 어린아이들 또는 심지어 사려가 깊은 성인들이 한 대상이 다가오거나 또는 그들로부터 멀어진다고 지각할 때마다 기하학과 증명에 의해서 지각한다고 생각할 수는 없다.

25. 한 관념이 다른 관념을 시사할 수도 있는 원인

한 관념이 마음에 다른 관념을 시사할 수도 있다는 것은 그 관념들이 필연적으로 공존한다는 것을 증명하지 않고서도, 또는 그것들을 그렇게 공존하게 하는 것이 무엇인지 알지 못하면서도 그것들이 동반한다고 관찰되어왔다는 사실만으로도 충분할 것이다. 이것에 관해서는 누구나 알 수 있는 무수한 예들이 있다.

26. 이것은 혼란스러움과 거리에 적용된다.

이와 같이 더 큰 혼란스러움이 더 가까운 거리에 변함없이 수반되어왔으므로 앞의 관념이 지각되자마자 뒤의 관념을 우리 생각에 시사한다. 그리고 만약 한 대상이 더 먼 곳에 있을수록 더 혼란스럽게 나타났다는 것이 자연의 정상적인 과정이었다면, 지금 우리에게 한 대상이 다가온다고 생각하게 하는 바로 그 지각이 우리에게 그 대상이 더 멀어졌다고 상상하게 했으리라는 것이 확실하다. 습관과 경험에서 추상된 그 지각은 멀거나 가까운 거리 관념을 산출하는 데 적합하거나 또는 어떤 거리 관념도 전혀 산출하지 않는 데에도 마찬가지로 적합하다.

27. 셋째, 거리를 시사하는 관념은 눈의 긴장이다.

셋째, 위에 상술한 거리에 놓여 있는 한 대상이 눈에 더 가까이 다가온다 해도 우리는 적어도 얼마 동안은 눈을 긴장시킴으로써 현상이 더 혼란스러워지는 것을 막을 수도 있다. 이 경우에 그 감각은 혼란스러운 시각 대신 마음이 그 대상의 거리를 판단하는 것을 도와주는 역할을 한다. 시각을 더 뚜렷하게 하기 위한 눈의 노력이나 긴장이 얼마만큼인가에 따라서 그 대상이 얼마나 더 가까운지 판단된다.

28. 거리를 시사하는 계기는 그 자체 본성으로는 거리와 아무런 관련도 맺고 있지 않다.

나는 여기서 가까운 거리의 서로 다른 관념들을 마음에 들여오는, 변함없고 일반적인 계기로 보이는 감각이나 관념들을 규정했다. 대부분의 경우에 다양한 다른 상황들, 즉 보이는 사물들의 특정한 수, 크기, 종류 따위가 우리의 거리 관념 형성에 기여한다는 것은 참이다. 앞에서 말한 거리를 시사하는 다른 모든 계기들과 마찬가지로 이것들에 관해서 나는 단지 이것들도 그 자체 본성으로는 거리 관념과 어떤 관련이나 연관성도 없다고 말할 것이다. 또한 나는 이것들은 만약 경험에 의해 다양한 정도의 거리와 연관되는 것으로 발견해오지 않았다면 다양한 정도의 거리를 결코 나타낼 수 없다고 말할 것이다.

29. 배로 박사가 이미 알려진 모든 이론을 반박하는 것으로 제안한 어려운 사례

나는 이제까지 이상하게 광학 저술가들을 곤혹스럽게 해왔으며, 그들의 어떤 시각 이론으로도 설명되기는커녕 그들 자신의 고백에 따르면 그 이론들에 명백히 모순인, 한 현상을 설명하기 위해서 이 원리들에 따라 진행할 것이다. 따라서 만약 다른 어떤

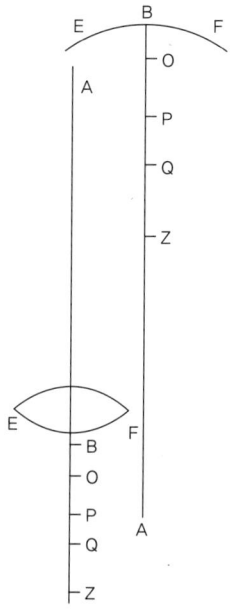

것도 이의로 제기될 수 없다면, 이 원리들만이 문제의 명성을 드높이기에 충분할 것이다. 나는 박식한 배로 박사가 자신의 광학 강의를 끝내는 말로 모든 난점을 여러분에게 제시할 것이다.[62]

---

62) 역주) 버클리는 1669년 런던에서 출판된 배로의 라틴어 저서 『광학 강의』(*Lectiones*) XVIII, 125~126쪽을 인용하고 영어로 번역했다. 최근 영역본 『배로의 광학 강의』(*Issac Barrow's Optical Lectures*, trans. H. C. Fay, London: The Worshipful Company of Spectacle Makers, 1987), 224~226쪽에 해당한다.

"나는 광학의 부분, 더 정확하게 말하자면 광학의 수학적인 부분에 관해서 내가 생각해온 것을 여기서 강의해왔다. 광학의 다른 부분(차라리 물리학적이어서 확실한 원리 대신에 그럴 듯한 추측이 결과적으로 풍부한)에 관해서 나는 이미 케플러[63], 샤이네루스[64], 데카르트, 그리고 다른 사람들이 말해온 것과 다른 무엇도 거의 관찰하지 못했다. 그리고 나는 다른 사람들이 그렇게 자주 말해 왔던 것을 되풀이하기보다는 차라리 아무것도 말하지 않는 것이 낫다고 생각한다. 따라서 나는 이 주제와 작별할 시간이 되었다고 생각한다. 그러나 나는 이것을 끝으로 이 주제를 떠나기에 앞서, 여러분과 진리 양쪽에 맺고 있는 공정하고 솔직한 관계로 말미암아 어쩔 수 없이, 다루기 어려운 어떤 난점(내가 이제까지 되풀이하여 가르쳐오고 있는 학설과 정반대로 보이며, 적어도 그 학설로부터 어떤 해결책도 나오지 않는)을 여러분에게 전하려 한다. 간단히 말하면 그것은 다음과 같다. 한 쌍의 볼록렌즈, 또는 오목거울 EBF 앞에 A로부터 발생하는 광선이 굴절이나 반사 뒤에 AB 축선의 어디에선가 결합하게 되는 거리에 A를 놓자. 그리고 결

---

[63] 역주) Johannes Kepler(1571~1630). 행성의 운동이 타원궤도 위에서 이루어진다고 주장함으로써 근대과학의 새로운 패러다임에 기초를 제공한 독일의 천문학자.
[64] 역주) Christoph Scheiner(1573~1650). 태양 흑점의 본성에 관해 갈릴레오와 벌인 논쟁으로 유명한 독일 출신의 수학자.

합점(즉 이미 설명한 것처럼 점 A의 상)을 Z라고 가정하자. Z와 렌즈나 거울의 정점인 B 사이 어딘가에 눈이 있다고 여기자. 이제 물음은 점 A가 어디에 나타나야 하는가이다. 우리는 경험에 의해서 그것이 뒤에 있는 점 Z에 나타나지 않는다는 것을 안다. 그리고 감각기관에 영향을 미치는 모든 인상은 A 부근에서 오므로, 그것이 뒤에 있는 점 Z에 나타난다는 것은 기적일 것이다. 그러나 우리 신조들로부터 그것은 지각 가능한 모든 거리를 어느 정도 넘을 만큼 아주 멀리 떨어져서 눈앞에 나타나리라는 결론이 나오는 것 같다. 만약 우리가 모든 기대와 선입관을 배제한다면 모든 대상은 더욱더 멀리 떨어짐에 의해서, 대상이 눈에 보내는 광선이 얼마나 덜 발산하고 있느냐에 의해서 나타나기 때문이다. 그리고 그 대상은 평행광선이 눈으로 나아가는 곳에서 가장 멀리 있다고 생각된다. 우리는 그 대상이 수렴광선에 의해 보이는 더 먼 거리에서 나타난다고 이성적으로 생각하게 될 것이다. 게다가 이 경우에 관해서 일반적으로 점 A의 외관상의 장소를 결정하는 것은 무엇이며, 일정한 방식을 따라 어떤 때는 더 가깝고 어떤 때는 더 멀리 그것을 나타나게 하는 것은 무엇이냐고 묻게 될 것이다. 그 의문에 대해 나는 점 A가 항상 극도로 멀리 나타나야 한다는 것만을 제외하고, 우리가 규정한 원리들에 맞게 대답될 수 있는 것은 아무것도 없음을 본다. 그러나 반대로 우리는 경험을 통해 점 B와 점 Z 사이에 서로 다른 눈의 위치에 따라 점 A가 다양하게 멀리 나타난다는 것을 확신한다. 그리고 그것은 맨눈으로 바라보았을 때보다 [거의] 결코(조금도) 더 멀리 보이지 않는다. 그러나 그것은 때로 반대로 훨씬 더 가까이 나타난다. 아니, 눈에 들어오는 광선이 얼마나 더 수렴하느냐에 의해서 그 대상이 훨씬 더 가깝게 접근하는 것처럼 보인다는 것조차 확실하다. 만약 점 B가 렌즈나 거울에서 동일한 거리에 놓인다면, 점 B 가까이 놓인 눈에 대해서 대상 A는 거의 그 자체의 자연스러운 위치에 나타난다. 눈이 점 O로 되돌아간다면 대상은 가깝게 접근하는 것처럼 보이며, P로 가면 눈은 대상을 더욱 더 가깝게 바라본다. 그리고 조금씩 계속해서 결국 눈이 어딘가(Q라고 상정하자)에 놓일 때까지 대상은 극도로 가깝게 나타나며 단순한 혼란스러움 속으로 사라지기 시작한다. 모든 것이 우리 원리들에 모순인 것처럼 보이며, 적어도 우리 원리들에 옳게 일치하지 않는 것처럼 보인다. 또한 이 실험에 의해서 우리 신조만이 일격을 당하는 것은 아니다. 일찍이 내가 알게 되었던 다른 모든 신조도 마찬가지로 그것에 의해 모두 꼭 그만큼 위태롭게 된다. 특별히 (가장 일반적으로 인정되고 가장 내 신조에 접근한) 고대의 신조가 그것에 의해 완전하게 전복된 것처럼 보여서 가장 박식한 타케트[65]가 그의 『반사 광학』 전체를 거의 그 위에 구축

---

65) 역주) André Tacquet(1612~1660). 예수회 수학자이며 천문학자. 그의

했던 원리를 잘못되고 불확실한 것으로 꼼짝없이 거부하게 되었다. 그리고 결과적으로 토대를 제거함으로써 그가 그 위에 세웠던 상부 구조를 그 자신이 쓰러뜨렸다. 그렇지만 나는 그가 문제 전체를 좀 더 철두철미하게 고려하고 난점을 밑바닥까지 검토했는데도 그런 결과를 낳았다고는 믿지 않는다. 그러나 나는 이 난점이나 또 다른 어떤 난점도, 그것이 여기서 일치하지 않듯이 특별히 난점이 어떤 색다르고 특수한 경우의 독특한 본성에 근거를 두게 될 때, 내가 명백하게 이성에 합치한다고 아는 것을 부인하게 할 만큼 큰 영향을 미치지는 않으리라고 생각한다. 본 건에는 자연의 미묘함에 포함되어 아마도 시각의 방식이 더 완전하게 알려질 때까지 거의 발견되지 않을 어떤 독특한 것이 숨겨져 있기 때문이다. 그것에 관해 나는 이제까지 확실성은 고사하고 최소한의 개연성을 보여주는 어떤 것도 발견할 수 없었음을 고백해야만 한다. 그러므로 나는 내가 했던 것보다 여러분이 더 훌륭하게 성공하기를 바라면서 여러분이 이 매듭을 풀 수 있도록 남겨놓을 것이다."

유작 『수학 저작들』(*Opera Mathematica*, Antwerp, 1669), Part II는 광학과 반사광학에 관한 절들을 포함하고 있다. 배로는 휘스턴(William Whiston)의 영역본 『유클리드 기하학 원론』(*The Elements of Euclid with selected Theorems out of Archimedes*, London: Roberts, 1714)를 통해 타케트를 잘 알고 있었으리라고 추정된다.

30. 이 사례는 반사 광학에서 받아들인 원리와 모순된다.

배로 박사가 여기서 타케트의 『반사 광학』의 주된 토대로 언급하는, 일반적으로 받아들인 고대의 원리는 거울로부터 반사되어 보이는 모든 시각적 점은 반사된 광선, 그리고 입사와 수직을 이루는 면의 교점에 놓인 것으로 나타나리라는 것이다. 앞서 말한 저자는 그의 『반사 광학』 전체에 걸쳐 어떤 종류의 거울이든 그것에서 반사됨으로써 보이는 대상의 외관상의 장소를 결정할 때 그 원리에 따라 진행하는데, 본 건에서 이 교점이 우연히 눈의 뒤에 있게 되면 이 원리의 권위가 크게 흔들리게 된다.

31. 이 사례는 우리가 규정한 원리에 일치하는 것으로 보인다.

이제 이 현상이 어떻게 우리 신조들에 일치하는지 보자. 앞의 그림에서 점 B에 눈이 더 가까이 놓일수록 대상의 모습은 더 뚜렷해진다. 그러나 눈이 O로 물러섬에 따라 그 모습은 더 혼란스럽게 된다. 그리고 P에서 눈은 대상을 더욱더 혼란스러운 것으로 본다. 그리고 계속해서 눈이 Z로 되돌아갈 때까지 눈은 대상을 가장 혼란스럽게 본다. 따라서 21절에 따르면 대상은 점B에서 물러섬에 따라 점차 눈에 접근하는 것처럼 보여야 한다. 즉

(앞서 말한 절에서 내가 규정했던 원리의 결과로서) O에서 대상은 B보다 더 가까운 것처럼 보여야 한다. 그리고 P에서는 O보다 더 가까운 것처럼 보여야 하고, Q에서는 P보다 더 가까운 것처럼 보여야 하고, Z에서 아주 사라지게 될 때까지 계속 그래야 한다. 원하는 사람은 누구나 실험을 통해 쉽게 자신을 만족시킬 수도 있으므로 이것은 가히 사실이라 할 수 있다.

32. 이 현상은 예증된다.

이것은 마치 어떤 영국인이 영어와 똑같은 낱말을 정반대 의미로 쓰는 외국인을 만났다고 상정하는 것과 아주 똑같다.[66] 그 영국인은 그 소리를 사용한 사람의 마음속에 있는, 그 소리에 수반되는 관념을 반드시 잘못 판단할 것이다. 그것과 마찬가지로 본 건에서는 눈이 현상의 혼란스러움을 잘 알고 있다고 대상이 낱말을 사용해서 말하는 것이다(만약 내가 그렇게 말하는 것이 허용된다면). 그러나 지금까지 더 큰 혼란스러움은 언제나 더 가까운 거리를 뜻하는 것이 예사였던 반면에, 이 경우에 더 큰 혼란스러움은 더 먼 거리와 연관됨으로써 정반대의 의미를 갖는다. 따라서 눈은 사실에 정반대되는 혼란스러움을 이제까지 익숙해져왔

---

[66] 말브랑슈는 상대성에 관한 동일한 예를 사용한다. 『진리 탐구』, 1권 13장.

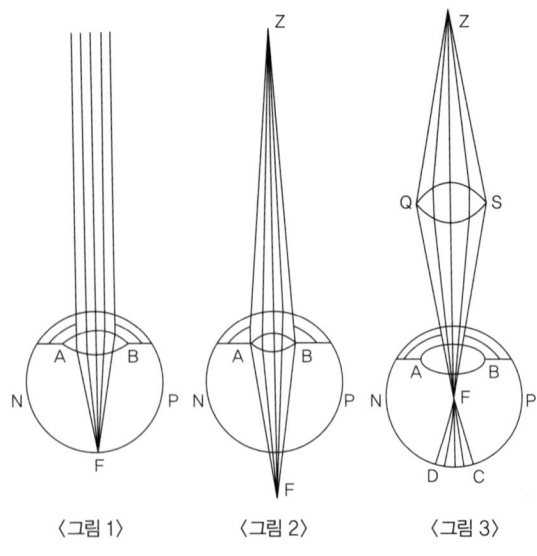

⟨그림 1⟩　　　⟨그림 2⟩　　　⟨그림 3⟩

던 의미로 받아들일 것이므로 어쩔 수 없이 잘못 판단할 수밖에 없다는 결론이 나온다.

33. 이 사실은 그 현상을 설명하는 원리가 참임을 확증한다.

이 현상은 우리가 선과 각에 의해서 거리를 판단한다고 하려는 사람들의 의견을 완전히 뒤엎는다. 그 가정에 따르면 이 현상은 전혀 설명할 수 없으며, 따라서 내게는 거리를 설명하는 그 원리가 참임을 조금도 확증하지 못하는 것으로 보인다. 그러나 이 점을 더 충분히 설명하고, 한 대상의 외관상의 장소를 결정하는 데 광선의 다양한 발산에 의해 마음이 판단한다는 가설이 얼마나 오래 사용될 수 있을지 보여주기 위해서는 굴절 광학에 익숙한 사람들에게 이미 잘 알려진 몇 가지 전제가 필요할 것이다.

34. 뚜렷할 때와 혼란스러울 때의 시각

첫째, 그렇다면 복사점에서 나오는 광선이 수정체의 굴절력에 의해 망막에서 정확하게 재결합할 때 어떤 복사점도 뚜렷하게 보인다. 그러나 만약 광선이 망막에 도달하기 전이나 또는 망막을 통과한 뒤에 재결합한다면 혼란스러운 시각이 있게 된다.

35. 평행, 발산, 수렴광선의 서로 다른 결과

둘째, 인접한 도형들[67]에서 NP는 바르게 구성되어 있고 자연스러운 모양을 보유하고 있는 눈을 나타낸다고 상정하자. 〈그림 1〉에서 눈에 거의 평행으로 들어오는 광선은 수정체 AB에 의해 굴절되어 그 초점 또는 결합점 F가 정확하게 망막에 들어온다. 그러나 만약 광선이 〈그림 2〉처럼 지각 가능하게 발산하면서 눈

---

67) 몰리누의 『새로운 굴절 광학』에 나오는 도형들. 103쪽.

에 들어온다면 그 초점은 망막 너머에 맺힌다. 또는 만약 광선이 〈그림 3〉처럼 눈에 도달하기 전에 렌즈 QS에 의해 수렴하게 된다면, 그 초점 F는 망막 앞에 맺힐 것이다. 나중의 두 경우에서 점 Z의 모습이 혼란스럽게 된다는 것은 앞 절에서 명백하다. 그리고 눈동자에 들어오는 광선이 얼마나 더 많이 수렴되거나 발산되는가에 따라서, 그 재결합점이 망막의 앞이거나 또는 뒤이거나 간에 망막에서 얼마나 더 먼가에 의해서, 그리고 결과적으로 얼마나 더 혼란스러운가에 의해서 점 Z는 나타날 것이다. 그리고 말이 났으니 말이지 이것이 우리에게 혼란스러운 시각과 희미한 시각의 차이를 보여주리라. 혼란스러운 시각은 대상의 뚜렷한 각각의 점에서 발생하는 광선이 망막 위의 한 대응점에 정확하게 재결합하지는 않지만 그 위에 어떤 공간을 차지해서 서로 다른 점에서 오는 광선이 섞이고 함께 혼란스럽게 될 때이다. 이것은 뚜렷한 시각에 반대되며 가까운 대상에 수반된다. 희미한 시각은 대상의 거리나 중간 매질의 진함 때문에 근소한 광선이 대상에서 눈에 도달하는 때이다. 이것은 강하거나 명료한 시각에 반대되며 먼 대상에 수반된다. 그러나 원래의 화제로 돌아가자.

36. 어떻게 수렴광선과 발산광선이 동일한 거리를 시사하게 될까?

눈 또는 (정확하게 말하면) 마음은 혼란스러움이 나오는 원인을 고찰하지 않고서 혼란스러움 자체만을 지각하므로 동일한 정도의 혼란스러움에 동일한 정도의 거리를 항상 수반하게 한다. 수렴광선이나 발산광선이 그 혼란스러움의 원인이 되는지 그렇지 않은지는 문제가 되지 않는다. 따라서 (굴절에 의해 광선 ZQ, ZS 등을 수렴하게 하는) 렌즈 QS를 통해 대상 Z를 보고 있는 눈은 그것이 아주 가까이(만약 대상이 놓인다면 지금 수렴광선에 의해 산출되는 동일한 혼란스러움을 산출할, 즉 DC(앞의 〈그림 3〉 참조)에 상당하는 망막의 부분을 포함할 정도로 발산하는 광선으로 눈에 방사할 가까운 곳) 있다고 판단한다는 결론이 나온다. 그러나 만약 우리가 시각적 대상의 모양, 크기, 희미함 따위의 다른 모든 시각 상황에서 추상한다면, 이것은 (배로 박사의 구절을 사용한다면) **선입관과 편견을 배제할 경우**라고 이해되어야만 한다. 마음은 빈번한 경험에 의해서 종류나 정도가 다른 여러 상황이 다양한 거리와 연관되는 것을 관찰했으므로, 이 모든 것은 보통 서로 관련되어 우리의 거리 관념을 형성한다.

37. 극도로 시력이 약한 사람은 앞서 말한 사례에 대해 올바르게 판단할 것이다.

이제까지 말해온 것으로부터 명백하게도 아주 시력이 약한(즉 대상이 그의 눈에 가까이 놓여 있을 때를 제외하고는 대상을 뚜렷하게 볼 수 없는) 사람은 다른 사람들이 앞서 언급한 경우에 하는 것과 동일한 잘못된 판단을 하지 않으리라는 결론이 나온다. 그에게는 더 큰 혼란스러움이 언제나 더 먼 거리를 시사하므로 그가 렌즈에서 물러서고 대상이 더 혼란스럽게 될 때, 그는 더 혼란스럽게 되는 대상의 지각을 접근의 관념과 연관시켜왔던 사람들이 하는 것과 반대로 그것이 더 먼 거리에 있다고 판단함에 틀림없기 때문이다.

38. 선과 각이 광학에서 유용한 이유

따라서 마찬가지로 광학에서 선과 각에 의한 계산의 훌륭한 용도가 있을 수 있다고 보인다. 마음이 선과 각에 의해 직접 거리를 판단하는 것이 아니라 선과 각에 연관되는 어떤 것, 그리고 선과 각이 거기에 종속하는 결정과 연관되는 어떤 것에 의해서 판단하기 때문이다. 이와 같이 마음은 대상의 모습의 혼란스러움에 의해서 대상의 거리를 판단하며, 이 혼란스러움은 대상이 많거나 적게 발산하는 광선에 의해서 보임에 따라 맨눈에는 더 크거나 작게 보이므로, 대상 그 자체가 아니라 그것이 연관되는 혼란스러움 때문이기는 하지만, 어떤 사람은 외관상의 거리를 계산하는 데 광선의 발산을 사용할 수도 있다는 결론이 나온다. 그러나 그렇다 해도 혼란스러움 자체는 거리와 아무런 필연적 관계(발산의 더 크거나 작은 각이 갖는다고 생각되는 것과 같은)를 갖고 있지 않기 때문에 수학자들은 그것을 전적으로 경시한다. 그리고 이 선과 각만이 (특별히 그것이 수학적 계산의 범위에 들어간다는 것 때문에) 마치 그것이 거리에 관해 마음이 하는 판단의 유일하고 직접적인 원인처럼 대상의 외관상의 장소를 결정하는 데 고려된다. 반면에 사실대로 이야기하면 그것들은 본질적인 것으로, 또는 혼란스러운 시각의 원인이라고 상정되는 것과 같은 것 이외에는 고려되어서는 안 된다.

39. 이 이유를 이해하지 못하는 것이 오류의 한 원인이다.

이 점을 고려하지 않은 것이 근본적이고 우리를 당혹케 하는 과실이었다. 그것에 관해 우리에게 필요한 증거가 지금 이 경우보다 더 주어지지는 않기 때문이다. 가장 많이 발산하는 광선이 마음속에 가장 가까운 거리 관념을 가져왔음이 관찰되어왔다. 그리고 발산이 감소함에 따라 거리는 더욱더 증가했으며, 다양한 정도의 발산과 거리의 연관성은 직접적이라고 생각되었다. 이것은 자연히 우리를 근거가 박약한 유추로부터 수렴광선이 한 대상을 아주 먼 거리에 나타나게 하리라는 결론을 내리도록 이끈다. 그것도 수렴이 증가할수록 거리도 (만약 가능하다면) 마찬가지로 증가해야 한다는 것이다. 이것이 배로 박사가 범한 오류의 원인이었음은 우리가 인용했던 그 자신의 말에서 명백하다. 반면에 그 박식한 박사는 발산광선과 수렴광선이 아무리 반대처럼 보일지라도 그것들이 동일한 결과, 즉 시각의 혼란스러움(더 큰 정도의 시각의 혼란스러움은 광선의 발산이든 수렴이든 그것이 증가함에 따라 차별 없이 산출된다.)을 산출한다는 점에서는 일치하는지 관찰했다. 게다가 발산이든 수렴이든 눈에 의해 지각된다는 것은 이 결과에 따른 것이며, 두 경우에 이 결과는 똑같다. 그가 이것을 고려하지 않았다면 정반대로 판단했을 것이며, 수렴의 정도가 더 크게 눈에 들어오는 광선은 그것이 발생하는 대상을 아주 더 가깝게 나타나게 한다고 확실히 올바르게 결론 내렸으리라. 그러나 누군가가 선과 각만 고려하며, 시각의 참된 본성을 파악하지 못하고, 그것이 얼마나 현저하게 수학적인 고찰인지 파악하지 못한다면 이 문제의 올바른 개념에 도달할 수 없었음이 명백하다.

40. 몰리누 선생이 자신의 『새로운 굴절 광학』에서 고찰하여 제안한 질문

이 주제에 관해 결말을 내리기 전에 현명한 몰리누 선생이 자신의 『새로운 굴절 광학』[68]에서 제안한, 이 주제와 연관된 질문에 주목할 만하다. 몰리누 선생은 그 책에서 이 난점을 다음과 같이 말하고 있다. "그래서 그(즉, 배로 박사)는 이 난점을 다른 사람들이 해결하도록 남겨두는데, 나도 (그렇게 큰 본보기에 따라) 그럴 것이다. 그러나 사람들이 시각 능력에 관해 더 친숙한 지식을 얻을 때까지 설명할 수 없는 것처럼 보이는 한 가지 난점에 의해 압박을 받기 때문에 대상의 위치를 결정할 때 우리가 전에 규정했던 명백한 학설을 단념하지 않는 그 훌륭한 저자의 결단은 받아들이겠다. 한편으로 나는 이 9절처럼 놓여 있는 한 대상의 겉보기 위치가 뚜렷한 기준선이 눈 뒤에 있는 것과 마찬가지로 눈앞에도 있는지 없는지 그 현명한 사람이 고찰하기를 제안한다." 그 질문에 대해 우리는 감히 부정적으로 대답하려 한다. 본 건에서 렌즈로부터 뚜렷한 기준선 또는 각각의 초점의 거리를 결정하는 규칙은 대상의 거리와 초점의 차이가 초점이나 초점 거리에 관한 것이듯 렌즈로부터 대상의 거리는 렌즈로부터 각각의

---

[68] 원주) 단락 1, 정리 31, 9절.

초점 또는 뚜렷한 기준선의 거리에 관한 것[69]이기 때문이다. 이제 대상이 초점거리, 렌즈로부터 초점거리의 절반 거리에 놓여 있고, 눈이 렌즈에 접근해 있다고 상정하자. 따라서 눈 뒤에 있는 뚜렷한 기준선의 거리는 눈앞에 있는 대상의 정확한 거리의 두 배라는 결과가 규칙에 의해 나올 것이다. 그러므로 만약 몰리누 선생의 추측이 유효했다면, 눈은 대상이 실제로 있는 것보다 두 배나, 그리고 다른 경우에는 그것의 적당한 거리의 서너 배 또는 그 이상 멀리 떨어진 것으로 본다는 결론이 나왔을 것이다. 그러나 이것은 대상이 기껏해야 그것의 적당한 거리를 넘어서 결코 나타나지 않는다는 경험에 명백히 모순된다. 그러므로 이 가정 (같은 책, 보충 1, 정리 57 참조) 위에 세워지는 것은 무엇이든 그 가정과 함께 무너진다.

41. 선천적 시각장애인은 처음에는 시각에 의한 거리 관념을 전혀 갖지 못할 것이다.

선천적 시각장애인인 어떤 사람이 보게 되었다면 처음에는 시각에 의해 거리 관념을 전혀 갖지 못하리라는 것은 전제된 것으로부터 나온 명백한 결과이다. 더 가까운 대상과 마찬가지로 해

---

[69] 원주) 단락 1, 정리 5.

와 별, 가장 먼 대상은 모두 그의 눈 속에, 아니 그의 마음속에 있는 것처럼 보일 것이다. 시각에 의해 들어오게 된 대상은 그에게는 (실제로 그렇듯이) 다름 아닌 생각이나 감각의 새로운 집합처럼 보일 것이며, 그 각각의 집합은 고통이나 쾌락 또는 그의 영혼의 가장 내적인 정념의 지각만큼이나 그에게 가깝다. 우리가 시각으로 지각한 대상이 어떤 거리에 있거나 또는 마음 바깥에 있다고 판단하는 것은 그 시각장애인으로서는 결코 도달할 수 없는 전적으로 경험의 결과(28절 참조)이기 때문이다.

42. 이 사실은 일반화되어 있는 원리들에 합치하지 않는다.

어둠 속에 있는 사람 또는 시각장애인이 양손에 들고 있던 두 지팡이로 파악한 각에 의해서 거리를 판단하는 것[70]과 마찬가지

---

70) 이 예증은 데카르트(『굴절 광학』(1637) 6)와 말브랑슈(『진리 탐구』 1권 9장)가 사용하며, 버클리가 2판의 부록에서 검토한다. 역주) 편집자 서론에서 밝혔듯이 본 번역서에 사용된 것은 4판이지만, 편집자는 2판에만 있는 부록을 되살렸다. 데카르트는 빛이 어떻게 들어오고 물리적 대상에 의해 반사되는지 설명하기 위해 어둠 속에서 울퉁불퉁한 길을 지팡이의 도움으로 걸어가는 시각장애인의 비유를 제안한다. 지팡이의 비유를 통해 그는 시각을 촉각의 형태로 파악한다. 전통적으로 시각은 가장 정신적인 감각으로 간주되었으므로 시각을 촉각의 한 형태로 보는 데카르트의 시각 이론은 스콜라철학에 대한 공격이기도 했다. 스콜라철학에서는 빛이 대상의 형태를 전달하며 이 형태가 눈에 들어온 것이 핵종(species)이다. 시각이 대상의 색깔이나 크기와 형태를 지각하는 것은 핵종이 전

로 사람들이 시각 축선들의 각에 의해서 거리를 판단한다는 일반적인 가정에 따른다면 이야기가 달라진다. 만약 이 가정이 참이라면 선천적 시각장애인인 어떤 사람이 보게 되었을 때 시각에 의해 거리를 지각하기 위해서 어떤 새로운 경험도 필요하지 않다는 결론이 나오기 때문이다. 그러나 나는 이것이 거짓임은 충분히 증명되었다고 생각한다.

43. 시각 고유의 대상은 마음 바깥에 있는 것도 아니고, 마음 바깥에 있는 어떤 것의 심상도 아니다.

그리고 아마도 엄격하게 조사해보면 우리는 태어날 때부터 지속된 보는 습관에 길들여져 자라난 사람조차도 다른 측면에서

달하는 심상(image)과 대상의 유사성 때문이다. 데카르트는 핵종의 존재를 부인하고, 시각 작용을 유사성을 기초로 한 것이 아니라 기하학적 개념과 역학적인 작용으로 이루어진 것으로 보았다. 시각장애인의 비유는 세 가지 기능을 수행한다. 첫째, 망막의 심상이 전도되었는데도 우리가 대상이 바로 서 있는 것으로 보게 되는 이유를 설명한다. 둘째, 눈이 두 개임에도 불구하고 하나의 대상을 하나로 지각하는 것을 설명한다. 셋째, 두 눈의 상호 관계에 의해 거리를 지각하게 된다는 것까지 설명한다. 따라서 이 비유는 시각을 촉각의 형태로 이해하는 방편일 뿐만 아니라 그 시각이 신체의 감각 작용이 아니라 마음의 작용이 지배하는 것임을 알게 한다. 데카르트의 시각장애인은 생각하는 존재의 광학판으로서 보는 존재라고 할 수 있다. 주은우 지음, 『시각과 현대성』(서울: 한나래, 2003), 263~287쪽 참조.

는, 즉 그가 보는 것이 그로부터 떨어져 있다고 생각할 때, 돌이킬 수 없는 선입관을 갖게 된다는 것을 발견하지 못할 것이다. 이때 그 문제에 관해 조금이라도 생각했던 사람들이 시각 고유의 직접적인 대상인 색깔이 마음 바깥에 있지 않다는 것에 모두가 동의한 것처럼 보이기 때문이다. 그러나 그렇다면 마찬가지로 우리는 시각에 의해서 연장, 모양, 운동 관념도 갖는다고 말하게 될 것이다. 이 모든 것은 마음 바깥에 그리고 마음으로부터 어떤 거리에 있다고 생각하는 것도 당연하지만, 색깔은 그렇지 않다. 이것에 답하여 나는 어떤 대상의 시각적 연장이 그 대상의 색깔처럼 누구에게나 가까이 나타나지 않는지, 아니 그것들이 둘 다 바로 같은 장소에 있는 것처럼 보이지 않는지 어떤 사람이든 자신의 경험에 비추어보기를 원한다. 우리가 보는 연장은 채색되어 있지 않은가? 그리고 우리가 생각에서 그런 것처럼 연장에서 색깔을 분리하고 추상할 수 있는가? 그러면 연장이 있는 곳에 확실히 모양이 있고, 운동도 역시 있다. 나는 시각에 의해 지각되는 것을 말한다.

44. 이 점이 좀 더 충분히 설명된다.

그러나 이 점을 좀 더 충분히 설명하기 위해서, 그리고 시각의 직접적인 대상이 떨어져서 놓여 있는 사물의 관념 또는 유사물이 아님을 보여주기 위해서, 우리가 문제를 더 자세히 살펴보고 어떤 사람이 그가 보는 것이 그로부터 떨어져 있다고 말하는 흔한 대화에서 의미하는 것을 주의 깊게 관찰할 필요가 있다. 예를 들어 달을 보면서 달이 나로부터 지구 반지름의 50~60배 떨어져 있다고 말한다고 가정하자. 이것이 어떤 달에 관해 말하는 것인지 보자. 그것이 시각적 달, 또는 시각적 달과 비슷한 어떤 것, 또는 내가 보는 것, 즉 지름이 대략 30개의 시각적 점으로 이루어진 둥글고 빛나는 평면에 불과한 것일 수 없음은 명백하다. 만약 내가 서 있는 장소에서 달까지 똑바로 간다면 그 대상이 내가 계속 감에 따라 여전히 변화한다는 것은 명백하기 때문이다. 그리고 내가 지구 반지름의 50~60배를 전진하게 되어도 나는 작고 둥글게 빛나는 평지 가까이 있게 되기는커녕 그것과 비슷한 것을 전혀 지각하지 못할 것이다. 이 대상은 사라진 지 오래이며, 만약 내가 그것을 되찾으려 한다면 내가 출발했던 지구로 돌아옴으로써만 가능함이 틀림없다. 게다가 내가 그것이 사람인지 나무인지 탑인지 의심하지만 1마일 가량 떨어진 곳에 있다고 판단하는 어떤 것의 희미하고 흐릿한 관념을 시각에 의해 지각한다고 상상해보자. 나는 내가 보는 것이 1마일 떨어져 있다거나 또는 1마일 떨어진 어떤 것의 심상이나 유사물임을 뜻할 수 없다는 것은 명백하다. 내가 그것을 향해 한 걸음 한 걸음 다가갈수록 현상이 변화하여, 흐릿하고 작고 희미함으로부터 명료하고 크고 생생함이 되기 때문이다. 그리고 내가 처음에 본 것은 내가 1마일의 끝에 도달할 때 아예 모습이 보이지 않게 되며, 그것과 닮은 무엇도 발견하지 못한다.

45. 어떤 뜻에서 우리는 거리와 외부 사물을 본다고 이해해야 하는가?

이 예들, 그리고 비슷한 예들에서 문제의 진실은 이렇다. 거리, 촉각적 모양, 충전성(充塡性)[71] 같이 촉각으로 지각할 수 있는 어떤 관념이 어떤 시각 관념과 연관되어왔다는 것을 오랫동안 경험하고 나서 나는 이 시각 관념을 지각하자마자 곧 익숙한 정상적인 자연의 과정에 의해 어떤 촉각 관념이 뒤따라올 것 같은지 결론 내린다. 나는 한 대상을 보면서, 내가 만약 전에 관찰해오던 것에서 여러 걸음 또는 수 마일 앞으로 나아간다면 어떤

---

71) 역주) solidity의 역어이다. 로크에 의하면 충전성은 예를 들어 우리가 손으로 만지는 물체들이 그것들을 누르는 우리 손의 부분들이 접근하는 것을 막대한 힘을 갖고 가로막는다는 것을 우리가 지각하듯이 한 물체가 다른 물체를 향해 운동할 때 두 물체 간의 접근을 막는 것을 말한다. 물체는 충전성에 의해 공간을 채우는데, 충전성은 순수한 공간과 구별되며, 딱딱함과도 구별되는 것으로서 로크에 따르면 물체에 본질적이다. 불가투입성(impenetrability)은 충전성 자체라기보다는 충전성의 결과에 가까운 개념이다. 『인간 지성론』 2권 4장 참조.

촉각 관념의 영향을 받으리라고 내 생각을 단정 짓게 하는 어느 정도의 희미함과 다른 상황과 함께, 어떤 시각적 모양과 색깔을 지각한다. 따라서 진실하고 엄밀하게 말하면 나는 거리 자체도, 내가 떨어져 있다고 여기는 어떤 것도 보지 못한다. 거리도, 떨어져 놓여 있는 사물도 시각에 의해 진정으로 지각된 사물 자체 또는 사물의 관념이 결코 아니다. 나는 나 자신과 관계가 있는 것에 관하여 이것을 확신한다. 그리고 나는 자신의 생각을 세밀하게 들여다보고 자신이 떨어져 있는 이것저것을 본다고 말함으로써 뜻하는 것을 검토하려는 사람은 누구나 자신이 보는 것은 촉각으로 지각할 수 있는 자기 몸의 운동에 의해 측정되는 어떤 거리를 지난 뒤 이러저러한 시각 관념과 보통 연관되어온 이러저러한 촉각 관념을 지각하게 되리라는 것을 자신의 지성에 시사할 뿐이라는 나의 의견에 동의하리라고 믿는다. 그러나 우리는 이 감각기관이 시사하는 것에 의해 속을 수도 있으며 이것에 의해 시사되는 시각 관념과 촉각 관념 사이에 전혀 필연적인 연관성이 없음을 확신하기 위해서는 옆에 있는 거울이나 그림만으로도 충분하다. 촉각 관념을 말할 때 나는 관념이라는 낱말을 현대인들이 일반적으로 사용하는 커다란 의미로 감각기관이나 지성의 어떤 직접적인 대상으로 생각한다는 것에 주목하라.

46. 얼마간 떨어져 있는 사물들과 거리는 귀로 지각하는 것과 다른 방식으로 눈으로 지각하는 것이 아니다.

우리가 보아온 것으로부터 공간, 외부성, 그리고 떨어진 곳에 놓인 사물의 관념은 엄격하게 말해서 시각의 대상이 아니라는 것이 명백한 결과이다. 사물의 관념은 귀로 지각하는 것과 다른 방식으로 눈으로 지각하는 것은 아니다. 서재에 앉아서 마차가 거리를 달리는 소리를 듣는다. 여닫이창을 통해 그것을 본다. 나는 걸어나가 마차에 올라탄다. 이와 같이 일상 언어는 내가 동일한 것, 즉 마차를 듣고 보고 만졌다고 생각하게 할 것이다. 그렇지만 각각의 감각기관을 통해 들어오게 된 관념들은 서로 크게 다르며 별개임은 확실하다. 그러나 그것들이 동반한다는 것이 끊임없이 관찰되어옴으로써 그것들을 동일한 것으로 말하게 된다. 나는 소음의 변화에 의해 마차의 서로 다른 거리를 지각하며, 내가 밖을 보기 전에 마차가 다가온다는 것을 안다. 이처럼 내가 눈으로 지각하는 것과 아주 똑같은 방식에 따라 귀로 거리를 지각한다.

47. 시각 관념은 청각 관념이 촉각 관념과 혼동되기 쉬운 것보다 더 촉각 관념과 혼동되기 쉽다.

그렇지만 나는 내가 거리를 본다고 말하는 것과 비슷한 방식으로 거리를 듣는다고 말하지 않는다. 그것은 청각으로 지각한 관념은 시각 관념처럼 촉각 관념과 뒤섞이기가 쉽지 않기 때문이다. 마찬가지로 우리는 물체와 외부 사물이 고유하게 청각의 대상이 아님을 쉽게 확신한다. 그러나 이러저러한 물체나 거리 관념은 단지 소리를 매개로 그의 생각에 시사된다. 그러나 그렇다면 우리는 시각 관념과 촉각 관념의 차이를 훨씬 더 어렵게 식별하게 된다. 그렇지만 우리가 동일한 것을 보고 느끼지 않는 것은 동일한 것을 듣고 느끼지 않는 것과 확실히 같다.

48. 어떻게 이러한 일이 일어나게 되는가?

그 한 가지 이유는 이것이 아닌가 싶다. 동일한 사물이 하나의 연장과 모양 이상의 것을 가져야 한다는 상상은 크게 불합리하다고 생각된다. 그러나 한 물체의 연장과 모양이 두 방식으로, 그것도 시각이나 촉각에 의해 차별 없이 마음에 알려지게 된다면, 우리는 우리가 느끼는 동일한 연장과 모양을 본다는 말이 되는 것처럼 보인다.

49. 엄격히 말해서 우리는 결코 동일한 것을 보고 느낄 수는 없다.

그러나 만약 우리가 사물을 면밀하고 정확하게 본다면 우리는 결코 동일한 대상을 보고 느끼지 않는다는 것을 인정해야만 한다. 보이는 것과 느껴지는 것은 별개이다. 설령 시각적 모양과 연장이 촉각적 모양과 연장과 동일하지 않다 해도, 우리는 동일한 사물이 다양한 연장을 갖는다고 추론할 수는 없다. 참된 결과는 시각 대상과 촉각 대상이 별개의 두 사물이라는 것이다. 아마도 이 차이를 올바르게 이해하기 위해서는 조금 더 생각할 필요가 있을 것 같다. 그리고 시각 관념의 결합은 언제나 그것과 연관되는 촉각 관념의 결합과 동일한 이름을 가지므로 그 난점이 적지 않게 증가한 것처럼 보인다. 이 난점은 필연적으로 언어 사용과 목적에서 발생한다.

50. 시각 대상에는 간접적인 것과 직접적인 것이 있다.

그러므로 시각을 정확하고 혼란스럽지 않게 다루기 위해서 우리는 눈으로 파악한 두 종류의 대상이 있다는 것, 하나는 일차적이고 직접적이며, 다른 하나는 이차적이고 전자의 개입에 의한 것임을 명심해야 한다. 첫 번째 종류의 대상은 마음 바깥에 있거나 떨어져 있지도 않고, 그런 것처럼 보이지도 않는다. 그것은 실로 더 크거나 작게 되며, 더 혼란스럽거나 명료하거나 희미하게 되지만, 우리에게 다가오거나 우리한테서 물러서거나 하지 않으며, 그럴 수도 없다. 우리가 한 대상이 멀리 있다고 말할 때마다, 우리가 그것이 다가오거나 더 멀리 간다고 말할 때마다 우리는 항상 그것이 후자의 종류에 속한다는 것을 뜻함에 틀림없다. 그것은 당연히 촉각에 속하며, 생각이 귀에 의해 시사되는 것과 비슷한 방식으로 눈에 의해 시사되는 것으로 전혀 지각되지 않는다.

51. 이 두 가지는 우리 생각에서 분리하기 어렵다.

귀에 익숙한 언어의 낱말을 듣자마자 거기에 상응하는 관념이 우리 마음속에 떠오른다. 바로 동일한 순간에 소리와 의미가 지성에 들어온다. 소리와 의미는 밀접하게 연합되어 있어서 우리 능력으로 그것들을 떼어놓을 수는 없다. 심지어 우리는 모든 점에서 마치 바로 그 생각 자체를 듣는 것처럼 행동한다. 마찬가지로 이차적 대상 또는 시각에 의해 단지 시사되는 대상은 종종 우리에게 더 강한 영향을 주며, 그 감각기관 고유의 대상보다 더 중요시된다. 이차적 대상은 그 감각기관 고유의 대상과 함께 마음속에 들어오며, 이차적 대상과 마음 사이에는 관념과 낱말 사이에 있는 연관성보다 훨씬 더 엄밀한 연관성이 있다. 그러므로 우리는 시각의 직접적인 대상과 간접적인 대상을 식별하기가 아주 어렵다는 것을 발견하고, 단지 후자에 속하는 것을 전자 탓으로 돌리기 쉽다. 그것들은 말하자면 가장 밀접하게 꼬이고 섞이며 함께 혼합된다. 그리고 오랜 시간이 흐르고, 우리가 언어를 사용하며, 반성하지 않음에 따라 선입관이 우리 생각에 굳어지고 못 박히게 된다. 하지만 나는 이미 우리가 말한 것을 주의 깊게 고려하고 우리가 하기 전에 (특별히 만약 그가 자신의 생각에서 그것을 추구한다면) 이 주제에 관해서 말할 사람은 누구나 그 선입관에서 자신을 해방시킬 수 있으리라고 믿는다. 나는 시각의 진정한 본성을 이해하려는 사람이라면 누구에게나 그것은 주목할 만한 가치가 있다고 확신한다.

52. 우리가 시각으로 크기를 지각하는 것에 관해서 일반적으로 받아들인 설명은 틀렸다.

이제까지 나는 거리를 다루었고 계속해서 어떻게 우리가 시각으로 대상의 크기를 지각하는지 보여주고자 한다. 각에 의해, 또는 거리와 결합된 각에 의해 크기를 지각한다는 것은 몇몇 사람들의 의견이다. 그러나 각도 거리도 시각으로 지각할 수 없고, 우리가 보는 사물도 사실상 우리한테서 전혀 떨어져 있는 것이 아니므로, 우리가 선과 각이 마음이 대상의 외관상의 위치를 파악하는 데 사용하는 수단이 아님을 보았듯이, 선과 각은 마음이 대상의 겉보기 크기를 파악하는 수단도 아니라는 결과가 된다.

53. 크기는 거리만큼이나 직접 지각된다.

가까운 거리에 있는 동일한 연장이 더 큰 각에 마주 대할 것이며 더 먼 거리에 있는 연장은 더 작은 각에 마주 대하리라는 것은 잘 알려져 있다. 그리고 이 원리에 따라 (우리가 듣기에는) 마음은 대상이 보이는 각을 그것의 거리와 함께 비교하고 거기서 대상의 크기를 추론함으로써 한 대상의 크기를 어림짐작한다. (우리를 기하학에 의해 보게 하는 우스운 일 이외에) 사람들을 이 잘못에 빠지게 하는 것은 거리를 시사하는 동일한 지각 또는 관념이 마찬가지로 크기를 시사한다는 점이다. 그러나 만약 우리가 이 잘못을 검토한다면 우리는 그 지각이나 관념이 거리만큼이나 직접 크기를 시사한다는 것을 알게 될 것이다. 그 지각이나 관념은 처음에 거리를 시사하고 나서 우리가 크기를 추측하는 수단으로서 거리를 사용하도록 판단하게 하는 것은 아니다. 그러나 그 지각이나 관념은 거리만큼이나 크기와 밀접하고 직접적인 연관성이 있으며, 그것이 크기와 무관하게 거리를 시사하듯이 거리와 무관하게 크기를 시사한다. 이 모든 것은 이미 말했던 내용과 뒤따라올 내용을 고려하는 어떤 사람에게도 명백할 것이다.

54. 지각할 수 있는 두 종류의 연장 중 어느 것도 무한 분할될 수 없다.

시각으로 파악하는 두 종류의 대상이 있음을 보았다. 그 각각은 뚜렷한 크기나 연장을 지닌다. 하나는 고유하게 촉각적인 것, 즉 촉각에 의해 지각되고 측정되며, 시각기관의 주목을 직접 받지는 않는다. 다른 하나는 고유하게, 그리고 직접적으로 시각적인 것이며, 이것의 매개에 의해 촉각적인 것이 눈에 들어오게 된다. 고유하게 촉각적인 것들과 직접적으로 시각적인 것들은 점이나 최소량으로 이루어지므로 이것들 각각의 크기는 그것들이 그 안에 더 많거나 적은 점을 포함하느냐에 따라 더 크거나 작다.[72] 추상적 연장에 관해 뭐라고 말하든 지각 가능한 연장은 무한히 분할할 수 있지 않다는 것은 확실하기 때문이다. **촉각적 최소량과 시각적 최소량**이 있으며, 감각기관은 그것을 넘어서는 지각할

---

72) 버클리에서 **지각할 수 있는 것**(the sensible)은 무한히 나누어질 수 있는 수학적인 점과 다른 것으로서, 나누어질 수 없으며, 지각할 수 있는 점이나 최소량으로 이루어진다. 버클리는 이 학설을 『철학적 주석』에서 장황하게 검토하고 있으며, 이곳과 79~83절에서 상세히 설명하고 있다. 『원리론』에서는 단 한 번(132절) 언급한다.

수 없다. 모든 사람은 경험으로 이 사실을 알게 될 것이다.

55. 한 대상의 촉각적 크기는 한결같지만, 시각적 크기는 그렇지 않다.

마음 바깥에, 그리고 떨어져서 존재하는 대상의 크기는 항상 변함없이 동일하게 지속된다. 그러나 시각 대상은 당신이 촉각 대상에 다가가거나 그것에서 물러섬에 따라 계속 변화하며, 고정되고 일정한 크기를 절대 갖지 않는다. 그러므로 우리가 어떤 것, 예를 들어 나무나 집의 크기를 말할 때는 언제나 촉각적 크기를 뜻해야만 한다. 그렇지 않다면 한결같고 애매하지 않게 말할 수 있는 어떤 것도 결코 있을 수 없다. 그러나 촉각적 크기와 시각적 크기는 사실상 별개의 두 대상에 속하기는 하지만, 나는 (특별히 그 대상들이 동일한 이름으로 불리며, 공존하는 것으로 관찰되기 때문에) 장황하고 이상하게 말하는 것을 피하기 위해서 때때로 그것들을 동일한 사물에 속한다고 말할 것이다.

56. 어떤 수단에 의해서 촉각적 크기를 시각으로 지각하는가?

이제 촉각 대상의 크기를 어떤 수단에 의해서 시각으로 지각하는지 발견하기 위해 어떤 대상을 바라볼 때 내 마음속에 지나치는 것을 숙고해야 하고, 내 생각에 더 크거나 작은 관념을 받아들이는 것이 무엇인지 관찰해야 한다. 그리고 나는 이것이 **첫째**, 시각으로 직접 지각되고 촉각적이며 떨어져 있는 다른 것과 연관되는, 시각 대상의 크기나 연장이며, **둘째**, 앞서 말한 시각 현상의 혼란스러움이나 뚜렷함, **셋째**, 그 시각 현상의 생생함이나 희미함을 안다. **다른 사정이 같다면**, 시각 대상이 얼마나 더 크거나 작은가에 따라 나는 촉각 대상이 얼마나 더 크거나 작은지 결론을 내린다. 그러나 시각으로 직접 지각하는 관념이 결코 그렇게 크지 않다면 설령 그것이 혼란스럽더라도 나는 그 사물의 크기가 단지 작다고 판단한다. 만약 그 관념이 뚜렷하고 구별된다면 나는 그 사물이 더 크다고 판단한다. 그리고 만약 그 관념이 희미하다면 나는 그 사물이 훨씬 더 크다고 파악한다. 여기서 혼란스러움과 희미함이 뜻하는 것은 35절에서 설명했다.

57. 이 점이 더 상세히 설명된다.

게다가 우리가 크기에 관해 내리는 판단은 거리에 대한 판단과 마찬가지 방식으로 눈의 배열, 대상의 모양과 수, 위치, 그리고 크거나 작은 촉각적 크기에 수반한다고 관찰되어온 다른 상황에 의존한다. 그래서 예를 들어 탑의 모양에서 커다란 크기의 관념을 시사하는, 시각적 연장의 바로 그 동일한 양이 사람의 모양에서는 훨씬 더 작은 크기의 관념을 시사할 것이다. 나는 이것이 탑과 사람의 보통 크기에 관해 우리가 해온 경험에 기인하는 것임은 누구에게도 말할 필요가 없다고 추측한다.

58. 현상의 혼란스러움이나 희미함과 작거나 큰 크기 사이에는 어떤 필연적인 연관성도 없다.

혼란스러움이나 희미함이 작거나 큰 크기와 필연적인 연관성이 없다는 것은 그것이 가깝거나 먼 거리와 필연적인 연관성이 없다는 것과 마찬가지임은 역시 명백하다. 혼란스러움이나 희미함은 거리를 시사하듯이 크기를 우리 마음에 시사한다. 그리고 그 결과 만약 경험이 없으면 우리가 희미하거나 혼란스러운 현상이 크거나 작은 크기와 연관된다고 판단하지 않는 것은 우리가 그것이 멀거나 가까운 거리와 연관이 있다고 판단하지 않는 것과 마찬가지이다.

59. 한 대상의 시각적 크기보다 촉각적 크기에 더 주의하게 된다. 그 이유는?

또한 크거나 작은 시각적 크기가 크거나 작은 촉각적 크기와 어떤 필연적인 관계에 있다는 것, 따라서 촉각적 크기는 확실히 시각적 크기에서 추론된다는 것도 발견되지 않을 것이다. 그러나 우리가 이것을 증명하기 전에 촉각 고유의 대상인 연장과 모양과 시각적인 것이라고 불리는 다른 것들의 차이를 고려하는 것, 그리고 우리가 어떤 대상을 볼 때 비록 직접은 아니지만 촉각 고유의 대상이 얼마나 많이 주목되는지 고려하는 것은 적절하다. 이것은 앞에서 언급했지만, 여기서 그 원인을 탐구할 것이다. 우리는 우리를 둘러싸고 있는 대상이 자신의 신체에 이롭거나 해를 주기에 적합해서 우리 마음속에 쾌락이나 고통의 감각을 산출하는 데 비례하여 그 대상을 고려한다. 그런데 직접적인 적용에 의해서 우리 기관에 작용하는 물체, 그리고 그것에서 발생하는 해나 이익은 결코 어떤 대상의 시각적 성질이 아니라 전적으로 촉각적 성질에 의존한다. 이것이 우리가 시각적 성질보다 촉각적 성질을 훨씬 더 고려해야 하는 명백한 이유이다. 그리고 이 목적을 위해 시각기관이 동물에게 부여된 것처럼 보인다. 즉 (본질적으로 동물의 몸의 구조에 영향을 미치거나 또는 결코 변경시킬 수 없는) 시각 관념을 지각함으로써 동물은 떨어져 있는 이러저러한 물체에 자신의 몸을 적용하는 결과로서 생길 듯한 해나 이익을 (동물이 어떤 촉각 관념이 그러저러한 시각 관념과 연관된다고 경험해온 것으로부터) 예견할 수도 있을 것이다. 그 예견이 한 동물의 보존에 얼마나 필수적인지는 각자의 경험으로 알 수 있다. 따라서 한 대상을 볼 때 우리는 주로 그것의 촉각적 모양과 연장에 유의한다. 반면에 더 직접 지각되기는 하지만 우리에게 덜 영향을 주며, 우리 신체에 어떤 변화도 가져오지 않은, 시각적 모양과 크기에는 덜 주의한다.

60. 한 가지 예

이 사실이 참이라는 것은 10피트 거리에 있는 사람이 마치 단지 5피트 거리에 있는 것처럼 크게 생각된다는 것을 고려하는 어떤 사람에게도 명백할 것이다. 이것은 대상의 시각적 크기에 관해서가 아니라, 촉각적 크기에 관해서 참이다. 시각적 크기는 그 사람이 10피트 거리에 있을 때보다 5피트 거리에 있을 때 훨씬 더 크기 때문이다.

61. 사람은 시각적 피트나 인치로 측정하지 않는다.

인치, 피트 따위는 그것으로 우리가 대상을 측정하고 그 크기를 어림하는, 확립되고 공인된 길이다. 예를 들어 우리는 한 대상이 6인치나 6피트 길이로 보인다고 말한다. 그런데 시각적 인치는 그 자체가 한결같고 일정한 크기가 전혀 아니며, 어떤 다른 것의 크기를 구획하고 결정하는 데 쓸모가 있을 수 없다. 따라서 이 말이 시각적 인치 따위를 뜻하게 될 수 없다는 것은 명백하다. 눈에서 반 피트, 1피트, 1피트 반 떨어진 거리에서 자 위에 표시된 1인치를 연속해서 보라. 그 각각에서, 그리고 중간에 있는 모든 거리에서 인치는 서로 다른 시각적 연장을 가질 것이다. 즉 그 안에 식별되는 더 많거나 적은 점들이 있을 것이다. 이제 나는 이 모든 다양한 연장들 가운데 어느 것이 다른 크기의 공통 척도로서 의견이 일치되는, 공인되며 일정한 연장인지 묻겠다. 우리가 다른 것보다도 어떤 하나로 결정해야 하는 이유를 전혀 댈 수 없다. 그리고 인치라는 낱말에 의해 표시되도록 고정된 어떤 변함없고 일정한 연장이 있다는 사실을 제외하고는, 그 낱말은 거의 사용될 수 없음은 명백하다. 한 사물이 이러저러한 다수의 인치를 포함한다고 말하는 것은 그 연장의 어떤 특정한 관념도 마음에 가져오지 못하고서 그것이 연장되어 있음을 함축하는 것일 뿐이다. 나아가 서로 다른 거리에서 1인치와 1피트는 둘 다 동일한 시각적 크기를 나타낼 것이며, 그래도 당신은 1피트가 1인치보다 몇 배 더 크게 보인다고 말할 것이다. 이 모든 것에서 우리가 시각으로 내리는 대상의 크기에 관한 판단은 전적으로 그것의 촉각적 연장에 관한 것임이 명백하다. 우리가 한 대상이 크거나 작거나, 이러저러한 일정한 치수라고 말할 때마다, 나는 그것은 시각적 연장이 아니라, 직접 지각되기는 하지만 거의 주목되지 않는 촉각적 연장을 뜻해야만 한다고 말한다.

62. 시각적 연장과 촉각적 연장 사이에는 어떤 필연적인 연관성도 없다.

그런데 이 두 별개의 연장에 어떤 필연적인 연관성도 없다는 것은 다음으로부터 명백하다. 그것은 우리 눈은 촉각적 최소량보다 더 작은 것만을 볼 수 있는 방식으로 구성되었을지도 모르기 때문이다. 그 경우에 우리는 시각의 직접적인 모든 대상, 지금 우리가 지각하는 바로 그것을 지각했을지도 모른다. 그러나 그 시각 현상들에 지금 있는 서로 다른 촉각적 크기들이 연관되지는 않을 것이다. 이것은 우리가 시각의 직접적인 대상들의 다양한 크기에서, 떨어져 있는 사물의 크기에 관해 내리는 판단이 본질적이거나 필연적이 아니라 단지 그것들 사이에서 관찰되어온 습관적인 결속에서 발생한다는 것을 보여준다.

63. 더 큰 시각적 크기가 더 작은 촉각적 크기를 뜻할 수도 있다.

게다가 어떤 시각 관념도 지금 우리가 그것에 수반한다고 관찰하는 이러저러한 촉각 관념에 연관되어오지 않았을지도 모른다는 것이 확실하다. 그뿐만 아니라 더 큰 시각적 크기가 더 작은 촉각적 크기와 연관되고 우리 마음에 받아들여져 왔을지도 모르며, 더 작은 시각적 크기가 더 큰 촉각적 크기와 그렇게 되어왔을지도 모른다는 것도 확실하다. 아니 우리는 그것이 실제로 그렇다는 것을 매일 경험한다. 강렬하고 크게 나타나는 대상이 다른 대상만큼 크게 가까운 것처럼 보이지 않는다면 그것의 시각적 크기는 훨씬 작지만 더 희미하다. 〔그리고 더 위에 나타난 현상, 또는 마찬가지 말이지만 망막에 더 낮게 그려진 현상의 희미함과 위치는 더 큰 크기와 더 먼 거리를 둘 다 시사한다.〕[73]

64. 우리가 크기에 관해 내리는 판단은 전적으로 경험에 의존한다.

이것으로부터, 그리고 57절과 58절로부터 우리가 시각으로

---

73) 역주) 3판과 4판에서 덧붙여짐.

대상의 크기를 직접 지각하지 않듯이 대상의 크기와 필연적인 연관성이 있는 어떤 것을 매개로 대상의 크기를 지각하지도 않는다는 것은 명백하다. 우리가 외부 대상을 만지기 전에 지금 우리에게 외부 대상의 다양한 크기를 시사하는 관념은 어쩌면 그 어떤 것도 시사하지 않았을지도 모른다. 또는 그 관념은 정반대 방식으로 다양한 크기를 뜻할지도 모른다. 따라서 우리가 어떤 대상의 지각에서 그 대상이 작다고 판단하는 바로 그 관념이 우리를 그 대상이 크다고 결론짓도록 하는 역할을 했다는 것과 마찬가지이다. 어느 언어의 낱말도 그 자체 본성으로는 이러저러한 것을 뜻하거나 또는 전혀 아무것도 뜻하지 않는 데 무관한 것처럼, 그 관념은 그 자체 본성으로는 우리 마음에 외부 대상의 작거나 큰 크기의 관념을 들여오는 데 적합하거나 또는 어떤 크기도 갖지 않는 관념을 들여오는 데 마찬가지로 적합하다.

65. 거리와 크기는 예컨대 부끄러움이나 노여움처럼 보인다.

우리는 거리를 보듯이 크기를 본다. 그리고 우리는 사람의 용모에서 부끄러움이나 분노를 보는 것과 똑같은 방식으로 거리나 크기를 본다. 그 정념들 자체는 눈에 보이지 않지만 시각의 직접적인 대상인 색깔과 표정의 변화와 함께 눈을 통해 들여오게 된다. 그리고 색깔과 표정의 변화는 오로지 그 정념에 수반하는 것으로 관찰되어왔다는 이유로 그 정념을 뜻한다. 그런 경험이 없다면 우리가 얼굴 붉힘을 부끄러움의 기호로 여기지 않았어야 하는 것은 우리가 그것을 기쁨의 기호로 여기지 않았어야 하는 것과 마찬가지이다.

66. 그러나 우리는 달리 생각하기 쉽다. 그 이유는?

그렇지만 우리는 오직 다른 것의 매개에 의해 그 자체가 시각의 직접적인 대상으로 지각되는 어떤 것, 또는 적어도 일찍이 그것과 공존하는 것으로 경험되기 전에 그것에 의해 시사되는 적합성을 그 자체 본성상 가진다고 지각되는 어떤 것을 상상하기 매우 쉽다. 아마도 모든 사람은 이성의 가장 명료한 확신에 의해서 그 선입관에서 자신을 벗어나게 하기 쉽다는 것을 알지 못할 것이다. 그리고 만약 세계에 불변하는 단 하나의 보편적 언어가 있다면, 게다가 사람이 그것을 말할 능력을 갖고 태어났다면, 다른 사람들의 마음속에 있는 관념들은 귀에 의해 고유하게 지각되었거나 적어도 그것에 첨부된 소리와 필연적이고 분리할 수 없이 결속되었다는 것을 많은 사람의 의견으로 생각하는 데는 근거가 있다. 이 모든 것은 그것에 의해서 우리 지성에 있는 관념을 분간하며 그것을 따로따로 고려하는 우리의 식별 능력을 정당하게 적용하지 못하는 데서 발생하는 것처럼 보인다. 우리는 이 능력을 이용해 서로 다른 것을 혼동하지 않도록 막을 것이며, 어떤 관념이 이러저러한 다른 관념을 포함하거나 함축하며, 또 어떤 관념이 그렇지 않은지 보게 될 것이다.

67. 달은 정점보다 지평선에 있을 때 더 크게 보인다.

우리가 시각으로 대상의 크기를 파악하는 방식과 관련하여 규정해온 원리들에 의해서 내가 그 해결책을 제시하려고 시도하는 유명한 현상이 있다. 달의 지름이 보이는 각은 달이 정점보다 지평선에 있을 때 더 크게 관찰되지는 않는데도 지평선에 있는 달의 겉보기 크기는 그것이 정점에 있을 때보다 훨씬 더 크다. 그리고 지평선의 달은 변함없이 동일한 크기로 나타나는 것이 아니라, 어떤 때는 여느 때보다 훨씬 더 크게 보인다.

68. 우리가 이 현상의 원인이라고 여기는 것

이제 달이 지평선에서 여느 때보다 더 크게 나타나는 이유를 설명하기 위해서 대기를 구성하는 입자들이 어떤 대상에서 눈으로 나아가는 광선을 가로막는다고 말해야 한다. 그리고 대상과 눈 사이에 있는 대기의 부분이 얼마나 더 크냐에 따라, 광선이 얼마나 더 가로막히느냐에 따라, 그리고 그 결과로 대상의 현상이 더 희미해지며, 모든 대상은 눈에 더 많거나 적은 광선을 보내는 데 비례하여 더 강하거나 희미하게 나타난다. 그런데 달이 정점보다 지평선에 있을 때는 눈과 달 사이에 대기의 양이 훨씬 더 많다. 지평선의 달이 더 희미하게 나타나는 일이 일어나므로 56절에 의해 달은 정점 또는 지평선보다 약간 높은 어느 곳에 있을 때보다도 지평선에 있을 때 더 크게 생각될 것이다.

69. 지평선에 있는 달은 왜 어떤 때는 더 크게 보일까?

나아가 공기는 광선을 약화시키고 가로막기에 적합한 증발 기체와 발산물과 함께 때로는 더 때로는 덜, 다양하게 스며들어 지평선의 달의 현상은 언제나 똑같이 희미하지는 않다. 이로써 동일한 위치에 있으면서도 그 발광체가 어떤 때는 다른 때보다 더 크게 판단된다는 결론이 나온다.

70. 우리가 제시한 설명이 참으로 증명된다.

나는 우리가 여기서 지평선의 달의 현상에 관해 참된 설명을 제시해왔다는 것이 다음의 고찰에서 모든 사람에게 매우 명백하리라고 추측한다. 첫째, 이 경우에 크기가 더 큰 관념을 시사하는 것은 그 자체가 지각되는 어떤 것임에 틀림없다는 것은 명백하다. 지각되지 않는 것은 우리 지각에 다른 어떤 것도 시사할 수 없기 때문이다. **둘째**, 지평선의 달의 현상이 어떤 때는 다른 때보다 더 크게 변화하므로 그것은 변함없이 여전히 동일하게 있는 것이 아니라 변화하거나 변동하기 쉬운 것임에 틀림없다. **셋째**, 그래도 그것은 여전히 동일하게 있거나 또는 달이 지평선에 얼마나 더 가까워지느냐에 의해 오히려 더 작아지기 때문에, 시각적 모양이나 크기일 수가 없다. 그러므로 참된 원인은 눈에 도달하는 광선이 더 크게 부족해서 생기는 시각 현상의 상태나 변화이며, 나는 그것을 희미함이라고 부른다. 이것은 앞서 언급한 모든 조건에 들어맞으므로, 나는 그렇게 들어맞는 어떤 다른 지각도 의식하고 있지 않다.[74]

71. 그 설명은 달이 안개 속에서 더 크게 나타나는 것에 의해 확증된다.

이에 더하여 흔히 안개 낀 날씨에는 지평선의 달의 현상이 여느 때보다 훨씬 크게 관찰되며, 이것은 우리 의견과 많이 일치하

---

74) 역주) 1687년 《철학회보》에 실린 달의 착시 현상에 관한 글이 70절과 77절에서 버클리가 하고 있는 설명에 부정적인 영향을 미쳤다.

며 우리 의견을 강화시킨다. 또한 만약 지평선의 달이 심지어 더 화창한 날씨에서 여느 때의 그것보다 확대되어 보이는 일이 우연히 일어난다면, 그것은 우리가 말해왔던 것과 전혀 조화되지 않음이 판명될 것이다. 우리는 우리가 서 있는 장소에 우연히 있게 된 안개를 고려해야 할 뿐만 아니라, 눈과 달 사이에 있는 증발 기체와 발산물의 총합도 역시 감안해야 하기 때문이다. 모든 것이 달의 현상을 더 희미하게 함으로써 그것의 크기를 증가시키는 데 서로 겹쳐서 작용하므로, 달은 심지어 지평선의 위치에서, 특별히 안개도 없고 전혀 흐리지도 않은데도 우리가 서 있는 바로 그 장소에서 눈과 달 사이에 있는 공기가 전부 합쳐서 다른 때보다 더 많은 양의 흩뿌려진 증발 기체와 발산물을 담고 있을 때, 그것이 평소보다 우연히 더 크게 나타나게 될 수도 있다.

72. 반대 의견에 대한 답변

원리들의 결과로 광선의 대부분을 가로막을 정도로 불투명한 물체의 개입은 정점에 있는 달의 현상을 그것이 지평선에서 보일 때만큼 크게 한다는 반대 의견이 제시될 수도 있다. 거기에 대해 나는 더 큰 크기와 희미함 사이에는 필연적인 것이 아니라 경험에 의한 연관성만 있으므로 더 큰 크기를 시사하는 것은 아무렇게나 적용된 희미함이 아니라고 대답한다. 그 현상을 확대하는 희미함은 그런 종류로, 그리고 큰 크기의 시각에 수반한다고 관찰되어온 것과 같은 상황과 함께, 적용되어야 한다는 결론이 나온다. 우리가 멀리서 큰 대상을 바라볼 때 그 자체로는 지각될 수 없는 중간의 공기와 증발 물체의 입자들이 광선을 가로막음으로써 그 현상을 덜 강하고 덜 생생하게 한다. 그런데 이것으로 일어난 현상의 희미함은 큰 크기와 공존하는 것으로 경험되어왔다. 그러나 그것이 불투명하고 지각 가능한 물체의 개입으로 일어나는 상황은 다른 경우로, 이런 식의 희미한 현상은 더 큰 크기와 공존한다고 경험되어오지 않았기에 더 큰 크기를 시사하지 않는다.

73. 희미함은 더 큰 크기를 시사한다. 그 방식에 대한 예증

크기나 거리를 시사하는 다른 모든 관념이나 지각과 마찬가지로 희미함은 낱말이 그것에 수반하게 되는 개념을 시사하는 것과 똑같은 방식으로 크기나 거리를 시사한다. 그런데 어떤 상황이나 다른 낱말과 함께 어떤 문맥에서 발음된 한 낱말이 그것이 다른 어떤 상황에서 또는 낱말의 다른 문맥에서 발음될 때 언제나 동일한 뜻과 의미를 갖지는 않는다고 알려져 있다. 〔만약 희미함과 다른 모든 점에 관해서 동일한 시각 현상이 높은 곳에 있게 된다면, 그것이 눈높이에서 똑같은 거리에 있는 것으로 보이는 경우에 그것이 시사하게 될 것과 동일한 크기를 시사하지는 않을 것이다. 그 이유는 우리가 아주 높이 있는 대상을 보는 데 좀처럼 익숙하지 않다는 데 있다. 우리의 관심사는 우리 위보다는 오히려 앞에 있는 사물에 있으며, 따라서 우리 눈은 우리 머리꼭대기가 아니라 우리 앞에 놓여 있는 먼 대상을 보기에 가장 편리한 위치에 있다. 그리고 눈의 이 위치는 먼 대상의 시각에 보통 수반하는 상황이므로 우리는 그것으로부터 한 대상이 서로 다른 크기로 나타나는 것(보통 관찰되는 것)을 설명할 수 있다. 예를 들어 100피트 높이의 뾰족탑 밑에 서 있는 사람의 눈높이에서 100피트 떨어진 곳에 있는 대상의 경우에 나타날 수평적 연장으로부터 그 탑 꼭대기에 놓인 대상의 수평적 연장에 관해서도 설명할 수 있다. 우리가 한 사물의 크기에 관해 내리는 판단은 시각 현상에만 의존하는 것이 아니라, 그 상황 가운데 어떤 것이 생략되거나 변하면 우리 판단의 변화를 일으키기에 충분할 다양한 다른 상황에도 의존한다는 것을 보아왔기 때문이다. 그러므로 평상시와 다름없이 머리와 눈의 정상적인 상태가 의식되지 않는 위치에서 먼 대상을 바라보는 상황과, 그 대신에 다른 위치에 멀리 있는 대상을 보기 위해 머리를 쳐들어야만 하는 상황에서 크기가 다르게 판단된다고 해도 놀랄 필요가 없다. 그러나 높은 대상은 동일한 차원에서 똑같이 먼 낮은 대상보다 변함없이 더 작게 관찰되기 때문에 그 이유를 밝혀야 할 것이다. 실제로 어떤 상황의 변화로 우리가 보는 데 덜 익숙한, 높은 대상의 크기에 관해 내리는 판단이 변화할 수도 있음을 인정할 수 있다. 그러나 이 때문에 그것이 더 크게 판단되기보다는 오히려 더 작게 판단되어야 하는 이유가 나타나는 것은 아니지 않는가? 나는 만약 먼 대상의 크기가 그것의 시각 현상의 범위에서만 시사되며 거기에 비례한다고 생각된다면, 그것이 지금 보이는 것보다 훨씬 더 작게 판단되리라는 것은 확실하다고 대답한다(79절 참조). 그러나 먼 대상의 크기에 관해 우리가 내리는 판단을 형성하는 데 서로 관련되는 여러 상황에 의해 그것은, 그 시각 현상이 같거나 또는 심지어 더 큰 연장을 가진, 다른 것보다 훨씬 더 크게 나타난다. 따라서 먼 대상의 시각에 수반하는 것이 예사인 어떤 상황이라도 변화하거나 생략되어 우리가 그것의 크기를 판단하는 데 영향을 주게 되면, 거기에 비례해서 그 크기는 판단에 영향을 받지 않을 경우보다 더 작게 나타나리라는 결론이 나온다. 한 대상이 그것의 시각적 연장에 비례하여 더 크게 생각되게 한 것들 중 어느 것도 생략되거나 또는 평상시와 같은 상황이 아니라고 하더라도 적용될 수 있으므로 판단은 전적으로 시각적 연장에 더 의존하며, 그 결과 대상이 더 작게 판단됨에 틀림없기 때문이다. 그래서 본 건에서 보이는 사물의 위치는 우리가 보게 되며 그 크기를 관찰하는 대상들 속에 보통 있는 것과는 다르므로, 100피트 높이에 있는 바로 그 동일한 대상은 눈높이에서

100피트 (또는 거의) 떨어져 있을 경우보다 더 작게 보인다는 결론이 나온다. 여기서 설명되어온 것은 내게 지평선의 달의 현상을 확대하는 데 적지 않은 공헌을 하는 것처럼 보이며, 그 설명에는 무시할 수 없는 가치가 있다.][75]

74. 지평선에 있는 달의 현상을 설명하기 어렵다고 생각하는 이유

우리가 앞서 말한 현상을 주의 깊게 고찰한다면, 우리는 시각의 간접적 대상과 직접적 대상을 식별하지 못함이 그 설명에서 발생하는 난점의 주된 원인임을 알게 될 것이다. 달의 시각적 크기 또는 시각 고유의 직접적인 대상은 정점보다 지평선에 있을 때 결코 더 크지 않다. 그렇다면 어떻게 달이 정점에 있을 때보다 지평선에 있을 때 더 크게 보이는 일이 일어나는가? 이렇게 지성을 속일 수 있는 것은 무엇인가? 지성은 달에 관해 시각에 의한 것 이외에 다른 지각을 하지 않는다. 그리고 보이는 것은 똑같은 크기의 달이며, 시각 현상은 달이 정점의 위치에서보일 때보다 지평선에서 보일 때 크기가 같거나 오히려 더 작다. 그렇지만 달은 정점보다는 지평선에서 더 크게 여겨진다. 만약 우리

---

75) 역주) 1판에는 없는 부분이다.

가 시각적 달이 정점보다 지평선에서 더 크지 않으므로 지평선에 있는 시각적 달이 더 크다고 생각해서는 안 된다고 여긴다면, 난점은 여기서 사라지며 가장 쉬운 해결책이 될 것이다. 어떤 시각 작용에서도 시각 대상은 절대적으로, 또는 본질적으로 거의 주목되지 않으며, 마음은 시각 대상으로부터 그것과 연관된다고 관찰되어옴으로써 그것이 시사하는 것으로 된, 어떤 촉각 관념으로 여전히 관점을 옮긴다는 것은 이미 보았다. 따라서 한 사물이 크거나 작게 나타난다고 말할 때, 또는 어떤 것의 크기에 관해 어떤 판단을 내리든 간에, 이것은 시각 대상이 아니라 촉각 대상을 뜻하게 된다. 이것이 정당하게 고려된다면 달이 서로 다른 크기로 나타난다는 것과 그것의 시각적 크기는 여전히 동일하다는 외관상의 모순을 조화시키기는 결코 어려운 일이 아닐 것이다. 56절에서 서로 다른 희미함을 지닌, 바로 그 동일한 시각적 연장은 서로 다른 촉각적 연장을 시사할 것이기 때문이다. 그러므로 지평선의 달이 정점의 달보다 더 크게 나타난다고 말할 때, 이것은 더 큰 시각적 연장이 아니라, 더 큰 촉각적이거나 실재적인 연장에 관한 것으로 이해되어야 한다. 촉각적이거나 실재적인 연장은 시각 현상의 정상적인 상태보다 더 희미하기 때문에 시각 현상과 함께 마음에 시사된다.

75. 여러 사람이 이 문제를 해결하려고 시도했으나 수포로 돌아갔다.

많은 학자들이 이 현상을 설명하려고 시도해왔다. 가상디[76], 데카르트, 홉스(Thomas Hobbes, 1588~1679)와 다른 여러 사람들이 이 주제에 몰두했다. 그러나 그들의 노력이 얼마나 무익하고 충분치 못한가는 《철학회보》[77]에서 충분히 보았다. 거기서 여러분은 현명한 사람들이 이 현상과 광학의 일반적인 원리들을 조화시키려고 노력함으로써 꼼짝없이 범하게 된 큰 실수에 놀랄 수밖에 없으며 그들의 여러 의견이 상세히 설명되고 논박되는 것을 볼 수 있다. 그 이후 저명한 월리스 박사[78]에 의해 동일한 문제와 관련된 또 다른 논문이 《철학회보》[79]에 실렸으며, 거기서 그는 그 현상을 설명하려고 시도한다. 그 논문은 다른 사람들이 전에 말해온 것과 다르거나 새로운 어떤 것도 포함하지 않는

---

76) 역주) Pierre Gassendi(1592~1655). 고대 에피쿠루스의 원자론을 당시 기독교 신학의 요구에 맞게 변용시켜 유럽 지성계에 소개한 프랑스의 가톨릭 신부.
77) 원주) 《철학회보》, 187번, 314쪽.
78) 역주) John Wallis(1616~1703). 1649년부터 1703년까지 54년간 옥스퍼드에 재직한 수학자로서 원추곡선을 원뿔의 단면보다는 2차 곡선으로 검토한 최초의 인물.
79) 원주) 《철학회보》, 187번, 323쪽.

것처럼 보이지만 나는 여기서 그 내용을 살펴보려고 한다.

76. 월리스 박사의 의견

그의 견해를 요약하면 다음과 같다. 우리는 대상의 크기를 시각적 각에 의해서만 판단하는 게 아니라 거리와 결합된 시각적 각에 의해서 판단한다. 따라서 각이 여전히 동일하거나 또는 심지어 더 작아진다고 해도 만약 거리가 멀어진 것처럼 보인다면, 대상은 더 크게 나타날 것이다. 그런데 우리는 어떤 것의 거리를 중간에 있는 대상들의 수와 면적으로 어림잡기도 한다. 그러므로 달이 지평선에서 보일 때 들판, 집 따위의 여러 가지 것들은 눈과 지평선의 맨 가장자리 사이에 있는 넓게 펼쳐진 육지나 거대한 바다의 전망과 함께 마음에 더 먼 거리의 관념을 시사하며, 그 결과 현상을 확대한다. 월리스 박사에 따르면 이것이 달의 지름에 의해서 마주 대하게 된 각이 항상 그랬던 것보다 조금도 더 크지 않을 때 마음이 지평선의 달을 터무니없이 크게 보는 이유에 대한 참된 설명이다.

77. 그 의견은 불만족스러워 보인다.

이 의견에 대하여 거리에 관해 이미 말해왔던 것을 되풀이하지 않기 위해서 나는 단지 다음과 같은 소견을 밝히려 한다. **첫째**, 만약 중간에 있는 대상들의 전망이 더 먼 거리의 관념을 시사하는 것이며, 이 더 먼 거리의 관념이 더 큰 크기의 관념을 마음속에 들여오는 원인이라면, 누군가가 벽 뒤에서 지평선의 달을 볼 때 그것은 정상적인 것보다 더 크게 나타나지 않으리라는 결론이 나올 것이다. 그 경우에 사이에 놓인 벽이, 만약 벽이 놓이지 않았다면 겉보기 거리를 증가시켰을지도 모르는, 바다와 육지 따위의 모든 전망을 차단함으로써 달의 겉보기 크기도 차단하기 때문이다. 또한 기억이 지평선 안에 있는 육지 따위의 모든 면적을 그때까지도 시사한다(그 시사는 달이 보통 때보다 더 멀리 떨어져 있고 더 크다는 감각기관의 갑작스러운 판단을 불러일으킨다.)고 말하는 것도 충분하지 않을 것이다. 그런 위치에서 지평선의 달을 바라보면서 그 달이 보통 때보다 더 크다고 생각할 어떤 사람에게든 그가 그때 마음속에 중간에 있는 대상들, 또는 그의 눈과 지평선의 가장 바깥쪽 가장자리 사이에 있는 길고 넓은 지면의 어떤 관념이라도 갖는지 그렇지 않은지 물어보라. 그리고 그것이 그가 앞서 말한 판단을 하게 하는 그 관념인지 아닌지 물어보라. 나는 그가 부정적으로 대답할 것이며, 자신과 지평선의 달 사이에 있는 모든 사물을 생각하지 않거나 어떤 사물도 결코 생각하지 않는데도 지평선의 달이 정점에 있는 달보다 더 크게 나타난다고 선언하리라고 추측한다. **둘째**, 이 가정에 의해서 바로 그 동일한 위치에서 달이 정점에 있을 때보다 지평선에 있을 때 더 크게 나타나는 것을 설명할 수 없는 것처럼 보인다. 그렇지만 이 달의 현상은 우리가 규정했던 원리들에 잘 들어맞는 것으로 보여왔으며, 그 원리들로 가장 쉽고 자연스럽게 설명된다. 〔이 점을 그 이상으로 풀기 위해서는 우리가 직접 고유하게 보는 것은 빛과 갖가지 상태의 색깔, 희미함과 명료함, 혼란스러움과 뚜렷함의 정도일 뿐임을 언급해야만 한다. 모든 시각 대상은 단지 마음속에 있으며, 그것은 낱말이 습관적인 연관성에 의해 사물을 시사하는 방식과 다른 방식으로 거리이든 크기이든 외적인 무언가를 시사하는 것은 아니다. 마찬가지로 우리는 눈의 긴장 이외에, 그리고 생생하고 희미하며, 뚜렷하고 혼란스러운 현상(선과 각에 비례함으로써 이 논고의 앞부분에서 선과 각을 대신하게 되었던) 이외에 거리와 크기를 둘 다 시사하는, 특히 시각적 점이나 대상의 위치를 더 높거나 낮게 시사하는, 다른 방식(하나는 더 먼 거리와 더 큰 크기를 시사하고, 다른 하나는 더 가까운 거리와 더 작은 크기를 시사하는)이 있다고 말할 수 있다. 모든 것은 단지 습관과 경험의 결과이다. 가장 높은 곳과 가장 낮은 곳 사이의 직선거리에 실제로 중간에 있는 것은 전혀 없다. 이 두 곳은 모두 같은 거리에 있거나, 더 높은 곳이나 낮은 곳에는 역시 필연적인 연관성에 의해서 더 크거나 작은 크기를 시사하는 것은 아무것도 없기 때문에, 오히려 눈에서 전혀 떨어져 있지 않다. 그런데 거리를 시사하는 습관적이고 경험에 의한 이 방식이 마찬가지로 크기를 시사하듯이 이 방식은 거리만큼이나 직접 크기를 시사한다. 나는 이 방식이 먼저 거리를 시사하고 나서 크기를 추리하거나 계산하도록 하는 게 아니라, 거리를 시사하는 만큼이나 즉시 크기를 직접 시사한다고 말한다.(53절 참조)][80]

78. 겉보기 크기를 계산하는 데 선과 각이 어떻게 유용한가?

지평선의 달 현상은 마음이 외부 대상의 크기를 지각하고 어림잡는 방식을 설명하는 데 선과 각이 충분치 않다는 명료한 예이다. 그렇지만 선과 각이 마음에 사물의 겉보기 크기를 시사하는 참되고 직접적인 계기인 다른 관념이나 지각과 연관되며 그것에 비례하는 한, 사물의 겉보기 크기를 결정하기 위해서 선과 각으로 계산할 수도 있다. 그러나 나는 일반적으로 이것은 광학에서 수학적 계산에 관련해서 언급될 수도 있다고 생각한다. 외부 사물의 크기에 관해 우리가 내리는 판단이 종종 선과 각에 비례하지 않거나 또는 그것에 의해 정의될 수 없는 여러 상황에 의존하므로, 그 계산은 결코 아주 정밀하고 정확할 수가 없다.

---

80) 역주) 3판과 4판에서 덧붙여진 부분.

79. 선천적 시각장애인이 볼 수 있게 된다면 그는 크기에 관해 어떤 판단을 할까?

이제까지 말해온 것에서 우리는 이 결론, 즉 처음으로 눈을 떠서 보게 된 선천적 시각장애인은 눈에 들어온 대상의 크기에 관하여 다른 사람과 아주 다른 판단을 하리라는 결론을 안전하게 연역할지도 모른다. 그는 시각 관념을 촉각 관념에 관하여 또는 그것과 어떤 연관이 있는 것으로는 고려하지 않을 것이다. 시각 관념에 관한 그의 시야는 전적으로 그 관념에 한정되므로 그는 그것이 더 많거나 적은 시각적 점을 포함한다는 것과 달리 그것을 크거나 작다고 판단할 수 없다. 그런데 어떤 시각적 점도 오직 하나의 다른 시각적 점을 덮어 가리거나 시야로부터 배제할 수 있다는 것은 확실하므로 다른 대상을 보지 못하게 가리는 대상은 무엇이나 다른 대상과 함께 같은 수의 시각적 점을 갖는다는 결론이 나온다. 그리고 결과적으로 그는 그것들을 크기가 동일하다고 생각할 것이다. 따라서 그런 상황에서 누군가 그것으로 탑을 가리거나 탑이 보이는 것을 방해하는 그의 엄지손가락을 그 탑과 같다고, 또는 사이에 놓음으로써 그의 시야로부터 하늘을 가리는 그의 손을 하늘과 같다고 판단하리라는 것은 명백하다. 우리 마음속에 자라왔던 시각 대상과 촉각 대상 사이의 습관적이고 밀접한 연관성 때문에, 우리는 그 두 사물들(엄지손가

락과 탑, 손과 하늘)을 얼마만큼이나 서로 같지 않은 것처럼 파악할까? 그 연관성으로 두 감각기관의 매우 다른 별개의 관념이 섞이고 서로 혼동되어 동일한 사물로 오해되며, 우리는 그 선입관에서 쉽게 자신을 해방시킬 수 없다.

80. 시각적 최소량은 모든 피조물에게 동일하다.

시각의 본성을 더 잘 설명하고, 우리가 크기를 지각하는 방식을 올바르게 조명하기 위해 나는 그것과 관련된 문제에 관해 몇 가지 소견을 계속해서 말할 것이다. 그 문제에 관한 반성이 부족하고 촉각 관념과 시각 관념을 정당하게 분리하지 못하면 우리 마음속에 잘못되고 혼란스러운 개념을 갖기 쉽다. 그리고 **첫째**, 나는 **시각적 최소량**은 시각 능력을 부여받은 모든 존재자에게 정확히 같다고 말할 것이다.[81] 시각적 최소량은 부분들로 구별될 수 없을 뿐만 아니라 결코 부분들로 이루어질 수 없으므로 필연적으로 모든 것에 동일함에 틀림없다. 그래서 어떠한 눈의 정교한 조직도, 어떠한 시각 특유의 예리함도 다른 피조물보다 한 피

---

81) '버클리 반대론자'는 《젠틀맨즈 매거진》에 보내는 한 편지(22권, 12쪽)에서 몸 전체가 사람의 **시각적 최소량**보다 더 작으며 시각 능력을 가진 초소형 동물이 있다고 말함으로써 이 명제를 비판한다. 그러나 그는 이른바 '절대적 크기'를 가정함으로써 쟁점을 놓치고 있다.

조물에서 그것을 더 작게 할 수 없다. 그것이 그렇지 않다고, 예를 들어 진드기의 **시각적 최소량**이 사람의 **시각적 최소량**보다 더 작으므로 후자는 어떤 부분의 훼손에 의해서 전자와 같게 될 수도 있다고 추측해보면, 후자는 **시각적 최소량**, 또는 점의 개념과 모순된 부분들로 이루어진 것이 되기 때문이다.

81. 반대 의견에 대한 답변

아마도 사람의 **시각적 최소량**은 실제로 그리고 본질적으로 부분(사람이 지각할 수는 없지만 그것에 의해 진드기의 시각적 최소량을 능가하는)을 포함한다는 반대 의견이 제시될 것이다. 거기에 대해 나는 **시각적 최소량**은 (시각의 고유하고 직접적인 다른 모든 대상과 마찬가지로) 그것을 보는 사람의 마음 바깥에 결코 존재하지 않는다는 것을 보였기 때문에, 실제로 지각되지 않으며 따라서 보이지 않는 그것의 어떤 시각적 부분도 있을 수 없다는 결론이 도출된다고 대답한다. 그런데 어떤 대상이 별개의 여러 시각적 부분들을 포함하는 동시에 **시각적 최소량**이 된다는 것은 명백한 모순이다.

82. 눈은 언제나 똑같은 수의 시각적 점을 지각한다.

우리는 언제나 똑같은 수의 시각적 점을 본다. 그것은 우리 시야가 더 크고 멀리 확장될 때와 마찬가지로 우리 시야가 가까운 대상에 의해서 좁아지고 제한될 때에도 똑같은 정도로 크다. 하나의 **시각적 최소량**이 다른 하나보다 더 불명료하거나 시야에서 사라진다는 것은 불가능하므로, 시야가 서재의 벽에 의해 모든 면에서 제한될 때, 서재의 벽과 다른 모든 장애물을 제거함으로써 내가 주변의 들판, 산, 바다, 열린 하늘을 충분히 조망한다면 정확히 내가 볼 수 있는 만큼 많은 시각적 점을 본다는 것은 명백한 결과이기 때문이다. 즉 서재에 갇혀 있는 한 벽들이 중간에 놓임으로써 외부 대상의 모든 점이 나의 시야로부터 가려진다. 그러나 보이는 모든 점은 오직 하나의 다른 상응점을 덮어 가리거나 나의 시야로부터 배제할 수 있기에 나의 시야가 그 좁은 벽들에 국한되는 반면에, 나는 그 전망이 벽에 의해 가로막히는 모든 외부 대상을 바라봄으로써, 그 벽이 제거된다면 내가 볼 만큼 많은 점들 또는 **시각적 최소량**을 본다. 그러므로 우리가 다른 때보다 더 크게 전망하게 된다고 말할 때마다, 이것은 이제까지 보아왔듯이 시각 고유의 직접적인 대상이 아니라, 촉각에 고유하게 속하는 이차적이고 간접적인 시각 대상에 관한 것으로 이해해야만 한다.

83. 시각 능력의 두 가지 결함

시각 능력의 직접적인 대상을 고려하면 이 능력은 두 가지 결함 때문에 어려움에 직면하는 것으로 발견될지도 모른다. **첫째**, 그 능력에 의해 즉시 지각될 수 있는, 시각적 점들의 면적이나 수는 좁고 어느 정도 제한되어 있다. 그 능력은 어떤 한정된 수의 **시각적 최소량**만을 한눈에 받아들일 수 있으며, 그 너머로 전망을 확장할 수 없다. **둘째**, 우리 시각은 그 시야가 좁을 뿐만 아니라 대부분 혼란스럽다는 결함이 있다. 우리는 한 전망에서 받아들이는 것 가운데 조금만 즉시 명료하고 혼란스럽지 않게 볼 수 있다. 그리고 어떤 한 대상에 시각을 더 고정시킬수록 나머지는 훨씬 더 어둡고 희미하게 나타날 것이다.

84. 그 답변으로 우리는 두 가지 완전함을 생각할 수도 있다.

우리는 많은 완전함, 즉 **첫째**, 한눈에 상당히 많은 수의 시각적 점을 파악하는 완전함, **둘째**, 그것을 모두 똑같이 그리고 동시에 가장 명료하고 뚜렷하게 볼 수 있는 완전함을 시각의 이 두 가지 결함에 상응하는 것으로 상상할 수도 있다. 우리는 우리와 다른 질서와 능력을 가진 어떤 지성이 실제로 그 완전함을 갖고 있지 않다는 것을 알 수는 없다.

85. 현미경은 이 두 방식 중 어느 것으로도 시각을 향상시키지 못한다.

 현미경은 이 두 방식 가운데 어느 방식으로도 시각 향상에 기여하지 못한다. 우리는 현미경을 통해서 시각적 점을 더 많이 보지도 못하며, 나란히 있는 점들이 우리가 적당한 거리에 있는 대상을 맨눈으로 볼 때보다 더 뚜렷하지도 않기 때문이다. 말하자면 현미경은 우리를 새로운 세계로 데려간다. 현미경은 우리가 맨눈으로 바라보는 것과 아주 다른 시각 대상의 새로운 장면을 우리에게 제공한다. 그러나 여기에 가장 두드러진 차이가 있다. 즉 눈에 의해서만 지각된 대상은, 그것에 의해서 멀리 있는 대상이 우리 자신의 신체 부분에 다가오거나 또는 적용되는 결과로서 생길 것(신체의 보존에 많은 도움이 됨)을 예견하기를 배우게 되는, 촉각 대상과 연관성이 있는 반면에, 훌륭한 현미경의 도움에 의해 지각되는 시각 대상과 촉각적 사물 사이에는 그와 비슷한 연관성이 없다.

86. 현미경의 특성을 가진 눈의 경우를 고찰함

 그러므로 우리 눈이 현미경의 특성을 갖는 것으로 바뀐다 해도 우리가 변화에 의해서 많은 덕을 보게 되지 않으리라는 것은 분명하다. 우리는 현재 시각 능력에 의해 받는 앞서 말한 이점을 빼앗길 것이며, 보는 것에서 오는 어떤 다른 이점도 없이 단지 공허하게 보는 즐거움만 얻을 것이다. 그러나 그 경우에 아마도 우리의 시각은 지금보다 훨씬 더 큰 예리함과 투시력을 갖추게 될 것이라고 말할 것이다. 그러나 우리가 이미 보았던 것으로부터 **시각적 최소량**은 결코 더 크거나 작은 것이 아니라, 모든 경우에 변함없이 동일한 것은 확실하다. 그리고 현미경의 본성을 가진 눈의 경우에 나는 단지 이 차이를 보게 된다. 즉 전에는 눈에 의해서 우리 행동을 규제할 수 있게 했던, 시각과 촉각의 다양한 지각들 사이의 어떤 관찰 가능한 연관성이 끝나자마자 이제 그 목적에 전혀 도움이 되지 않게 되리라는 것만을 본다.

87. 시각은 보는 행위의 목적에 훌륭하게 적응한다.

만약 우리가 우리 존재의 현 상태와 상황과 함께 시각의 용도와 목적을 고려한다면 우리는 거기서 어떤 결함이나 불완전함을 불평할 만한 크나큰 원인도 발견하지 못할 것이며, 또는 어떻게 그것을 고칠 수 있는지 쉽사리 상상하지 못할 것처럼 보인다. 삶의 쾌락과 편의 둘 다를 위해 그처럼 놀랄 만한 지혜로써 그 능력이 고안된 것이다.

88. 대상을 정립한 것으로 보는 시각에 관한 난점

대상의 거리와 크기에 관해서 내가 말하려고 했던 것을 마치고 나서 이제 나는 시각에 의해서 대상의 위치를 지각하는 방식을 다루기에 이르렀다. 지난 세대의 발견물들 중에서 시각의 방식이 전보다 훨씬 명료하게 설명되어왔다는 평판은 찾아볼 수 없다. 오늘날 외부 대상의 상이 망막에 맺힌다는 것을 모르는 사람은 없다. 즉 우리는 망막에 맺히지 않는 어떤 것도 볼 수 없으며, 상이 더 뚜렷하거나 혼란스러우냐에 따라서 우리가 대상에 관해서 갖는 지각도 그렇다는 것을 모르는 사람은 없다. 그러나 시각에 관한 이 설명에서 대상은 눈의 아랫부분부터 거꾸로 그려진다는 중대한 난점이 발생한다.[82] 대상의 윗부분은 눈의 아랫부분에 그려지며, 대상의 아랫부분은 눈의 윗부분에 그려진다. 오른쪽과 왼쪽에 관해서도 마찬가지이다. 그러므로 이와 같이 상이 거꾸로 맺힌다면 우리가 어떻게 대상을 정립해 있고 자연스러운 상태에 있는 것으로 볼 수 있는가 하는 의문이 발생한다.

---

82) "거꾸로 된 심상에 관해 엉킨 문제를 풀 해결책은 광학 이론 전체에서 아마도 주된 핵심인 것처럼 보인다." 『옹호와 설명』 52절 참조. 몰리누는 『새로운 굴절 광학』 105쪽에서 이 난점을 언급하고 버클리의 설명에서 부분적으로 구체화되는 몇 가지 단서를 제시한다. 89절에서 언급되는 도형은 몰리누 책의 103쪽에 나오는 도형 1을 재생한 것이다.

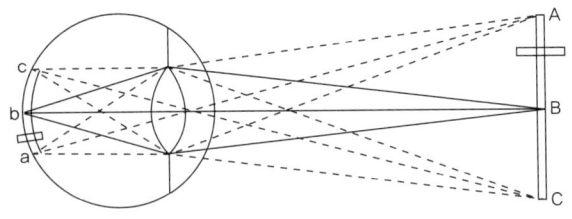

89. 이 난점을 설명하는 일반적인 방식

이 난점에 대한 대답으로 사람들은 눈의 윗부분에 오는 광선의 충격을 지각하는 마음이 이 광선을 대상의 아랫부분으로부터 직선으로 오는 것으로 여긴다고 말한다. 그리고 마찬가지 방식으로 눈의 아랫부분에 들어오는 광선을 추적하면 그 광선은 대상의 윗부분으로 인도된다. 이와 같이 인접한 도형에서 대상 ABC의 아랫부분의 점인 C는 눈의 윗부분인 c에 투사된다. 마찬가지로 가장 높은 점 A는 눈의 가장 아랫부분인 a에 투사되며, 이것은 표상 cba를 거꾸로 되게 한다. 그러나 마음은 c에 이루어지는 투사를 대상의 맨 아래로부터 직선 Cc를 따라 오는 것으로 여긴다. 그리고 a에 이루어지는 투사나 자극은 대상의 맨 위로부터 직선 Aa를 따라 오는 것으로 여겨 대상의 상이 거꾸로 되는데도 대상 ABC의 위치에 관한 올바른 판단으로 이끌게 된다. 이것은 서로 엇갈리는 지팡이 두 개를 양손에 쥐고 수직으로 놓인 한 대상의 양끝을 그 지팡이들로 건드리는 시각장애인을 생각함으로써 예중된다. 이 사람이 그가 아래쪽 손으로 잡고 있는 지팡이로 건드리는 대상의 윗부분이 되는 곳이 그가 위쪽 손 안에 있는 지팡이로 건드리는 대상의 밑 부분이 되는 곳이라고 판단하리라는 것은 확실하다. 이것이 대상의 정립 현상에 관한 흔한 설명이며, 일반적으로 받아들여지고 묵인되어 (몰리누 선생이 우리에게 말하는 것처럼[83]) "모든 사람에 의해 만족스럽게 인정된다".

90. 동일한 것이 거짓으로 보인다.

그러나 나에게는 이 설명이 전혀 참처럼 보이지 않는다. 만약 내가 이 설명과 비슷한 방식으로 광선의 자극, X자꼴 교차, 방향을 지각한다면, 실로 이 설명은 전혀 개연성이 없지는 않을 것이다. 그리고 시각장애인과 엇갈린 지팡이의 비유에 대한 약간의 구실이 있을 수도 있다. 그러나 이 경우는 아주 다르다. 나는 내가 그것을 전혀 지각하지 못한다는 것을 아주 잘 알고 있다. 따라서 나는 그것에 의하여 대상의 위치를 판단할 수 없다. 어떤 사람이 시각에 의해 대상의 위치를 지각할 때마다 빛의 다발에 의해 생긴 교점을 생각하거나 또는 빛이 직선으로 준 자극을 추

---

83) 원주) 『새로운 굴절 광학』 단락 2, 보충 7, 289쪽.

적한다고 스스로 의식하는지 그렇지 않은지를 자신의 경험에 호소해야 할까? 나에게는 광학 연구에 전념해온 사람을 제외하고는 어린아이, 백치 또는 사실상 그 어떤 사람도 결코 빛의 교차와 추적을 생각하지 않는다는 것이 명백한 것 같다. 그리고 나는 마음이 빛의 교차와 추적을 지각하지 않고서 그것들에 의해서 대상의 위치를 판단하거나, 또는 위치를 알지 못하고 그것들을 지각한다는 것을 둘 다 이해할 수 없다. 그 밖에 또 서로 엇갈린 지팡이의 예에 의해 시각의 방식을 설명하는 것과 빛의 다발의 축을 따라서 대상을 찾는 것은 증명되어온 것과는 반대로 시각 고유의 대상이 우리한테서 먼 곳에서 지각된다고 상정하는 것이다.

91. 이 문제에서 시각 관념과 촉각 관념을 구별하지 않는 것이 오류의 원인이다.

그러므로 우리는 이 난점을 해결할 다른 설명을 찾아야 한다. 그리고 나는 우리가 철저하게 조사하고 시각 관념과 촉각 관념을 주의 깊게 구별한다면(이것은 시각을 다룰 때 아무리 자주 되풀이하여 가르쳐도 지나치지 않다.) 어떤 설명을 찾을 수 있다고 믿는다. 그러나 우리는 이 문제를 고찰하는 동안 이 구별을 좀 더 특별히 생각해야 한다. 정립 시각에 대한 설명의 난점은 그것에 관한 올바른 이해가 부족한 데서 주로 발생하는 것으로 보이기 때문이다.

92. 어떤 선천적 시각장애인의 경우를 고려하기에 적절하다.

진행 중인 주제와 관련하여 우리가 가질지도 모르는 어떤 선입관에서 우리 마음을 벗어나게 하기 위해서는 나중에 성장했을 때 보게 된 선천적 시각장애인의 경우를 생각하는 것보다 더 적절한 것은 없는 것 같다. 그리고 아마도 시각으로부터 받아들인 경험을 전적으로 벗어 던지는 것은 쉬운 과제가 아닐지도 모르지만 우리 생각을 정확하게 그런 사람의 상태로 되게 할 수 있으려면 우리는 가능한 한 사리에 맞게 그의 마음속에 일어난다고 상정될 수 있는 것의 참된 개념을 형성하려고 노력해야 한다.

93. 그런 사람은 촉각으로 위와 아래의 관념을 갖게 될 수도 있다.

실제로 선천적 시각장애인이 촉각으로 위와 아래의 관념을 가질 수 있게 되리라는 것은 분명하다. 그는 손을 움직여서 손이 닿는 곳에 놓인 촉각 대상의 위치를 식별할지도 모른다. 그는 자신을 받친다고 느꼈던 부분 또는 자신의 몸이 그 쪽으로 내려앉는다고 지각했던 부분을 낮다고 부르고, 이것의 반대를 높다고 부를 것이다. 그리고 그가 만졌던 어떤 대상이든지 그에 따라서 부를 것이다.

94. 그가 촉각적 사물에만 속하는 것으로 여길 위치의 양태는 어떤 것인가?

그러나 그렇다면 대상의 위치에 관해 그가 내리는 판단은 촉각으로 지각할 수 있는 것에만 국한된다. 손으로 만질 수 없으며 정신적 본성을 가진 모든 것, 그의 생각과 욕구, 정념 그리고 일반적으로 영혼의 모든 변형에 대해서 그는 단지 비유적인 의미 이외에는 결코 위와 아래라는 용어를 적용하지 않을 것이다. 아마도 그는 암시에 의해서 높거나 낮은 생각을 말할지도 모른다. 그러나 그 용어들은 본연의 의미에서는 마음 바깥에 존재한다고 생각될 수 없는 것에 결코 적용되지 않았을 것이다. 눈 먼 채로 태어나서 똑같은 상태로 있는 사람은 더 높고 더 낮은이라는 낱말들에 의해서 땅에서 더 멀거나 덜 먼 거리 이외의 어떤 것도 의미할 수 없었을 것이기 때문이다. 그는 손 또는 몸의 다른 어떤 부분을 움직이거나 사용해서 그 거리를 측정할 것이다. 그러므로 각각에 대하여 그가 더 높거나 낮다고 생각할 모든 것은 분명히 주변 공간에서 그의 마음 바깥에 존재한다고 생각되었던 것과 같은 것임에 틀림없다.

95. 그는 첫눈에 본 어떤 것도 높거나 낮으며, 상이 정립하거나 거꾸로 선다고 생각하지 않을 것이다.

그리하여 만약 우리가 그런 사람이 보게 되었다고 상정한다면 당연한 결과로서 그는 첫눈에 본 것이 높거나 낮거나, 정립하거나 거꾸로 선다고 생각하지 않으리라는 것이 명백하다. 그가 시각으로 지각한 것을 자신한테서 떨어져 있거나 또는 그의 마음 바깥에 있다고 생각하지 않으리라는 것은 이미 41절에서 증명했기 때문이다. 그가 이제까지 위와 아래, 높음과 낮음이라는 용어를 적용시키는 데 익숙해져 온 대상은 그의 촉각에 의해 영향을 받았거나 또는 어떤 방식으로 지각된 것일 뿐이다. 그러나 시각 고유의 대상은 이 대상과 완전히 구별되고 다른 새로운 관념의 집합을 형성하며, 그 자체를 촉각에 의해 전혀 지각되게 할 수 없다. 그러므로 그가 그 용어들을 시각 고유의 대상에 적용할 수 있다고 생각하도록 유발시킬 수 있는 것은 하나도 없다. 또한 그는 시각 고유의 대상이 촉각 대상과 맺는 연관성을 관찰하고 다른 사람의 지성에 유아기부터 생겨왔던 동일한 선입관이 그의 지성에 스며들기 시작할 때까지 결코 그것을 생각하지 않을 것이다.

96. 이 사실은 한 예에 의해 입증된다.

나는 이 문제를 더 뚜렷하게 조명하기 위해서 하나의 예를 들고자 한다. 앞에서 말한 시각장애인이 촉각에 의해서 어떤 사람이 똑바로 서 있다고 지각한다고 상정하자. 이 방식을 탐구해보도록 하자. 그는 사람 몸의 여러 부분에 손을 사용함으로써 서로 다른 촉각 관념을 지각해왔으며, 그 관념들은 잡다한 복합 관념들로 모아져서 거기에 덧붙여진 서로 다른 이름들을 갖는다. 이와 같이 어떤 촉각적 모양과 부피, 부분들의 일관성 있는 어떤 결합은 머리로, 다른 결합은 손으로, 또 다른 결합은 발이라고 불리며, 나머지 것들도 그런 식으로 불린다. 그의 지성에서 모든 복합 관념은 촉각에 의해 지각될 수 있는 관념으로만 구성될 수 있다. 마찬가지로 그는 촉각으로 땅이나 바닥의 관념을 얻는데, 자신의 몸의 부분이 그 관념을 향한 자연스러운 경향을 갖는다는 것을 지각한다. 그런데 정립이라는 말은 한 사람이 자신의 발이 땅에 가장 수직에 가까운 상태에 있다는 것을 뜻하는 것에 지나지 않으므로, 만약 시각장애인이 자기 앞에 서 있는 사람의 부분에 손을 움직임으로써 그가 땅이라고 부르는 촉각 관념의 다른 결합에서 가장 멀리 있는 머리를 구성하는 촉각 관념과, 가장 가까이 있는 발을 구성하는 촉각 관념을 지각한다면, 그는 그 사람이 똑바로 서 있다고 일컬을 것이다. 그러나 만약 그가 갑자기 볼 수 있게 되어 자기 앞에 서 있는 어떤 사람을 바라본다고 상정한다면, 그 경우에 그는 자기가 보는 사람이 똑바로 서 있는지 거꾸로 서 있는지 결코 판단하지 못하리라는 것은 명백하다. 그는 촉각적인 것 또는 외부 공간에 존재하는 것을 제외한 다른 어떤 것에도 그 용어들이 적용된다는 것을 결코 알지 못해서 그가 보는 것이 촉각적인 것인지도 자기 외부에 존재하는 것으로 지각되는 것인지도 알지 못하기 때문에, 또 언어의 적절함에 있어서 그 용어들이 그가 보는 것에 적용될 수 있다는 것을 알 수 없기 때문이다.

97. 그는 어떤 수단에 의해 시각 대상을 높거나 낮은 따위의 것이라고 부르게 될까?

나중에 그의 머리나 눈을 위로 아래로, 오른쪽으로 왼쪽으로 돌리자마자 그는 시각 대상들이 변화함을 관찰할 것이며, 그 대상들이 동일한 이름들로 불리며, 촉각에 의해 지각된 대상들과 연관된다는 것도 알게 될 것이다. 그때 비로소 그는 그가 촉각적 사물에 적용하는 데 익숙해져왔던 동일한 용어로 그 대상과 그 위치를 말하게 될 것이다. 그리고 그가 눈을 들어서 지각하는 대상을 위라고, 눈을 내려서 지각하는 대상을 아래라고 부를 것이다.

98. 왜 그는 눈의 가장 낮은 부분에 그려지는 대상을 가장 높다고(반대의 경우도 같음) 생각할까?

그리고 이것은 그가 눈의 아랫부분에 그려지는 대상을 가장 윗부분이라고 생각하는 참된 이유인 것처럼 보인다. 눈을 들어 올림으로써 그 대상이 뚜렷하게 보이기 때문이다. 마찬가지로 눈의 가장 윗부분에 그려지는 대상은 눈을 내리뜨면 뚜렷하게 보일 것이므로 바로 그 이유로 가장 아랫부분이라고 여겨진다. 우리는 그가 높고 낮다는 용어를 그 자체로 고려된 시각의 직접적 대상에 속하는 것으로 여기지 않으리라는 것을 보아왔기 때문이다. 그러므로 그것은 그 대상에 수반하는 것으로 관찰되는 어떤 상황 때문임에 틀림없다. 따라서 마음이 시각 대상을 높거나 낮다고 부르는 아주 분명한 이유를 시사하는 것은 바로 눈을 위아래로 굴리는 행동이라는 것이 명백하다. 그리고 눈의 이 운동, 즉 서로 다른 대상을 식별하기 위해서 눈을 위아래로 굴리는 운동이 없다면, 의심할 바 없이 정립, 전도, 그리고 촉각 대상의 위치와 관련된 비슷한 다른 용어들은 결코 시각 관념으로 전이되지 않거나, 또는 시각 관념에 속한 것으로 전혀 파악되지 않을 것이다. 단순히 보는 행위는 그 목적으로는 그 안에 아무것도 포함하지 않는다. 반면에 눈의 서로 다른 위치는 자연스럽게 마음이 그것에 의해 삽입된 대상들의 위치에 관한 적절한 판단을 하도록 이끈다.

99. 그는 어떻게 시각에 의해서 외부 대상의 위치를 지각하는가?

더 나아가 그가 시각과 촉각의 여러 관념들 사이에 연관성이 있음을 경험에 의해 배웠을 때, 그는 한 시각적 사물에 대하여 다른 시각적 사물들의 위치를 지각함으로써 시각적 사물에 상응하는 외적인 촉각적 사물의 위치에 관해 곧바로 참된 판단을 할 수 있게 될 것이다. 이와 같이 그는 그 감각기관에 올바르게 해당되지 않는 외적 대상의 위치를 시각을 통해 지각할 것이다.

100. 우리는 반대명제가 이제까지 말해온 것에 대한 어떤 반대 논증도 아니라고 생각하는 경향이 있다.

나는 우리가 만약 이제 막 보게 된다면 지금 우리가 하듯이 시각적 사물의 위치를 판단하리라고 생각하기 아주 쉽다는 것을 안다. 마찬가지로 우리가 지금 하듯이 첫눈에 대상의 거리와 크기를 동일한 방식으로 파악한다고 생각하기 쉽다. 이것은 잘못되고 근거 없는 확신임을 보았다. 그리고 마찬가지 이유에서 대부분의 사람이 문제를 충분히 생각하기 전에 대상이 정립해 있는지 거꾸로 섰는지 첫눈에 결정할 수 있는 능력이 있으리라는 무조건적인 확신에 대해서도 동일하게 비난할 수 있다.

101. 반대 의견

아마도 우리 의견에 대하여 예를 들어 어떤 사람의 발이 땅 가까이 있을 때 똑바로 서 있다고 생각되고, 머리가 땅 가까이 있을 때 거꾸로 서 있다고 생각되므로 어떤 경험을 하지 않거나 또는 눈의 위치를 바꾸지 않고서도 단순한 시각 작용만으로 그가 똑바로 서 있거나 거꾸로 서 있는지를 결정할 수 있다는 반대 의견이 제시될 것이다. 땅 자체와 그 위에 서 있는 사람의 사지가 모두 똑같이 시각에 의해 지각되므로, 우리가 사람의 어느 부분이 땅에 가장 가까우며 어느 부분이 거기서 가장 먼지, 즉 그가 똑바로 서 있는지 거꾸로 서 있는지 볼 수밖에 없기 때문이다.

102. 답변

거기에 대해 나는 촉각적 땅과 사람을 구성하는 관념은 시각적 땅과 사람을 구성하는 관념과 전적으로 다르다고 대답한다. 또한 촉각 경험을 덧붙이지 않거나 또는 눈의 위치를 변경시키지 않고 시각 능력만으로는 그 관념들 사이에 어떤 관계나 연관성이 있음을 알거나 심지어 짐작하기조차도 불가능했다. 따라서 그 사람은 그가 본 어떤 것을 첫눈에 땅이나 머리나 발이라고 일컫지 않았을 것이며, 그 결과로서 단순한 시각 작용에 의해 머리나 발이 땅에 가장 가까이 있었는지 그렇지 않은지를 말할 수 없었다. 또한 실로 우리는 그것에 의하여 땅이나 사람, 정립이나 전도에 관한 어떤 생각도 결코 하지 못했을 것이다. 이것은 만약 우리가 꼼꼼하게 관찰하고 두 감각기관의 관념들을 상세히 비교한다면 훨씬 더 명백하게 될 것이다.

103. 한 대상은 색깔에 의해 첫눈에 알려질 수 없었다.

내가 보는 것은 갖가지 빛과 색깔일 뿐이다. 내가 느끼는 것은 딱딱하거나 부드러움, 열기나 냉기, 거칠거나 매끈함이다. 이 관념들에는 어떤 유사성과 연관이 있는가? 또한 누군가가 그 관념들의 공존을 경험하기 전에 그토록 아주 다른 관념들의 결합에 동일한 이름을 부여하는 이유를 어떻게 알 수 있는가? 우리는 이러저러한 촉각적 성질과 어떤 색깔 사이에 필연적 연관성이 있음을 알지 못한다. 그리고 우리는 때때로 느껴지는 것이 전혀 없는 곳에서 색깔을 지각할 수도 있다. 이 모든 것이 어떤 사람도 그가 이미 알고 있었던 촉각 대상과 이러저러한 특정한 시각 대상 사이에 어떤 일치가 있었다는 것을 첫눈에 알지는 못했으리라는 것을 명백하게 한다. 그러므로 머리 색깔이 그에게 머리의 관념을 시사하지 않으리라는 것은 머리 색깔이 발의 관념을 시사하지 않으리라는 것과 같다.

104. 그 크기에 의해서도 첫눈에 알려질 수 없었다.

나아가 우리는 어떤 주어진 시각적 크기와 특정한 촉각적 크기 사이에서 필연적 연관성을 전혀 발견할 수 없음을 상세히 본 바 있다(63, 64절 참조). 그러나 우리가 시각적 연장을 지각함으로써 그것과 연관된 어떤 촉각 대상의 연장일 수도 있는 것을 알 수 있다는 것은 전적으로 습관과 경험의 결과이며, 생소하고 우연한 상황에 의존한다. 따라서 맨 처음 눈을 떴을 때 머리나 발의 시각적 크기 가운데 어느 것도 그것과 함께 머리나 발의 촉각적 크기를 마음에 가져오지 않으리라는 것은 확실하다.

105. 그 모양에 의해서도 첫눈에 알려질 수 없었다.

앞 절에서 몸의 어떤 부분의 시각적 모양은 첫눈에 그것의 촉각적 모양을 마음에 시사할 만큼 그것과 필연적 연관성이 전혀 없다는 것은 명백하다. 모양은 크기의 한계이기 때문이다. 그러므로 어떤 시각적 크기도 그 자체의 본성으로는 어떤 특정한 촉각적 크기를 시사하는 적합성을 갖지 않으므로 어떤 시각적 모양도 그것에 상응하는 촉각적 모양과 뗄 수 없게 연관될 수는 없다는 결과가 된다. 따라서 시각적 모양은 저절로 그리고 경험에 앞선 방식으로 그 자체를 지성에 시사하는지도 모른다. 만약 촉각으로는 매끄럽고 둥글게 여겨지는 것이 현미경을 통해 시각에는 아주 다른 것처럼 보인다면, 이 점은 훨씬 명백할 것이다.

106. 최초의 시각 작용에서 어떤 촉각적 사물도 보인 그 대로의 광경에 의해 시사되지 않는다.

우리는 아울러 생각되고 정당하게 고려된 모든 것에서 이 추론을 뚜렷하게 연역할 수 있을지도 모른다. 최초의 시각 작용에서 눈에 들어오는 어떤 관념도 선천적 시각장애인의 지성에서 땅, 사람, 머리, 발 따위의 이름이 덧붙여진 관념들과 어떤 지각 가능한 연관성을 갖지 않을 것이다. 이 이름들은 어느 정도 그 관념들을 그의 마음속에 들여오거나 또는 똑같은 이름으로 불리도록 하고, 나중에 그렇게 되듯이 그 관념들을 그 이름들과 똑같은 것으로 여기게 하기 위해서 덧붙여진다.

107. 수에 관해 제시된 난점

그렇지만 우리 의견을 촉구하며, 간과해서는 안 될 가치가 있는 것으로 보이는 한 가지 난점이 남는다. 시각적인 발의 색깔, 크기, 모양 가운데 그 어느 것도 촉각적 발을 구성하는 관념들과 필연적인 연관성을 전혀 갖지 않으므로 촉각적 발을 구성하는 관념들이 첫눈에 내 마음속에 들어오지 않거나 익숙해져서 꽤 오랫동안 그 연관성을 경험하기 전에는 그 관념들을 혼동할 수밖에 없다. 그러나 이와 같이 많은 것이 부정하기 어려운 것처럼 보이므로, 즉 시각적 발의 수가 촉각적 발의 수와 같으므로, 나는 이 이후로는 어떤 시각 경험이 없이도 그것들이 머리보다는 발을 표상하거나 발과 연관되어 있다는 합당한 결론을 내릴지도 모른다. 나는 두 개의 시각적 발의 관념이 곧 하나의 머리 관념보다는 두 개의 촉각적 발의 관념을 마음에 시사할 것처럼 보이므로 시각장애인은 시각 능력을 처음 부여받자마자 어느 것이 발 또는 둘이며 어느 것이 머리 또는 하나인지 알게 될 것이라고 말한다.

108. 시각적 사물의 수는 첫눈에 촉각적 사물의 수를 똑같이 시사하지는 않을 것이다.

이 외관상의 난점을 피하기 위해서 우리는 시각 대상의 다양성이 그것에 상응하는 촉각 대상의 다양성을 필연적인 결론으로 암시하지는 않는다는 것을 언급할 필요가 있다. 아주 다양한 색깔로 그려진 상은 한 가지 균일한 방식으로 촉각에 영향을 미친다. 그러므로 나는 경험과 무관한 어떤 필연적인 논리의 일관성에 의해 촉각적 사물의 수를 시각적 사물의 수로부터 판단하지는 않는다는 것이 명백하다. 그러므로 내가 처음 눈을 떠서 두 가지 사물을 보고 그 때문에 두 가지 사물을 느끼리라고 결론을 내려서는 안 된다. 내가 경험에 의해 배우기 전에 나는 어떻게 둘이기 때문에 시각적 다리가 촉각적 다리와 연관되며, 또는 하나이기 때문에 시각적 머리가 촉각적 머리와 연관된다는 것을 알 수 있을까? 진실은 내가 보는 것이 내가 만지는 것과 아주 다르고 이질적이어서 전자의 지각이 후자를 결코 시사하지 않았거나, 또는 내가 그 연관성을 경험할 때까지 그것에 대해 전혀 판결을 내릴 수 없게 하였으리라는 것이다.

109. 수는 마음의 창조물이다.

그러나 이 문제를 더 충분히 예증하기 위해서는 수(아무리 몇몇 사람이 그것을 제1성질의 하나로 본다 하더라도)는 사물 자체 안에 실제로 존재하는 변함없고 고정된 것이 아니라는 점을 고려해야 한다. 수는 전적으로 마음의 창조물이며, 마음은 한 관념을 그것만으로 또는 마음이 한 이름을 부여하는 관념들의 어떤 결합을 고려해서 그것을 하나의 단위로 통용되게 한다. 마음이 다양하게 그 관념들을 결합함에 따라 단위가 변화한다. 단위가 변화하듯이 단지 단위의 집합인 수도 역시 변화한다. 우리는 창문 하나를 하나라고, 굴뚝 하나도 하나라고 부르지만 그 안에 창문과 굴뚝이 많은 집 하나도 똑같이 하나라고 부를 수 있으며, 많은 집들이 한 도시를 이룬다. 이 예와 비슷한 예에서 단위는 마음이 그것의 관념에 관하여 그리는 개별적인 상과 항상 관련이 있다. 마음은 그 관념에 이름을 덧붙이며, 그 관념 속에 최적의 짝으로서 자체의 목표와 목적을 다소간 포함한다. 그러므로 마음이 하나로 고려하는 것은 무엇이든 단위이다. 관념들의 모든 결합은 마음에 의해 한 사물로 고려되며, 그것의 표시로 한 이름이 표로 붙여진다. 그런데 이 명명과 관념 결합은 완전히 임의적이며, 경험에 의해서 가장 편리하다고 보게 되는 종류로 마음에 의해 이루어진다. 이 명명과 관념 결합이 없다면 우리 관념은 결코 지금과 같은 잡다하고 구별되는 결합으로 모아지지 않았을 것이다.

110. 선천적 시각장애인은 첫눈에 다른 사람처럼 시각적 사물을 세지 못할 것이다.

따라서 나중에 성장했을 때 보게 된 선천적 시각장애인은 최초의 시각 작용에서 시각 관념을, 규칙적으로 공존하며 하나의 이름으로 함께 묶이기에 적합한 것을 경험해온 다른 사람과 똑같이 구별되는 집합으로 나누지는 못하리라는 결론이 나온다. 예를 들어 그는 하나의 복합 관념을 만들어서 그것에 의하여 시각적인 머리나 발을 구성하는 모든 개별 관념들을 하나의 단위로 간주하지는 못할 것이다. 그가 어떤 사람이 자신 앞에 똑바로 서 있는 것을 보자마자 그렇게 해야 하는 이유를 전혀 댈 수 없기 때문이다. 그의 마음에 시각적 사람을 구성하는 관념들이 동시에 지각되는 다른 모든 시각 관념들과 함께 꽉 들어찬다. 그러나 그는 그 사람의 부분의 움직임을 관찰하고, 다른 경험에 의해서 어느 관념들이 나누어지며 어느 관념들이 결합될 것인지 알게 될 때까지는 그의 시야에 한꺼번에 제시된 이 모든 관념을 갖가지 구별되는 결합으로 분류하지 못할 것이다.

111. 어떤 대상의 위치는 동일한 감각기관의 대상에 관해서만 결정된다.

전제되어온 것으로부터 만약 내가 그렇게 말해도 좋다면 시각 대상과 촉각 대상은 서로 아주 다른 관념들의 두 집합을 이룬다는 것은 명백하다. 우리는 사물의 소재나 위치를 나타내는 높고 낮음, 오른쪽과 왼쪽과 같은 용어를 두 종류의 대상에 공평하게 귀착시킨다. 그러나 우리는 어떤 대상의 위치는 동일한 감각기관의 대상에 관해서만 결정된다는 것을 잘 관찰해야만 한다. 우리는 촉각 대상을 그것이 촉각적 땅으로부터 얼마간 떨어져 있는지에 따라 높거나 낮다고 말한다. 그리고 마찬가지로 우리는 시각 대상이 시각적 땅으로부터 얼마간 떨어져 있느냐에 비례하여 높거나 낮다고 일컫는다. 그러나 시각적 사물의 위치를 그것이 촉각적 사물로부터 떨어져 있는 거리와 관련하여 정의하는 것, 또는 그 역은 불합리하며 완전히 이해할 수 없는 것이다. 모든 시각적 사물은 똑같이 마음속에 있으며 외부 공간의 어떤 부분도 차지하지 않기 때문이다. 따라서 시각적 사물은 마음 바깥에 존재하는 어떤 촉각적 사물로부터도 같은 거리에 있다.[84]

---

84) 이 시론에서 이곳과 또 다른 곳에서 버클리는 촉각적 사물은 마음 바깥의 외부 공간에 있다고, 즉 물질적이라고 거의 단언하다시피 시사하고 있다. 그는 『원리론』 43, 44절에서 그 견해를 '그 통속적인 잘못'이라고

112. 하나의 시각적 사물과 하나의 촉각적 사물 사이에는 멀거나 가까운 어떤 거리도 없다.

아니, 사실대로 말하자면 시각 고유의 대상은 어떤 촉각적 사물과도 결코 떨어져 있지 않으며 가깝거나 멀지도 않다. 만약 우리가 문제를 좁게 탐구한다면 우리는 단지 그 사물들이 똑같은 방식에 따라 존재하거나 또는 동일한 감각기관에 속하는 거리에서 서로 비교된다는 것을 알게 될 것이기 때문이다. 그 이유는 어떤 두 점 사이의 거리는 중간에 있는 점들의 수 이외에는 어떤 것도 의미하지 않기 때문이다. 만약 주어진 점이 시각적이면 그것들 사이의 거리는 사이에 있는 시각적 점들의 수에 의해서 구획된다. 만약 주어진 점이 촉각적이면 그것들 사이의 거리는 촉각적 점들로 구성되는 직선이다. 그러나 만약 그 점들이 하나는 촉각적이고 다른 하나는 시각적이라면, 그것들 사이의 거리는 시각에 의해서나 촉각에 의해서 지각될 수 있는 점들로 이루어지지 않는다. 즉 그 거리는 전혀 생각될 수 없다. 아마도 모든 사람의 지성이 이것을 쉽게 받아들이지는 않을 것이다. 하지만 나는 그것을 조금이라도 숙고해서 그의 생각에 깊이 적용시키려고

일컫는데, 거기서 그는 이 시론의 임시 형이상학과 그의 최종 입장을 조화시키려 한다.

애쓰는 사람에 의해서 그것이 참인지 아닌지 기꺼이 알게 될 것이다.

113. 이 사실을 깨닫지 못하는 것이 상이 정립한 시각에 관한 난점의 원인이다.

바로 앞의 두 절에서 말했던 것을 깨닫지 못하는 것이 정립 현상의 관심사에서 일어나는 난점의 적지 않은 부분을 야기한 것처럼 보인다. 땅에서 가장 가까이 그려지는 머리는 땅으로부터 가장 먼 것처럼 보이며, 이에 반해서 땅에서 가장 멀리 그려지는 발은 땅에 가장 가까운 것으로 생각된다. 만약 우리가 "촉각적 땅에 가장 가까이 있는 시각적 머리가 땅으로부터 가장 먼 것처럼 보이고, 촉각적 땅으로부터 가장 멀리 있는 시각적 발이 땅에 가장 가까운 것처럼 보인다는 것이 어떻게 눈에서 일어나는가?" 하고 더 뚜렷하고 애매하지 않게 말한다면 이 난점은 사라질 것이다. 물음이 이와 같이 제시된다면 그 난점이 눈이나 시각 능력 또는 차라리 그것들에 의해 영혼이 시각 대상의 위치를 촉각적 땅으로부터 떨어진 거리에 관련하여 판단하리라는 가정에 토대를 둔다는 것을 누가 알지 못하겠는가? 반면에 촉각적 땅이 시각에 의해 지각되지 않는다는 것은 명백하다. 그리고 시각 대상의 위치는 그 대상들이 서로 떨어져 있는 거리에 의해서만 결정되며, 시각적 사물과 촉각적 사물 사이의 거리를 멀거나 가깝다고 말하는 것은 무의미하다는 것은 바로 앞의 마지막 두 절에서 보았다.

114. 이 사실을 깨닫는다면 상이 정립한 시각은 설명할 수 없는 어떤 것도 포함하지 않는다.

만약 우리가 생각을 시각 고유의 대상에 국한시킨다면 전체는 명백하고 쉽다. 머리는 시각적 땅에서 가장 멀리 그려지고 발은 가장 가까이 그려진다. 그리고 그것들은 그렇게 보인다. 여기에서 이상하거나 설명할 수 없는 것이 있는가? 망막 안에 있는 상이 시각의 직접적인 대상이라고 상정해보자. 결과는 사물이 그려지는 것과 똑같은 상태로 나타나야 한다는 것이다. 그렇지 않은가? 시각적 머리는 시각적 땅으로부터 가장 먼 것처럼 보이며, 시각적 발은 시각적 땅에 가장 가까운 것처럼 보인다. 그리고 그것들은 바로 그렇게 그려진다.

115. 상이 거꾸로 선다는 것은 무엇을 뜻하는가?

그러나 당신은 사람의 상은 거꾸로 서지만 현상은 정립이라고 말한다. 나는 사람의 상으로 무엇을 의미하는지, 아니면 똑같은 것이지만 시각적 사람이 거꾸로 선다는 것은 무엇을 의미하는지 묻는다. 당신은 내게 발뒤꿈치가 가장 위에 있고 머리가 가장 밑에 있기 때문에 거꾸로 서 있다고 말한다. 이것을 내게 설명해달라. 당신은 머리가 가장 밑에 있다고 함으로써 그것이 땅에 가장 가까이 있으며, 발뒤꿈치가 가장 위에 있다고 함으로써 땅에서 가장 멀리 있음을 뜻한다고 말한다. 나는 다시 당신이 말하는 땅은 어떤 땅을 의미하느냐고 묻는다. 당신이 말하는 땅은 눈에 그려지는 땅, 또는 시각적 땅을 의미할 수 없다. 머리의 상은 땅의 상에서 가장 멀리 있으며, 발의 상은 땅의 상에서 가장 가까이 있으므로 시각적 머리는 시각적 땅에서 가장 멀리 있고, 시각적 발은 시각적 땅에서 가장 가까이 있기 때문이다. 그러므로 결국 당신은 111절과 112절에서 증명된 것과 정반대로 촉각적 땅을 의미하며, 시각적 사물의 위치를 촉각적 사물과 관련하여 결정한다는 것이 된다. 시각과 촉각이라는 구별되는 두 영역은 마치 그 대상들이 거리나 위치에서 서로 아무런 연관성이나 관계도 없는 것처럼 별개로 고려되어야 한다.

116. 이 문제에서 오류의 원인

나아가 이 문제에서 큰 오류를 저지르게 하는 것은 우리가 망막에 있는 상을 생각할 때 우리는 자신이 다른 사람의 망막을 보거나, 또는 다른 사람이 자신의 망막을 보며 그 위에 그려진 상을 주시한다고 상상하는 것이다. 눈 A와 B를 상정해보자. 약간 떨어져서 B 안에 있는 상을 보고 있는 A는 상이 거꾸로 맺히는 것을 보고, 그 이유로 B 안에서 거꾸로 선다고 결론 내린다. 그러나 이것은 그르다. B에 그려지는 사람, 땅 따위의 상에 대한 심상(image)[85]이 A의 밑부분에 작게 투사된다고 상정하자. 그리고 이것들 이외에 눈 B 자체, 그리고 또 다른 땅과 함께 B를 둘러싸고 있는 대상들이 A에 더 크게 투사된다. 그런데 눈 A에 의해서 더 큰 이 심상이 참된 대상으로 간주되며, 더 작은 심상은 축소물 안에 있는 상일 뿐이다. 그리고 눈 A가 더 작은 심상들의 위치를 결정하는 것은 더 큰 심상들과 관련해서이다. 따라서 작은 사람과 큰 땅을 비교함으로써 A는 그가 거꾸로 서 있다고, 또는 발이 큰 땅에서 가장 멀리 있고 머리가 가장 가까이 있다고 판단한다. 반면에 만약 A가 작은 사람과 작은 땅을 비교한다면 그는 똑바로 선 것으로 나타날 것이다. 즉 그의 머리는 작은 땅에서 가장 먼 것처럼 보이며, 그의 발은 가장 가까운 것처럼 보일 것이다. 그러나 우리는 B가 A가 하듯이 두 가지 땅을 보지는

---

[85] 역주) 버클리는 빛과 그림자와 색깔로 이루어진 시각 고유의 대상을 상(picture), 망막에 투사된 모양을 촉각에 속하는 심상(image) 또는 표상(representation)이라고 구별함으로써 거꾸로 된 상의 문제에 대한 해결책을 제시하고자 한다. 『옹호와 설명』 50, 51절 참조.

않는다는 점을 고려해야만 한다. B는 A 안에 있는 작은 상에 의해 표상되는 것만을 보며, 따라서 그 사람이 똑바로 서 있다고 판단할 것이다. 발이 땅 바로 옆에 있으므로 사실상 B 안에 있는 사람은 거꾸로 서지 않기 때문이다. 그러나 거꾸로 서는 것은 A 안에 있는 그것의 표상(representation)이다. B 안에 있는 사람의 상에 대한 표상에서 머리는 땅 바로 옆에 있으며, 발은 땅에서 가장 멀리 있는데, 이것은 B 안에 있는 상에 대한 표상의 외부에 있는 땅을 뜻하기 때문이다. 그것은 만약 당신이 B 안에 있는 상에 대한 작은 심상을 택해서 그것만으로, 그리고 단지 서로에 관해서 고려한다면 그것은 모두 정립하고 자연스러운 상태에 있기 때문이다.

117. 눈 속의 심상은 외부 대상의 상이 아니다.

나아가 우리가 외부 대상의 상이 눈의 맨 밑에 그려진다고 상상하는 점에 잘못이 있다. 시각 관념과 촉각적 사물 사이에 유사성이 전혀 없다는 것은 이미 보았다. 마찬가지로 시각 고유의 대상은 마음 바깥에 존재하지 않는다는 것이 증명되었다. 그리하여 눈의 맨 밑에 그려진 상은 외부 대상의 상이 아니라는 결론이 나온다는 것이 뚜렷하다. 어떤 사람에게 자신의 생각을 고려하게 하고, 시각적 사람 또는 사람의 상을 구성하는 색깔의 다양성과 배열과 촉각적 사람을 구성하고 촉각으로 감지할 수 있는 아주 다른 관념들의 다른 결합 사이에 어떤 유사성이 있는지 말하게 하자. 그러나 만약 그런 이유라면 그 자신의 생각이 어떻게 상이나 심상을 설명하게 되는가? 그것은 그 자신의 생각이 어떤 원본이나 다른 것을 묘사하거나 표상한다고 상정하는 것이기 때문이다.

118. 그것은 어떤 의미에서 상인가?

여기에 대해 나는 다음과 같이 대답한다. 앞서 언급한 예에서 눈 A는 다른 눈 B의 표상에 포함된 작은 심상을 그 원형이 외부에 존재하는 사물이 아니라 자신의 망막에 투사된 더 큰 상이며, A에 의해서 상이 아니라 원형 또는 참된 사물 자체로 생각되는 상이나 모사물이라고 여긴다. 그런데도 만약 우리가 제3의 눈 C가 적당한 거리에서 A의 망막을 바라본다고 상정한다면, 실로 거기에 투사된 사물이 C에게는 B에 투사된 것이 A에 그런 것과 똑같은 의미에서 상이나 심상으로 보일 것이다.

119. 이 문제에서 우리는 시각 관념과 촉각 관념을 주의 깊게 구별해야 한다.

이 점을 올바르게 생각하기 위해서 우리는 시각 관념과 촉각 관념, 시각적 눈과 촉각적 눈을 주의 깊게 구별해야 한다. 확실히 촉각적 눈 위에는 그 어느 것도 그려질 수 있거나 그려지는 것처럼 보이지 않기 때문이다. 게다가 다른 모든 시각 대상과 마찬가지로 시각적 눈은, 다른 것들에 관해 어떤 상이라고 부르는 자신의 관념들만을 지각하고 서로 비교하는, 마음속에만 존재한다는 것을 보았다. 나는 내가 말해왔던 것이 올바르게 이해되고 비교된다면 대상의 정립 현상에 대한 충분하고 진정한 설명이 될 수 있다고 생각한다. 나는 대상의 정립 현상이 어떻게 이제까지 공표된 어떤 시각 이론들에 의해서 설명될 수 있는지 알지 못한다고 고백할 수밖에 없다.

120. 참된 시각 이론은 말로 설명하기 어렵다.

이것들을 다루는 데 언어는 불명료함과 혼란을 일으키며, 우리에게 잘못된 관념을 심어주기 쉽다. 언어는 사람들의 공통 개념과 선입관에 순응하기 때문에 대단히 완곡한 표현, 부정확한 용법, 그리고 (조심성 없는 독자에게는) 외관상의 모순 없이 있는 그대로의 정확한 진리를 거의 전달할 수 없기 때문이다. 그러므로 나는 내가 시각에 관해 써왔던 것을 이해할 만한 가치가 있다고 생각할 사람은 누구나 이러저러한 구절이나 표현 방식에 사로잡히지 않고, 내 이야기의 전체 요점과 취지로부터 내 의미를 숨김없이 추측하며, 될 수 있는 대로 낱말에 얽매이지 않고 개념 자체를 있는 그대로 고려하며, 그 개념이 진리와 자신의 경험에 맞는지 그렇지 않은지를 판단할 것을 단호하게 원한다.

121. 시각과 촉각에 공통인 어떤 관념이 있는지의 여부에 관한 물음이 진술된다.

우리는 마음이 시각 관념을 매개로 촉각 대상의 거리, 크기, 위치를 지각하거나 파악하는 방식을 보았다. 이제 동일한 이름으로 불리는 시각 관념과 촉각 관념의 차이에 관해서 더 상세히 탐구하고 두 감각기관에 공통인 관념이 있는지 없는지 보게 된다. 이 시론의 앞부분에서 상세히 설명하고 증명해왔던 것으로부터 시각과 촉각 양쪽에 의해 지각된 수적으로 동일한 연장은 없다는 것이 명백하다. 그러나 시각에 의해 지각된 특정한 모양과 연장은 아무리 촉각에 의해 지각된 것과 동일한 이름으로 불리고 동일한 사물로 여겨진다 할지라도, 서로 다르며 그것과 구별되고 분리되는 하나의 존재를 갖는다. 따라서 이제 문제는 수적으로 동일한 관념에 관한 것이 아니라 두 감각기관에 똑같게 지각될 수 있는 동일한 종류나 종의 관념이 있는지 없는지, 다른 말로 하면 시각에 의해 지각된 연장, 모양, 운동이 촉각에 의해 지각된 연장, 모양, 운동과 종적으로 구별되는 것인지 아닌지 하는 것이다.

122. 추상적 연장을 탐구한다.

그러나 내가 이 문제를 더 상세히 논의하기 전에 추상적 연장[86]을 고려하는 것이 적절함을 안다. 이것에 관해서 말이 많으며, 사람들이 연장을 두 감각기관에 공통인 한 관념이라고 말할 때, 우리는 촉각적이고 시각적인 다른 모든 성질로부터 연장을 골라낼 수 있으며, 그것에 관하여 그들이 시각과 촉각 양쪽에 공통으로 가질 하나의 추상 관념을 형성할 수 있다는 은밀한 가정을 하는 것이라고 생각하기 쉽기 때문이다. 그러므로 우리는 추상적 연장에 의해 하나의 연장 관념, 예를 들어 어떤 특정한 존재에 그것을 한정시킬 다른 모든 감각적 성질과 상황을 완전히 떼어버린 직선이나 평면의 관념을 이해할 수 있다. 그 관념은 검

---

[86] 추상 관념에 관한 공격 개시가 여기서는 '추상적 연장'에 국한되지만 『원리론』에서는 추상 관념의 전 범위로 확장된다.

거나 희거나 붉지 않고, 어떤 색깔도 어떤 촉각적 성질도 전혀 갖지 않으므로 유한하고 한정된 크기를 전혀 갖지 않는다. 한 연장을 다른 연장으로부터 경계 짓거나 구별하는 것은 그것들이 일치하지 않는 어떤 성질이나 상황이기 때문이다.

123. 추상적 연장은 이해할 수 없는 것이다.

그런데 나는 여기서 말하는 것과 같은 추상 관념을 내 마음속에서 지각하고, 상상하고, 또는 어쨌든 형성할 수 있다는 것을 알지 못한다. 검거나 희거나 푸르거나 노랗지 않으며, 길거나 짧거나 거칠거나 매끄럽거나 네모지거나 둥글지 않은 직선이나 면은 완전히 이해할 수 없는 것이다. 설령 다른 사람들의 능력은 그들이 가장 잘 말할 수 있는 데까지 미칠 수 있다 하더라도, 나로서는 추상적 연장은 이해할 수 없음을 확신한다.

124. 추상적 연장은 기하학의 대상이 아니다.

기하학의 대상은 흔히 추상적 연장이라고 말한다. 그러나 기하학에서는 모양을 심사숙고한다. 모양은 크기의 한계이다. 그러나 우리는 추상적 연장은 유한하고 한정된 크기를 전혀 갖지 않음을 보았다. 그러므로 추상적 연장은 모양을 절대 가질 수 없으므로 기하학의 대상이 아니라는 것은 명백하다. 실로 모든 일반적 진리는 보편적인 추상 관념에 관한 것이라는 점이 고대 철학자들뿐만 아니라 현대 철학자들의 신조이다. 보편적 추상 관념이 없다면 학문도, 기하학에서 어떠한 일반 명제의 증명도 있을 수 없다고들 말한다. 그러나 기하학에서 명제와 증명은 증명하는 사람이 삼각형이나 원의 추상적인 일반 관념을 결코 생각하지 않는데도 보편적일 수 있음을 보여주는 것은 전혀 어려운 일이 아니다. 나는 그것이 내 현재의 목적에 필수적이라고 생각했다.

125. 삼각형의 일반 관념을 고찰한다.

삼각형의 일반 관념을 파악하려는 노력을 되풀이한 끝에 나는 그것이 전혀 이해할 수 없는 것임을 깨달았다. 그리고 누군가가 그 관념을 내 마음속에 들여올 수 있다면 그것은 분명 『인간 지성론』의 저자임에 틀림없다. 그는 뚜렷하고 의미심장하게 말함으로써 대부분의 문필가들 사이에서 아주 탁월한 존재가 되었다. 그러므로 이 저명한 저자가 삼각형의 일반 관념 또는 추상 관념을 어떻게 기술하는지 보도록 하자. (그는 말한다.) "그것은 빗각삼각형도, 직각삼각형도, 정삼각형도, 이등변삼각형도, 부등변삼각형도 아니지만, 이 모든 것인 동시에 아무것도 아닌 것임에 틀림없다. 사실상 그 안에 서로 다르고 모순된 관념들의 부분이 모인 하나의 관념이란 존재할 수 없는 다소 불완전한 것이다."(『인간 지성론』, 4권 7장 9절) 이것은 그가 수학적 증명의 주제이며, 삼각형에 관한 모든 일반 명제를 알게 해주는 지식을 확장시키는 데 필요하다고 생각하는 관념이다. 그 저자는 "이 삼각형의 일반 관념을 형성하는 데는 약간의 수고와 기술이 필요하다."(같은 곳)는 것을 인정한다. 그러나 설령 그가 자신이 다른 곳에서 말한 것, 즉 "그 안에 모순된 관념들이 모인 혼합 양태의 관념은 마음속에 존재할 수조차도, 즉 생각될 수조차도 없다." (같은 책, 3권 10장 33절 참조)는 말을 생각해냈다고 해도, 즉 이 말이 생각났다고 해도, 나는 그가 명백하고 눈에 띄는 모순으로 이루어진, 위에 언급한 삼각형의 관념을 형성하기 위해 자신이 숙달한 모든 기술을 발휘하는 일이 불가능하지 않다고 말한다. 그렇지만 뚜렷하고 한정된 관념을 크게 강조했던 사람이 이런 상태로 말한다는 것은 매우 의외인 것처럼 보인다. 그러나 만약 이 의견의 원천이 철학의 모든 부분과 모든 학문에서 무수한 잘못과 난점을 생기게 해왔던 이른바 다산의 자궁임을 고려한다면, 놀라움은 줄어들 것이다. 하지만 최대한 이해된 이 문제는 여기서 강조하기에는 너무 포괄적인 주제였다. 그리고 추상적 연장은 이것으로 끝이다.

126. 진공 또는 순수 공간은 시각과 촉각에 공통이 아니다.

아마도 몇몇 사람은 순수한 공간, 진공, 또는 3차원이 모두 시각과 촉각의 대상이라고 생각할지도 모른다. 그러나 우리는 외부성과 공간 관념이 시각의 직접적인 대상이라고 생각하는 경향이 매우 강하지만, 내가 만약 실수하는 것이 아니라면 이 시론의 앞부분에서 그것은 빠르고 갑작스럽게 환상이 시사됨으로써 발생하는 단순한 착각임을 확실하게 증명했다. 환상은 거리 관념과 시각 관념을 밀접하게 연관시키므로 우리는 이성에 의해 잘못을 교정할 때까지 거리 관념 자체가 시각 고유의 직접적인 대상이라고 생각하기 쉽다.

127. 두 감각기관에 공통인 어떤 (종류의) 관념도 없다.

모양의 추상 관념은 없으며, 우리가 정확하게 생각함으로써 시각과 촉각 양쪽에 공통일 다른 모든 시각적, 촉각적 성질로부터 분리된 연장 관념을 형성할 수 없다는 것을 보았으므로, 이제 남아 있는 물음은 시각에 의해 지각된 특정한 연장, 모양, 운동이 촉각에 의해 지각된 특정한 연장, 모양, 운동과 동일한 종류인지 아닌지 하는 것이다. 여기에 대한 답으로 나는 다음 명제를 과감히 주장할 것이다. 즉 시각에 의해 지각된 연장, 모양, 운동은 동일한 이름으로 불리는 촉각 관념들과 종적으로 구별되며, 두 감각기관에 공통인 한 관념 또는 한 종류의 관념 같은 것은 전혀 없다. 이 명제는 이 시론의 여러 곳에서 말해온 것으로부터 큰 어려움이 없이 끌어낼 수 있다. 그러나 그것은 인류가 일반적으로 받아들인 개념과 고정된 의견과 너무 멀며 그것과 정반대처럼 보이기 때문에, 나는 다음 논증들에 의해 그것을 좀 더 상세하고 자세히 증명하려고 시도할 것이다.

128. 이 주장을 증명하려는 첫 번째 논증

내가 한 관념을 지각하고 그것을 이러저러한 종류로 분류하는 이유는 그 관념이 내가 그것이 속한다고 분류하는 종류의 관념들과 동일한 방식으로 지각되거나 또는 그 관념들과 유사성을 갖거나 일치하거나 또는 그 관념들과 동일한 방식으로 내게 영향을 미치기 때문이다. 요컨대 그 관념은 전혀 새로운 것이 아니라, 그 안에 오래 되고 내게 이미 지각된 어떤 것을 갖고 있음에 틀림없다. 나는 그 관념이 적어도 전에 내가 알았고 명명했던 관념들과 공통으로 많은 것을 가져서 나에게 그 관념에 과거의 관념들과 동일한 이름을 부여하게 함에 틀림없다고 말한다. 그러나 만약 내가 실수하는 것이 아니라면 선천적 시각장애인이 처음 보게 되었을 때 그가 본 것이 촉각 대상과 동일한 본성의 것이라고, 또 그것과 공통으로 무엇인가를 가졌다고 생각하지는 않았으리라는 것은 뚜렷하게 입증되었다. 그러나 그 사물은 새로운 방식으로 지각된, 그리고 그가 이전에 지각해왔던 모든 것과 전혀 다른 새로운 관념들의 집합이었다. 따라서 그는 그 사물을 동일한 이름으로 부르지 않았을 것이며, 그가 이제까지 알았던 어떤 것과도 동일한 종류에 속한다고 여기지도 않았을 것이다.

129. 두 번째 논증

둘째, 누구나 빛과 색깔은 촉각 관념과 전혀 다른 종류나 종을 구성한다고 인정한다. 또한 나는 어떤 사람도 그것이 촉각에 의해서 지각되게 할 수 있다고 말하지 않을 것으로 생각한다. 그러나 빛과 색깔 이외에는 시각의 다른 직접적인 대상은 없다. 그러므로 두 감각기관에 공통인 어떤 관념도 없다는 것이 직접적인 결론이다.

130. 시각적 모양과 연장은 색깔과 구별되는 관념이 아니다.

우리 관념과 그 관념이 지성에 들어오는 방식에 관해서 가장 정확하게 생각하고 글을 써온 사람들 가운데서도 단지 빛과 색깔의 변화보다는 더 많은 것이 시각에 의해 지각된다는 것이 일반적인 의견이다. 로크 선생은 시각을 "오직 그 감각기관에 특유한 빛과 색깔의 관념, 마찬가지로 공간, 모양, 운동의 아주 다른 관념을 우리 마음에 전하는, 우리의 모든 감각기관 가운데 가장 포괄적인 감각기관"(『인간 지성론』 2권 9장 9절)이라고 불렀다. 우리는 공간이나 거리가 청각 대상이라기보다는 시각 대상이라고 할 수 있는 것도 아니라는 사실을 알았다(46절 참조). 그리고 나는 자신이 단지 빛과 색깔을 제외하고 시각에 의해 직접적이고 올바르게 들어오게 된 어떤 관념을 갖는지 그렇지 않은지, 또는 자신이 모든 색깔을 제외하고 시각적 연장이나 모양의 구별되는 추상 관념을 마음속에 형성할 수 있는지 없는지, 그리고 한편으로 시각적 연장 없이 색깔을 생각할 수 있는지 없는지 결정하기 위해서 뚜렷하고 구별되는[87] 자신의 관념에 침착하게 주목할 사람에게 모양과 연장에 관한 판단을 맡긴다. 나는 그렇게 미묘한 추상 작용에 도달할 수 없음을 고백해야만 하겠다. 엄밀한 의미에서 나는 여러 색조와 편차를 지닌 빛과 색깔만 본다. 이것 이외에 이것과 아주 다르고 구별되는 관념들을 시각에 의해 마찬가지로 지각하는 사람은 내가 가진 척할 수 있는 것보다 더 완

---

[87] 역주) clear and distinct의 역어이다. '명석 판명한'으로 번역하는 것이 관례화되어 있으나, 명석(明晳)은 생각이나 판단력이 분명하고 똑똑하다는 뜻이며, 판명(判明)은 어떤 사실을 명백히 밝힌다는 뜻이므로 원래의 의미에 적합하게 '뚜렷하고 구별되는'으로 옮긴다.

전하고 포괄적인 정도로 그 능력을 갖는다. 빛과 색깔의 매개에 의해서 아주 다른 관념들이 내 마음에 시사된다고 고백해야만 한다. 그러나 그 관념들은 청각에 의해서도 내 마음에 시사된다. 청각은 특유한 소리 이외에 소리를 매개로 공간, 모양, 운동뿐만 아니라 낱말이 의미할 수 있는 다른 모든 관념들도 마찬가지로 시사한다.

131. 세 번째 논증

셋째, 나는 똑같은 종류의 양이 합쳐져 하나의 완전한 총량을 이룰 수 있다는 것이 보편적으로 받아들여진 공리라고 생각한다. 수학자는 선을 합친다. 그러나 수학자는 선을 입체에 합치거나 면과 함께 총량을 이루는 것으로 생각하지 않는다. 이 세 종류의 양은 그렇게 서로 합칠 수 없는 것으로 생각된다. 따라서 여러 방식의 비율로 서로 비교될 수 없기 때문에 수학자는 완전히 본질적으로 다르고 이질적인 것으로 여긴다. 이제 어떤 사람에게 시각적 선이나 면과 촉각적 선이나 면이 지속된 총량이나 전체를 이룬다고 상상하기 위해서 그것들을 자신의 생각에서 더 하도록 해보자. 이것을 할 수 있는 사람은 그것들이 동질적이라고 생각할지도 모른다. 그러나 그것을 할 수 없는 사람은 앞서의 공리에 의해 그것들을 이질적으로 생각함에 틀림없다. 나는 푸른 선과 붉은 선이 합쳐져서 총량을 이루어 하나의 지속된 선을 형성한다고 생각할 수 있다. 그러나 나는 내 생각에서 시각적 선과 촉각적 선이 합쳐져서 하나의 지속된 선을 형성하는 것은 훨씬 더 어렵고 심지어 극복할 수 없는 과제임을 안다. 그리고 나는 각자의 숙고와 경험에 의해 이 과제를 스스로 결정하도록 하겠다.

132. 구와 정육면체 문제에서 몰리누 선생이 끌어낸 확증―로크 선생이 공표했다.

우리 신조를 더 확증하는 것은 로크 선생이 『인간 지성론』[88]

---

[88] 몰리누는 1693년 3월 2일에 이 문제를 로크에게 보냈다〔『로크 선생과 그의 여러 친구들이 격식을 차리지 않고 주고받은 몇 통의 편지』(*Some Familiar Letters between Mr. Locke and several of his friends*) 37쪽을 볼 것〕. 로크는 그것을 1694년의 『인간 지성론』 2판(2권 9장 8절)에 심적 해석의 한 예로 끼워넣었다. 버클리는 특히 시각과 촉각의 이질성을 확립하기 위해 그것을 사용함으로써 훨씬 더 넓게 적용했다(『철학적 주석』 27번을 편집자의 각주와 함께 볼 것). 라이프니츠도 이 문제를 논의하고 있다〔『새로운 인간 지성론』(*Nouveaux Essais sur l'entendement humain*) (1765) 2권 9장 8절)〕. 실제 경우에 의해 해답을 결정하려는 시도가 많았다. 버클리는 체즐던의 경우가 자신의 논증을 뒷받침한다고 주장한다(『옹호와 설명』 71절). 랜드의 『버클리와 퍼서벌』 117쪽을 볼 것. 역주) 몰리누 문제에 대해 최초로 출판된 답변은 1695년 싱(Edward Synge, 1659~1741)이 쓴 편지였다. 그는 나중에 버클리가 『시각론』 148절과 『알

에서 밝힌 몰리누 선생의 문제에 관한 해결책에서 끌어낼 수도 있다. 나는 그것에 관한 로크 선생의 의견과 함께 그것을 거기에 있는 대로 기록할 것이다. "'시각장애인으로 태어나서 이제는 성인이 된 어떤 사람이 동일한 금속으로 된 크기가 거의 같은 정육면체와 구(globe)를 만져서 구별할 수 있게 배워서 그가 이 두 물체를 만졌을 때 어느 것이 정육면체이고 어느 것이 구인지 말할 수 있다고 상상해보자. 이제 정육면체와 구가 탁자 위에 놓여 있고, 그 시각장애인이 볼 수 있게 되었다고 상상해보자. 질문: 그가 그 물체들을 만지기 전에 눈으로 보고 지금 어느 것이 구이고 어느 것이 정육면체인지 구별하고 말할 수 있을까 없을까?" 여기에 대해 저 예리하고 현명한 문제 제기자는 다음과 같이 대답한다. "없다. 그 이유는 비록 그가 구와 정육면체가 어떻게 만져지는지 경험하기는 했지만 그러저러하게 만져진 것이 눈에도 그러저러하게 보임에 틀림없다는 경험, 또는 그의 손에 닿았던 정육면체의 돌출각이 고르지 못한 것처럼 그의 눈에도 고르지 못하게 나타나리라는 경험은 아직 하지 못했기 때문이다." 나는

키프론』 4권 15절에서 사용한 종교적 신비에 관한 믿음을 정당화하기 위해 1698년 톨랜드에 반대하는 저작에서 이 문제를 변형시켜 사용한다. John Toland(1670~1722). 최초로 이신론을 주장한 아일랜드 출신의 철학자. 로크의 사상을 더욱 철저화하여 이성만이 확실성의 기초가 된다고 주장하며 기독교가 이성에 반대되는 것이 아님을 증명하려고 했다. 또한 자유사상가라는 명칭도 그에게서 시작되어 계몽사상에 큰 영향을 주었다.

이러한 자신의 문제에 대한 그의 대답에서 내가 친구라고 부르는 것이 자랑스러운 이 사려 깊은 신사의 의견에 찬성한다. 그리고 나는 그 시각장애인이 첫눈에 그가 단지 그것들을 보는 동안에 어느 것이 구이고 어느 것이 정육면체인지 확실히 말할 수는 없으리라는 의견이다'(『인간 지성론』, 2권 9장 8절).

133. 만약 일반적인 가정이 참이라면, 어느 것이 잘못된 해결책인가?

그런데 만약 촉각으로 지각한 네모진 면이 시각으로 지각한 네모진 면과 동일한 종류에 속한다면, 여기서 언급한 시각장애인은 네모진 면을 보자마자 그것을 확실히 알 것이다. 그것은 이미 그가 잘 알고 있던 한 관념을 새로운 입구를 통해서 단지 그의 마음속에 받아들이는 것 그 이상이 아니다. 그러므로 그는 촉각으로 정육면체가 네모진 면들에 의해서 경계가 지어진 하나의 물체이며, 구는 네모진 면들에 의해 경계가 지어지지 않는다는 것을 알았던 것으로 상정된다. 그 때문에 시각적 사각형과 촉각적 사각형이 단지 수에서 차이가 난다고 간주하고 네모진 면들의 정확한 경계선에 의해서 어느 것이 정육면체이고 어느 것이 아닌지를 단지 그가 그것들을 보고 있는 동안에 알았으리라는 결론이 나온다. 그러므로 우리는 시각적 연장과 모양이 촉각적 연장, 모양과 종적으로 구별되는 것이거나, 그렇지 않다면 사려 깊고 독창적인 두 사람이 제시한 이 문제의 해결책이 그르다는 것을 인정해야만 한다.

134. 우리 신조를 증명하는 데 좀 더 많은 말을 할 수도 있지만, 이것으로 충분하다.

내가 제출한 명제의 증거로 훨씬 더 많은 것을 아울러 생각할 수도 있지만, 내가 실수하지 않는다면 이미 말한 것만으로도 사려 깊게 주목할 어떤 사람을 확신시키기에는 충분하다. 그리고 조금도 생각하려고 애쓰지 않는 사람에게는 아무리 말을 더한다 해도 결코 그 사람이 진리를 이해하거나 또는 내 의미를 올바르게 생각하게 하기에 충분하지 않을 것이다.

135. 앞서 나온 문제를 좀 더 숙고함

나는 위에 말한 문제를 조금도 생각해보지 않고 묵과할 수는 없다. 선천적 시각장애인은 처음 볼 때 그가 촉각 관념에 항상 붙여온 이름으로 자신이 본 것을 명명하지 않으리라는 것은 명백해졌다(106절 참조). 정육면체, 구, 탁자는 그가 촉각으로 지각할 수 있는 사물에 적용됨을 알았던 낱말이다. 그러나 그는 그 낱말이 전혀 촉각적이지 않은 사물에 적용된다는 것은 결코 알지 못했다. 익숙하게 적용되어온 그 낱말은 그것이 주는 저항에 의해 지각된 물체나 입체를 그의 마음속에 항상 떠올리게 했지만 시각에 의해 지각된 충전성, 저항, 돌출은 전혀 없기 때문이다. 요컨대 시각 관념은 모두 그의 마음속에서 거기에 덧붙여진 이름이 전혀 없는 새로운 지각이다. 그러므로 그는 그것에 관해서 사람들이 그에게 하는 말을 이해할 수 없다. 그리고 그에게 탁자에 놓인 것으로 본 두 물체 가운데 어느 것이 구이고 어느 것이 정육면체인지 묻는 것은 그를 철저히 희롱하는 전혀 이해할 수 없는 물음이다. 그가 보는 어떤 것도 물체와 거리 관념, 또는 일반적으로 그가 이미 알았던 어떤 것의 관념을 그의 생각에 시사할 수 없기 때문이다.

136. 동일한 것이 시각과 촉각 모두에 영향을 미치지는 않는다.

동일한 것이 시각과 촉각 양쪽에 영향을 미친다고 생각하는 것은 잘못이다. 만약 촉각 대상인 동일한 각이나 사각형이 마찬가지로 시각 대상이라면 시각장애인이 처음 볼 때 무엇이 그것을 알지 못하게 막을 것인가? 그것이 시각에 영향을 주는 방식과 그의 촉각에 영향을 준 방식이 다르기는 하지만, 새롭고 알려지지 않은 이 방식이나 상황 이외에도 오래되고 알려져 있는 각이나 모양이 있으므로 그는 그것을 식별할 수밖에 없기 때문이다.

137. 동일한 운동 관념은 시각과 촉각에 공통이 아니다.

시각적 모양과 연장은 촉각적 모양과 연장과 전혀 다르고 이질적인 본성을 가졌다는 것을 증명했으므로 우리는 운동에 관해서 탐구해야만 한다. 그런데 시각적 운동은 촉각적 운동과 동일한 종류가 아님은 더 이상의 증거가 필요하지 않는 것처럼 보이며, 그것은 시각적 연장과 촉각적 연장의 차이에 관하여 우리가 보아왔던 것에서 명백하게 추론된다. 그러나 이것에 관한 더 충분하고 명백한 증거로서 우리는 아직 시각을 경험하지 못한 사람이 첫눈에 운동을 알지 못하리라는 것을 언급할 필요가 있을 뿐이다. 이것으로부터 시각으로 지각할 수 있는 운동은 촉각으로 지각할 수 있는 운동과 구별되는 종류에 속한다는 결과가 된다는 것은 명백하다. 나는 앞의 것을 다음과 같이 증명한다. 그는 위나 아래에 있는 것, 오른쪽이나 왼쪽에 있는 것, 자신으로부터 더 가깝거나 멀리 있는 것 말고는 어떤 운동도 촉각으로 지각할 수 없었다. 이러한 것과 이것이 여러 가지로 변형되거나 복잡하게 된 것 이외에 그가 운동의 어떤 관념을 가질 수는 없다. 그러므로 그는 어떤 것을 운동이라고 생각하지 않았을 것이며,

또 그가 그것에 관한 특정한 종류의 어딘가에 분류할 수 없는 관념에 운동이라는 이름을 부여하지 않았을 것이다. 그러나 95절에서 그는 단순한 시각 작용에 의해 아래나 위, 오른쪽이나 왼쪽, 또는 다른 어떤 가능한 방향으로 향하는 운동도 알 수 없었다는 것은 분명하다. 이것으로부터 나는 그가 첫눈에 결코 운동을 알지 못했으리라는 결론을 내린다. 나는 추상적 운동 관념에 관해서 지면을 할애하지 않을 것이지만, 독자들에게 최선을 다해서 그 관념을 형성하도록 시도해보라고 권고한다. 그것은 내가 완전히 이해할 수 없는 것이다.

138. 우리가 시각으로 운동을 파악하는 방식은 이제껏 말해온 것과 쉽게 합치된다.

운동에 관한 고찰은 새로운 탐구 영역을 제공할지도 모른다.[89] 그러나 나는 마음이 시각으로 다양성을 지닌 촉각 대상의 운동을 파악하는 방식은 그 감각기관이 그것의 다양한 거리, 크기, 위치를 시사하는 방식에 관해서 이제까지 우리가 말해온 것에서 쉽게 추측할 수 있으므로 이 주제에 관한 논의를 더 이상 확장하지 않을 것이다. 단지 우리가 참이라고 보아왔던 명제에

---

89) 1721년에 출판된 버클리의 『운동론』을 볼 것.

반대되는 가장 커다란 이유를 제시하면서 나올 수 있는 주장에 대해 계속해서 고찰할 것이다. 부딪쳐야 할 선입관이 많은 곳에서 진리를 적나라하고 있는 그대로 증명하는 것으로는 아마 충분하지 않을 것이기 때문이다. 우리는 사람들이 선입관에 따라 제기할지도 모르는 양심의 가책을 만족시키고, 잘못이 어디서 발생하며 어떻게 퍼지게 되는가를 보여주고, 초기의 선입관이 마음속에 심었을지도 모르는 그릇된 신조를 조심스럽게 드러내어 뿌리 뽑아야 한다.

139. 질문: 동일한 종류에 속하지 않는다면 어떻게 시각 관념과 촉각 관념이 동일한 이름을 갖게 되었는가?

그러므로 **첫째**, 시각적 연장과 모양이 촉각적 연장과 모양과 동일한 종류에 속하지 않는다면 어떻게 그것들과 동일한 이름으로 불리게 되는지 말하라고 다그칠 것이다. 하나의 습관을 이처럼 변함없이 보편적으로 야기할 수 있었던 것은 일시적 기분이나 우연한 사건 이상의 것임에 틀림없다. 그러한 습관은 모든 시대에 모든 국가에서, 그리고 무식한 사람뿐만 아니라 학자를 비롯하여 모든 계층에서 널리 행해져왔다.

140. 이 점은 그 관념들을 동일한 종류에 속한다고 상정하지 않고서도 설명된다.

여기에 대해 나는 다음과 같이 대답한다. 우리가 시각적 사각형과 촉각적 사각형이 동일한 이름으로 불리는 것으로 그것들이 동일한 종에 속한다고 주장할 수 없는 것은 촉각적 사각형과 사각형을 나타내는 여섯 글자(square)로 이루어진 단음절어가 둘 다 동일한 이름으로 불린다고 해서 동일한 종에 속한다고 주장할 수 없는 것과 마찬가지이다. 문자로 쓴 낱말과 그 낱말이 뜻하는 사물을 동일한 이름으로 부르는 것은 관례이다. 낱말은 그 자체의 본성으로 고려되지 않거나 사물의 표시가 아닌 다른 방법으로 고려되지 않기 때문에, 낱말에다가 그 낱말에 의해 표시되는 사물의 이름과 구별되는 이름을 부여하는 것은 불필요했으며, 언어의 목적에도 벗어난 일이었다. 동일한 이유를 여기에도 적용할 수 있다. 시각적 모양은 촉각적 모양의 표시이며, 59절로부터 시각적 모양은 그 자체로는 고려되지 않거나, 본래 뜻하도록 정해지는 촉각적 모양과 맺는 연관성이 아닌 어떤 다른 이유로는 거의 고려되지 않는 것이 분명하다. 그리고 이 자연의 언어는 서로 다른 시대나 국가에서 변화하지 않기 때문에, 언제 어디서나 시각적 모양은 그것에 의해 시사된 각각의 촉각적 모양과 동일한 이름으로 불리는데, 그것들이 비슷하거나 동일한 종류에 속해서 동일한 이름으로 불리는 것은 아니다.

141. 반대 의견: 촉각적 사각형은 시각적 원보다 시각적 사각형과 더 유사하다.

그러나 당신은 확실히 촉각적 사각형은 시각적 원보다는 시각적 사각형과 더 비슷하다고 말한다. 그것은 네 각과 네 변을 가지며, 시각적 사각형도 마찬가지이다. 그러나 시각적 원은 그런 것을 전혀 갖지 않으며, 직선이나 직각이 없이 하나의 일양적인 곡선으로 경계가 표시되므로 촉각적 사각형을 표상하기에 부적합하지만, 촉각적 원을 표상하기에는 아주 적합하다. 그러므로 시각적 모양은 그것에 의해 표상되는 각각의 촉각적 모양의 견본이거나, 그것과 동일한 종에 속한다. 즉 시각적 모양은 촉각적 모양과 비슷하며 동일한 종류에 속한 것으로서 촉각적 모양을 표상하기에 적합한 그 자체의 성질을 띠며, 낱말처럼 임의적인 기호가 전혀 아니다.

142. 답변: 시각적 사각형은 시각적 원보다 촉각적 사각형을 표상하기에 더 적합하다.

나는 시각적 사각형이 촉각적 사각형을 표상하기에 시각적 원보다 더 적합하지만, 그것은 시각적 사각형이 촉각적 사각형과 더 비슷하거나 나아가 한 종에 속해서가 아니라, 시각적 사각형이 그 안에 여러 구별되는 부분을 포함하기 때문이라는 것을 인정해야 한다고 대답한다. 시각적 원은 그렇지 못한 반면에 시각적 사각형은 이 구별되는 여러 부분에 의해서 촉각적 사각형의 여러 구별되는 상응 부분을 표시한다. 촉각에 의해 지각되는 사각형은 네 개의 구별되는 등변을 가지며, 마찬가지로 네 개의 구별되는 등각을 갖는다. 그러므로 촉각적 사각형을 표시하기에 가장 적절한 시각적 모양은 반드시 그것에 의해 촉각적 사각형의 네 개의 등각을 표시하는 네 개의 구별되는 똑같은 부분과 마찬가지로, 촉각적 사각형의 네 변에 상응하는 네 개의 구별되는 똑같은 부분을 포함해야 한다. 따라서 우리는 시각적 모양이, 그것에 의해 의미되거나 시사되는 모양의 구별되는 촉각적 부분에 부합하는, 그 안에 구별되는 시각적 부분을 포함함을 본다.

143. 그렇다고 해서 시각적 사각형이 촉각적 사각형과 유사하다는 결론이 나오지는 않는다.

그러나 부분의 수뿐만 아니라 종류도 시각적 모양과 촉각적 모양 양쪽에서 동일하다는 것을 보이지 않는다면, 어떠한 시각적 모양이 그것에 상응하는 촉각적 모양과 비슷하거나 또는 동일한 종에 속한다는 결론이 나오지는 않을 것이다. 이것을 예증하기 위해서 나는 문자로 쓴 낱말이 소리를 표상하는 것과 동일한 방식에 따라 시각적 모양이 촉각적 모양을 많이 표상한다는 것을 관찰한다. 그런데 이 점에서 낱말은 문자로 쓴 어떤 낱말이 어떤 소리를 나타내는가 하는 것과 무관하지 않기 때문에 임의적이지 않다. 그러나 각 낱말은 그 안에 많은 구별되는 문자들을 포함해서 그것이 나타내는 소리에 변화가 생길 수밖에 없다. 그래서 단일한 문자 a는 하나의 단순하고 일양적인 소리를 표시하기에 적합하다. 그리고 adultery라는 낱말은 거기에 동반되는 소리를 표상하는 데 적응된다. 그 소리가 형성될 때 언어 기관에 의해서 공기가 여덟 가지로 서로 다르게 충돌하거나 변화하는데, 그 각각의 충돌이나 변화는 하나의 소리의 차이를 산출하며, 전체 소리의 개별적인 각각의 차이나 부분을 표시하기 위해서는 그것을 표상하는 낱말이 많은 구별되는 문자들로 이루어져야 적합하다. 하지만 나는 아무도 단일한 문자 a나 adultery라는 낱말이 그것에 의해 표상되는 각각의 소리와 비슷하거나 동일한 종에 속한다고 말하지 않으리라고 추정한다. 일반적으로 말해서 어떤 언어의 문자가 소리를 표상하는 것은 임의적이다. 그러나 그것이 일단 동의를 얻으면 문자의 어떤 결합이 이러저러한 특정 소리를 표상하게 될 것인지는 임의적이지 않다. 나는 이것을 추구하고 자신의 생각에 적용시키는 일은 독자에게 맡기고자 한다.

144. 왜 우리는 다른 기호와 그것이 의미하는 것을 혼동하기보다 시각 관념과 촉각 관념을 더 혼동하기 쉬운가?

우리는 시각 관념과 촉각 관념을 혼동하기 쉬운 것만큼 다른 기호와 그것이 의미하는 것을 혼동하거나 또는 그것들이 동일한 종에 속한다고 생각하기는 쉽지 않다고 고백해야만 하겠다. 그러나 우리가 그것들이 비슷한 본성에 속한다고 상정하지 않는다면 어떻게 이런 일이 있을 수 있는지 조금만 고려해보면 알게 될 것이다. 이 기호들은 변함없고 보편적이다. 이 기호와 촉각 관념의 연관성은 우리가 세상에 처음 나오면서 배운 것이며, 그 후로 삶의 거의 매순간 우리 생각에서 발생해서 우리 마음을 붙잡고 마음에 더 깊이 떠오르고 있다. 우리는 기호가 변하기 쉬우며 사람이 제정한 것임을 관찰할 때, 기호가 지금 그렇게 즉시 시사하는 것과 우리 마음속에서 연관되지 않았던 때가 있었으며 그 의미는 경험의 느린 단계에 의해서 배웠던 것임을 기억할 때, 그것들을 혼동하지 않게 된다. 그러나 동일한 기호가 전 세계에 걸쳐서 동일한 것을 시사함을 발견할 때 그것이 사람이 제정한 것이 아님을 알며, 일찍이 그 의미를 배웠다는 것을 기억할 수 없고 첫눈에 그것이 지금 시사하는 것과 동일한 것을 우리에게 시사해왔으리라고 생각할 때, 우리는 이 모든 것에 의해서 기호는 기호에 의해 각각 표상되는 것과 동일한 종에 속하며, 기호가 우리 마음에 그 사물을 시사하는 것은 자연스러운 유사성에 의한 것임을 믿게 된다.

145. 우리가 이 사실의 이유로 여기는 몇 가지 다른 것

여기에 덧붙여 우리가 대상의 각 점에 시각 축선을 연속해서 향하게 하면서 대상을 훌륭하게 측량할 때마다 머리나 눈의 운동에 의해 기술된 어떤 직선과 모양이 있는데, 이것들은 사실상 촉각에 의해 지각되기는 하지만, 말하자면 시각 관념과 섞여서 우리는 그것이 시각에 속한다고 생각할 수밖에 없다. 게다가 시각 관념은 촉각 이외에 다른 감각기관에서 흔히 경험하는 것보다는 더 구별되고 덜 섞여서 한 번에 여러 관념들이 마음에 들어온다. 예를 들어 동일한 순간에 지각된 소리들은 만약 내가 그렇게 말해도 좋다면 한 소리로 합쳐지기 쉽다. 그러나 우리는 아주 분리되고 서로 구별되는 온갖 종류의 시각 대상들을 동시에 지각할 수 있다. 그런데 촉각적 연장은 구별되고 공존하는 여러 부분으로 이루어져 있으므로 우리는 우리에게 시각과 촉각의 직접적인 대상들의 비슷함이나 유사성을 상상하는 경향을 갖게 할 다른 이유를 추측할지도 모른다. 그러나 확실히 다른 어떤 것들보다도 그 대상들이 서로 갖는 엄밀하고 밀접한 연관성이 그것들을 함께 섞고 혼동하게 한다. 우리가 눈을 뜨면 반드시 거리,

물체, 촉각적 모양의 관념이 눈에 의해 시사된다. 시각 관념에서 촉각 관념으로 이행하는 것은 아주 신속하고 갑작스럽고 지각되지 않기에 우리는 그것들을 똑같이 시각의 직접적인 대상이라고 생각할 수밖에 없다.

146. 어떤 의견을 거부하기가 망설여진다는 것이 그 의견이 참임을 논증하는 것은 아니다.

이것에 근거를 둔 선입관, 그리고 그것의 다른 원인이라고 여길 수 있는 것이 무엇이든지 간에 그것들은 너무나 착 들러붙어서 마음이 집요하게 노력하고 수고하지 않고서는 전적으로 멀리 할 수 없다. 그러나 그렇다면 어떤 의견을 거부하면서 느끼는 망설임은 우리가 대상의 거리, 크기, 위치에 대해서 지니는 선입관, 우리 마음에 너무 친숙하고 만성적으로 굳어져서 가장 뚜렷한 증명에도 거의 꺾이지 않을 선입관에 관해서 이제까지 보았던 것을 고려하는 어떤 사람에게도 그 의견이 참임을 논증하는 것이 될 수 없다.

147. 시각 고유의 대상은 조물주의 언어이다.

전체적으로 보아 나는 우리가 시각 고유의 대상은 조물주의 하나의 보편적인 언어를 구성한다고 정당하게 결론 내리리라고 생각한다.[90] 우리는 이 언어를 통해 우리 몸의 보존과 안녕에 필수적인 것을 얻기 위해서, 마찬가지로 우리 몸에 고통을 주고 해를 끼치는 것은 무엇이든지 피하기 위해서 우리 행동을 규제하는 방법을 배운다. 우리가 시각 고유의 대상에서 얻는 정보가 주로 우리 삶의 모든 일과 관심사를 인도한다. 그리고 시각 고유의 대상이 떨어져 있는 대상을 의미하고 표시하는 방식은 사람이 약속한 언어와 기호의 방식과 동일한데, 이 언어와 기호는 자연의 유사성이나 동일성에 의해서 의미되는 사물이 아니라, 경험에 의해 사물들 사이에서 관찰해온 습관적인 연관성에 의해서만 의미되는 사물을 시사한다.

---

90) the universal language of nature가 an universal language of the Author of nature로 바뀐 1732년 판에는 두 가지 현저한 변화가 있다. 하나는 조물주를 언급함으로써 버클리 철학의 유신론적 함축이 뚜렷해진다는 점이다. 다른 하나는 '보편적 언어'를 '하나의 보편적 언어'로 변경한 것이며 이는 시각에 관한 이 시론의 임시 형이상학이 완전히 발전된 『원리론』의 학설로 바뀌고 있음을 보여준다. 초기 저작에서는 **시각적 자료**와 **시각적 사물**만 상징적이므로 보편적 언어를 구성하는 것으로 여긴다. 그러나 일단 완전한 비물질주의 입장이 밝혀지고 나서는, 촉각적 자료와 촉각적 사물 역시 하나의 보편적 언어를 형성하며, 다른 감각기관의 자료와 사물도 마찬가지이다. 이와 같이 시각적 상징주의가 감각적 상징주의로 바뀐다. 그리고 이 시론의 신적인 시각 언어는 『원리론』(44, 65~66, 108절)의 신적인 감각 언어로 은밀히 녹아든다.

148. 자연에는 감탄할 만하며 주목할 만한 가치가 있는 것이 많다.

 선천적 시각장애인이 안내자로부터 몇 걸음 더 나아가면 절벽 가장자리에 도달하거나 벽 때문에 멈추게 될 것이라는 말을 듣는다고 상정해보자. 그에게 이것은 틀림없이 아주 감탄할 만하고 놀라운 것처럼 생각되지 않을까? 그는 예언이 다른 사람들에게 그렇듯이 그에게는 놀랍고 설명할 수 없는 것으로 보일 이런 예측을 어떻게 사람이 할 수 있는지 생각할 수 없다. 시각 능력의 축복을 받은 사람조차도 (친숙함 때문에 그것을 덜 관찰하게 되기는 하지만) 그 예측에서 칭찬하기에 충분한 원인들을 발견할 것이다. 시각 능력을 명백하게 그것을 위해 기획된 목표와 목적에 맞춰지게 하는 경탄할 만한 기술과 고안, 그리고 시각 능력에 의해 아주 손쉽고 신속하며 즐겁게 즉시 시사되는 대상들의 거대한 범위, 수, 다양성. 그는 이 모든 것들에 의해서 아주 기분 좋게 사색하게 되며, 또 이 모든 것은 어느 것이라도 우리에게 우리의 현 상태를 확실하게 발견하고 파악하는 것을 넘어서서 놓여 있는 사물들에 관해 어렴풋이나마 유사한 예상을 하게 할지도 모른다.

149. 기하학의 대상에 관해 제시된 물음

나는 이제까지 주장해온 학설로부터 수고스럽게 추론을 끌어내려고 마음먹지 않는다. 만약 그 학설이, 다른 사람들이 편리하다고 생각하는 한 그 학설을 더 확장시키고 그 학설이 종속될 모든 목적에 그 학설을 적용시키는 데 자신의 생각을 쏟을, 테스트에 견디기만 한다면, 나는 이제까지 탐구해온 주제가 자연스럽게 인도하는 기하학의 대상에 관해 얼마간 탐구할 수밖에 없다. 우리는 추상적 연장 관념 같은 것은 없으며, 서로 완전히 구별되고 이질적인 두 종류의 감각적인 연장과 모양이 있음을 보아왔다. 그러면 이것들 가운데 무엇이 기하학의 대상인지 탐구하는 것은 자연스러운 일이다.

150. 우리는 시각적 연장을 첫눈에 기하학의 대상이라고 생각하기 쉽다.

첫눈에 우리에게 기하학을 시각적 연장에 관련된 것이라고 생각하게 하는 몇 가지 이유가 있다. 기하학의 실천적인 부분과 사변적인 부분 양쪽에서 눈을 끊임없이 사용하는 것이 우리가 그렇게 생각하도록 부추긴다. 수학자가 종이에서 본 도형이 증명의 주제인 모양이 아니라거나 모양과 유사한 것도 아니라고 그를 확신시키려는 노력은 의심의 여지없이 그에게 이상하게 보일 것이다. 수학자뿐만 아니라 논리학 연구에 특별히 더 전념하는 사람(학문, 확실성, 증명의 본성을 고찰하는 사람을 뜻한다.)도 정반대의 것이 의심의 여지가 없는 진리라고 주장한다. 그들은 기하학에서 추리는 임의적인 기호의 사용에 수반하는 불편함이 없으며, 관념 자체가 종이 위에 전부 베껴지며 보인다는 점을 기하학의 현저한 뚜렷함과 명증성의 한 이유로 든다. 그러나 그건 그렇고 나는 이것이 추상 관념이 기하학적 증명의 대상이라는 그들의 주장과 얼마나 잘 일치하는지 고찰해보겠다.

151. 시각적 연장은 기하학의 대상이 아닌 것으로 보인다.

이 점에서 해결책에 도달하기 위해서 우리는 단지 59, 60, 61절에서 말한 것을 볼 필요가 있다. 거기서 시각적 연장 자체는 거의 고려되지 않고, 고정되고 한정된 크기를 전혀 갖지 않으며, 사람들은 전적으로 촉각적 연장을 촉각적 연장에 적용함으로써 측량한다는 것을 본다. 이 모든 것이 시각적 연장과 모양은 기하학의 대상이 아님을 명백하게 한다.

152. 시각적 연장이 기하학의 대상이라고 생각하는 것은 낱말이 기하학의 대상이라고 생각하는 것과 같다.

그러므로 기하학에서 시각적 모양은 낱말과 동일하게 사용되는 것은 분명하다. 그리고 시각적 모양을 낱말과 마찬가지로 기하학의 대상으로 간주하는 것은 당연하며, 그것들 가운데 어느 것도 그것들과 연관된 특정한 촉각적 모양을 마음에 표상하거나 시사하는 것과 다른 방법으로는 기하학에 관여하지 않는다. 실로 시각적 모양에 의해 촉각적 모양을 뜻하는 것과 낱말에 의해 관념을 뜻하는 것에는 이러한 차이가 있다. 즉 후자가 전적으로 사람의 임의적인 약속에 의존함으로써 변하기 쉽고 불확실한 반면에, 전자는 언제 어디서나 고정되고 변함없이 동일하다. 예를 들어, 시각적 사각형은 아메리카와 동일한 촉각적 모양을 유럽에서도 마음에 시사한다. 따라서 우리 눈에 말하는 조물주[91]의 목소리는 사람이 고안한 언어가 불가피하게 종속되는 오해와 애매함을 면할 수 있다.

---

91) 역주) the voice of nature가 the voice of the Author of nature로 바뀜. 1판에는 조물주라는 말이 없다.

153. 볼 수는 있지만 느낄 수는 없는 한 지성적 존재가 기하학에서 어떻게 진보할 수 있는지 탐구할 것을 제안한다.

지금까지 말해온 것이 기하학의 대상과 관련해서 결정되어야 하는 것을 보여주기에 충분하다 할지라도 나는 그것을 더 충분히 예증하기 위해서 완벽하게 잘 본다고 상정되는, 즉 시각 고유의 직접적인 대상을 뚜렷하게 지각하지만 촉각기관은 전혀 갖지 않는다고 상정되는 어떤 지성(intelligence), 또는 육체 없는 정신의 경우를 고찰할 것이다. 자연에 그런 존재자가 있는지 없는지는 나의 탐구 목적을 벗어난다. 그 가정은 그 안에 전혀 모순을 포함하지 않는다는 것으로 충분하다. 이제 그런 가정이 기하학에서 어떻게 익숙해질 수 있는지 검토해보자. 이러한 사색은 우리를 시각 관념이 혹시 기하학의 대상일 수 있는지 없는지를 더 뚜렷하게 보도록 이끌 것이다.

154. 그는 절단면에 의해서 발생한 입체, 표면, 선과 관련되는 그 부분들을 이해할 수 없다.

그렇다면 **첫째**, 앞서 말한 지성은 입체 관념, 또는 3차원의 양 관념을 전혀 가질 수 없다는 것이 확실하며, 이 점은 그가 어떤 거리 관념도 갖지 않는다는 것의 당연한 결과이다. 실로 우리는 시각에 의해서 공간과 입체 관념을 갖는다고 생각하기 쉽다. 이 관념들은 엄밀히 말해서 우리가 다른 것보다 더 멀리 있는 한 대상의 거리와 몇몇 부분을 본다고 상상하는 것에서 발생한다. 어떤 촉각 관념이 시각에 수반하는 그러저러한 관념과 연관되는가 하는 것은 우리가 해온 경험의 결과임이 증명되었다. 그러나 여기서 말하는 그 지성은 촉각 경험을 전혀 갖지 못하는 것으로 상정된다. 그러므로 그는 우리처럼 판단하지 않을 것이며, 거리, 외부성, 또는 깊이 관념도 전혀 갖지 못하며, 그 결과로서 직접적이든 아니면 시사에 의해서든 공간이나 물체 관념도 전혀 갖지 못할 것이다. 따라서 그가 입체와 입체의 볼록하거나 오목한 표면의 측정과 관련되며, 한 입체의 절단면에 의해서 발생한 직선들의 특성을 심사숙고하는 기하학의 부분에 관한 개념을 전혀 가질 수 없음은 명백하다. 그것의 어떤 부분을 생각한다는 것은 그의 능력을 넘어선다.

155. 또한 평면기하학의 원리조차 이해할 수 없다.

나아가 그는 기하학자가 직선이나 원을 기술하는 방식을 파악할 수 없다. 기하학자가 사용하는 자와 양각기는 그가 전혀 개념을 가질 수 없는 것이기 때문이다. 또한 그가 한 평면이나 각이 다른 평면이나 각과 똑같음을 증명하기 위해서 겹쳐 놓는다는 것을 생각하기가 더 쉬운 일도 아니다. 그것은 거리나 외부 공간의 어떤 관념을 상정하기 때문이다. 이 모든 것이 우리의 순수한 지성이 평면기하학의 제1원리들만큼 많이 아는 데는 결코 도달할 수 없었음을 명백하게 한다. 그리고 아마도 정밀히 조사해보면 그가 입체 관념을 가질 수 없는 것과 마찬가지로 평면도형 관념조차 가질 수 없음을 알게 될 것이다. 어떤 거리 관념은 그것에 관해 조금이라도 숙고할 어떤 사람에게나 나타나듯이 기하학적 평면 관념을 형성하는 데 필수적이기 때문이다.

156. 시각 고유의 대상을 기하학적 도형처럼 다룰 수는 없다.

시각 능력으로 적절하게 지각하는 모든 것은 단지 변화하며 밝음과 어두움의 서로 다른 비율로 이루어진 색깔에 해당한다. 그러나 그러한 시각의 직접적인 대상이 가진 끊임없이 변하기 쉽고 일시적인 특성은 그것을 기하학적 도형의 방식에 따라 다룰 수 없게 하며, 또한 그 대상이 그렇다는 것은 조금도 유익하지 않다. 동시에 어떤 것은 더 많이, 어떤 것은 더 적게 지각되는 시각 대상들이 있다는 것은 참이다. 그러나 그것의 크기를 정확하게 계산하고, 변하기 쉽고 일정하지 않은 사물들 사이에 정밀하고 한정된 비율을 할당하는 것은, 설령 우리가 그것이 이루어질 수 있다고 상정한다 해도, 매우 하찮고 무의미하게 수고하는 것임에 틀림없다.

157. 평면도형이 시각의 직접적인 대상이라고 주장하는 사람들의 의견을 고찰한다.

나는 사람들이 입체는 그렇지 않다고 인정하면서도 평평하거나 평면적인 도형이 시각의 직접적인 대상이라고 생각하도록 이끌린다는 것을 고백해야만 하겠다. 그리고 이 의견은 마음에 직접 새겨진 관념이 단지 다양하게 채색된 평면 관념인(것처럼 보이는)데 갑작스러운 판단 행위에 의해 입체로 바뀌는 그림에서 관찰되는 것에 근거를 둔다. 그러나 조금만 주의하면 우리는 여기서 시각의 직접적인 대상으로 언급된 평면은 시각적 평면이 아니라 촉각적 평면임을 알게 될 것이다. 우리가 그림이 평면이라고 말할 때, 그것은 그림이 촉각에 매끄럽고 일양적으로 나타난다는 것을 의미한다. 그러나 그렇다면 이 매끄러움과 일양성, 또는 다른 말로 하면 그림의 이 평면성은 시각에 의해 직접 지각되지 않는다. 그것은 눈에 다양하고 여러 형태로 나타나기 때문이다.

158. 평면이 시각의 직접적인 대상이 아닌 것은 입체가 그렇지 않은 것과 같다.

이 모든 것으로부터 우리는 평면이 시각의 직접적인 대상이 아닌 것은 입체가 시각의 직접적인 대상이 아닌 것과 같다고 결론 내릴지도 모른다. 엄격하게 말해 우리가 보는 것은 입체가 아니며, 또한 다양하게 채색된 평면도 아니다. 그것은 다양한 색깔일 뿐이다. 그리고 이 가운데 몇몇 색깔은 그 색깔들이 입체나 평면도형과 연관이 있는 것으로 경험되어온 것과 마찬가지로 마음에 입체를 시사하고 몇몇 색깔은 평면도형을 시사한다. 따라서 우리는 입체를 보는 것과 동일한 방식으로 평면을 본다. 입체와 평면은 둘 다 똑같이 시각의 직접적인 대상에 의해서 시사되며, 따라서 시각의 직접적인 대상 자체가 평면과 입체라고 일컬어진다. 그러나 시각의 직접적인 대상은 그것을 표시하는 사물과 동일한 이름으로 일컬어지지만 앞에서 증명되었듯이 그들의 본성은 전혀 다르다.

159. 위에 언급한 지성적 존재의 생각에 확실하게 공감하기는 어렵다.

만약 내가 실수하지 않는다면 이제까지 말해온 것은 우리가 기술했던 것과 같은 하나의 순수한 정신이 기하학을 알 수 있는가에 관해 검토하기로 제안했던 물음을 결정하기에 충분하다. 실로 우리가 그런 지성의 생각에 확실하게 공감하기는 쉽지 않다. 우리는 많이 노력하지 않고서는 시각 고유의 대상과 연관되는 촉각 고유의 대상에서 시각 고유의 대상을 우리 생각에서 교묘하게 분리하고 풀어낼 수 없기 때문이다. 실로 이것은 거의 완벽하게 수행할 수는 없는 것처럼 보인다. 만약 우리가 누군가가 그의 귀에 들리는 모국어의 낱말을 이해하지 못하면서 듣는 것이 얼마나 힘든지 고려한다면, 이것은 우리에게 이상하게 보이지 않을 것이다. 그는 소리에서 의미를 분리시키려고 노력하지만, 그 소리를 듣지 않을 수는 없을 것이다. 그리고 그는 소리 자체에 의해서만 영향을 받으며 소리에 동반된 의미는 지각하지 않도록 자신을 그 언어를 배운 적이 없는 어떤 외국인의 자세와 정확하게 같게 하는 것이 불가능하지는 않다 하더라도 극도로 어렵다는 것을 알게 될 것이다. 〔지금쯤은 추상적 연장도 시각적 연장도 기하학의 대상이 아니라는 것은 뚜렷하다고 생각한다. 그것을 식별하지 못한 것이 아마도 수학에서 약간의 어려움과 무익한 수고를 야기해온 것인지 모르겠다.〕[92]

---

92) 역주) 159절은 여기서 끝난다. 그러나 1판과 2판에는 160절이 있었으며, 괄호 친 부분부터 160절이 시작한다. 160절은 옮긴이가 덧붙인 것이다.

160. 기하학의 대상이 무엇인지 충분히 이해하지 못한 것이 기하학에서 난점과 헛된 노고의 원인이다.

다소 거기에 관련된 것이 내 생각에 떠올랐고 극도로 열심히 반복해서 검토한 끝에 그것이 참이라고 생각할 수밖에 없다고 나는 확신한다. 그렇지만 그 생각은 기하학의 상도(常道)를 아주 멀리 벗어난 것 같아서 만약 내가 그 학문이 새로운 방법에 의해서 엄청나게 향상된 시대에 그 생각을 공표한다면 주제넘은 짓으로 생각되지 않을지 모르겠다. 만약 나와 내가 그 생각을 전한 극소수의 사람들에게 명백히 참으로 보이는 것이 정말로 참으로 증명된다면, 고대의 발견물뿐만 아니라 최근에 향상된 것의 커다란 부분이 명성을 잃게 될지도 모르며, 사람들이 심오하고 고상한 기하학을 연구하면서 쏟은 열정의 상당 부분을 잃게 될지도 모르겠다.

■ 부록[93)]

 앞의 시론에 대한 비난으로 나는 몇 가지 점에서 내가 충분히 뚜렷하고 명백하지 못했다고 생각하게 되었으며, 미래에 받을 오해를 막기 위해서 나는 기꺼이 내가 쓴 몇 가지 것을 반드시 변경하거나 덧붙이려고 했다. 그러나 내가 이러한 비난을 접하기 전에 이미 이번 판이 거의 완성되었기 때문에 그 작업은 실행에 옮길 수 없었다. 따라서 나는 이 자리에서 내가 주목하게 된 주요한 반대 의견을 고찰하는 것이 적절하다고 생각한다.

 첫째, 시론의 첫머리에서 광학에서 사용되는 모든 선과 각의 용법에 반대하는 내 주장이 틀리다는 반대 의견, 또는 내가 우리는 감각기관에 의해서 시각 축선과 각 따위를 지각할 수 있음을

---

93) 2판에만 있다.

받아들일 저자들에 대해서만 반대하는 주장을 하는 것은 일찍이 어느 누구도 하지 않은 어리석은 일이므로 내가 말하는 것은 무의미하다는 반대 의견이 있다. 여기에 대해 나는 단지 우리가 대상의 거리를 선과 각에 의해서 또는 그들이 부르는 대로 일종의 본유적인 기하학에 의해서 지각한다는 의견을 가진 사람에 대해서만 반대하는 주장을 한다고 대답한다. 그리고 이것이 나 자신의 그림자와 싸우고 있는 것이 아님을 보여주기 위해서 나는 여기서 저명한 데카르트의 저작에서 한 구절을 기록할 것이다.[94]

 게다가 우리는 눈의 일종의 연합 운동을 통해서 거리를 파악한

---

94) 역주) 데카르트의 『굴절 광학』 제6강, 전집 6권, 137~138쪽.

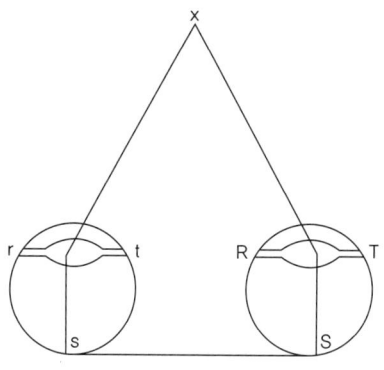

다. 우리의 시각장애인이 두 개의 지팡이 AE와 CE를 들고, 그것들의 길이는 알지 못하고 각 ACE와 CAE의 크기에 의해서 두 손 A와 C 사이의 거리만 알 경우, 그가 모든 사람이 공유하는 일종의 본유적인 기하학 지식에 의해 점 E가 어디에 있는지 결정할 수 있는 것과 동일한 방식으로, 두 눈 RST와 rst가 점 X에 초점을 맞출 때 우리는 선분 Ss의 길이와 각 XSs와 XsS의 크기에 의해서 점 X가 어디에 있는지 알 수 있다. 또한 우리는 그 두 눈 가운데 하나만으로도 그 위치를 변경시킴으로써 점 X가 어디에 있는지 발견할 수 있다. 만약 눈을 계속해서 점 X에 초점을 맞추고 먼저 점 S에 고정시키고 난 다음 즉시 점 s에 고정시키면, 그것만으로 선분 Ss의 길이와, XSs와 XsS 두 각의 크기가 우리의 상상에 함께 나타날 것이며, 그렇게 해서 점 X의 거리를 우리에게 알려주기에

충분할 것이다. 또한 선과 각은, 단순한 판단처럼 보일 수도 있지만 기하학자가 두 개의 분리된 일정한 점으로부터 도달하기 어려운 위치를 계산하는 과정과 비슷한 일종의 복잡한 추리 과정을 함축하는, 마음의 작용에 의해 나타나고 거리를 우리에게 알려준다.

동일한 목적으로 여러 저자들로부터의 인용문을 한데 모을 수도 있지만, 이 인용문은 핵심이 아주 뚜렷하고 대단히 저명한 저자의 것이므로, 나는 더 이상 독자에게 폐를 끼치지 않으려 한다. 이 제목으로 내가 말해온 것은 다른 사람들의 흠을 찾기 위해서가 아니었다. 그 이유는 무엇보다도 내가 우리는 거리를 직접 보지도 않으며, (선과 각처럼) 거리와 필연적으로 연관되는 어떤 것을 매개로 거리를 지각하지도 않는다는 것을 증명하는 것이 필수적이라고 판단했기 때문이다. 그것은 전체 이론이 이 점에 관한 증명에 의존하기 때문이다.

둘째, 내가 지평선의 달(태양에 대해서도 마찬가지로 적용될 수도 있겠지만)의 현상에 관해 제시하는 설명이 전에 가상디가 제시했던 것과 동일하다는 반대 의견이 있다. 나는 두 설명 다 대기의 짙음에 관해 언급했지만, 이 주제에 관해서 다음과 같이 나와 가상디의 말을 비교해볼 어떤 사람에게나 명백한 것처럼, 현상을 해결하기 위해 적용되는 방법은 매우 다르다고 대답한다.

그렇다면 진실은 다음과 같은 것처럼 보인다. 태양은 더 높이 떠올랐을 때보다 낮게 떠 있을 때 눈으로 보기에 더 크게 나타난다. 그 이유는 태양이 지평선에 가까이 있는 한 (사이에 낀) 증기층이 더 짙어지며, 입자들이 태양 광선의 밝기를 흐리게 하여 눈이 부셔서 가늘게 뜨고 보는 일이 적게 되기 때문이다. 눈동자는 마치 햇빛을 가린 것처럼 되어 태양이 하늘 높이 있을 때(이때는 더 얇은 증기층이 사이에 끼고, 태양 자체는 밝게 빛나서 태양을 볼 때 눈동자가 좁혀져서 아주 수축된다.)보다 훨씬 더 팽창된다. 의심할 여지없이 이것이 태양에서 오는 시각적 심상이 팽창된 눈동자를 통해 망막에 도달할 때 망막 위에 더 큰 자리를 차지해서 그 시각적 심상이 동일한 진로이지만 수축된 눈동자를 통해 들어온 뒤 망막에 미칠 때보다 태양이 더 크게 나타나는 이유에 대한 설명이다(『낮은 태양과 가장 높은 태양의 현상적 크기에 대해서』, 편지 1, 6쪽 참조).

가상디의 이 해결책은 그릇된 원리, 즉 눈동자가 확대되면 망막 위의 상이나 심상이 증가한다는 원리에 의거하여 나아간다.

셋째, 80절에서 말하는 것에 대해서 너무 작아서 한 사람이 거의 식별할 수 없는 동일한 것이 어떤 작은 곤충에게는 산처럼 보일지도 모른다는 반대 의견이 있다. 이것으로부터 **시각적 최소량**은 모든 피조물에 대하여 똑같지는 않다는 결론이 나온다. 나는 만약 이 반대 의견을 철저하게 타진한다면 이 의견은 하나의 **시각적 최소량**에 의해 사람에게 표시되는 동일한 물질 입자가 어떤 곤충에게는 많은 **시각적 최소량**을 나타낸다는 것을 의미하는 것일 뿐임을 알게 될 것이라고 대답한다. 그러나 이것이 곤충의 한 **시각적 최소량**이 사람의 한 **시각적 최소량**과 똑같다는 것을 증명하지는 않는다. 나는 시각의 간접적인 대상과 직접적인 대상을 구별하지 않는 것이 이 문제에서 오해를 일으킨 원인이 아닌가 생각한다.

몇 가지 다른 오해와 난점이 있었지만 그들이 언급하는 곳들에서 나는 아주 분명하게 하려고 노력했기 때문에 어떻게 더 뚜렷하게 내 생각을 나타낼지 알지 못한다. 만약 내 시론을 비판하는 것을 기쁘게 생각하는 사람이 주의를 집중해서 전체를 통독한다면 그는 내 뜻을 더 잘 파악하고 그 결과로서 내 잘못을 더 잘 판단할 수 있으리라는 것이 내가 덧붙일 모든 것이다.

이 논고의 초판이 나온 뒤에 바로 나는 시각장애인으로 태어나서 20년 가량을 살아온 런던 근처에 사는 한 사람이 볼 수 있게 되었다는 것을 알았다.[95] 그런 사람은 앞의 시론의 여러 곳에

---

95) 이것은 명백히 존스(William Jones)의 경우이며, 1709년 8월 16일 자 《태틀러》(*the Tatler*)지를 볼 것. 안과 의사인 그랜트의 광고를 언급한 것은 랜드의 『버클리와 퍼서벌』 117쪽 참조. 역주) 《태틀러》 1709~1711년,

서 규정된 신조가 어느 정도 진리에 맞는지 결정하는 적합한 심판관으로 상정될 수도 있으며, 만약 호기심이 강한 어떤 사람이 그 후 즉시 그에게 타당한 질문을 할 기회를 갖게 된다면, 나는 기꺼이 내 개념들이 경험에 의해서 수정되거나 확인되는지 볼 것이다.[96]

영국의 문인 스틸 경이 애디슨과 함께 편집 발행한 잡지. Sir Richard Steele(1672~1729). 더블린에서 출생한 영국의 문필가. 애디슨(J. Addison, 1672~1719)과 함께 그 당시 산문계의 지도적인 인물로서 《태틀러》(1707)와 《스펙테이터》(*Spectator*, 1717) 등의 잡지를 발행했다. 풍기가 문란하고 퇴폐에 빠져 있는 잔인한 사회를 유머로 시정해보려고 노력했다.

96) 역주) 버클리는 몰리누의 문제에 대한 자신의 해결책의 시금석으로서 경험의 중요성을 지각한 최초의 인물이었다. 문제의 수술은 그랜트(Roger Grant, ?~1724)라는 안과 의사가 했다고 알려졌는데, 그가 사기꾼으로 여겨지는 바람에 그 이야기는 전혀 신빙성이 없는 것이 되고 말았다. 이른바 그랜트가 썼다는 익명의 소책자에 따르면 침례교 전도자인 그는 이전에 구두 수선공이었으며 글자를 몰랐다. 《스펙테이터》지 444호(1712년 7월 30일)에서는 그랜트를 "대단히 성공적으로 시력을 잃게 했다."고 풍자적으로 묘사하고 있다. 버클리는 두 번 다시 그랜트의 수술을 언급하지 않았다. M. Degenaar, *Molyneux's Problem—Three Centuries of Discussion on the Perception of Forms*(Dordrecht: Kluwer Academic Publishers, 1996), 52쪽.

신의 직접적인 현전과 섭리를 보여주는 시각 이론 또는 시각적 언어 이론에 대한 옹호와 설명

■ 편집자 서론

　이 소책자는 1733년 런던에서 『우리는 신 안에서 숨 쉬고 움직이며 살아간다』(*In Him we live, and move, and have our being*)는 제목을 달고 출판되었다. 프레이저는 그 날짜를 3월로 잡지만, 편집자는 정확한 날짜를 지적하는 것을 아직 발견하지 못했다. 그러나 버클리가 자신을 비판한 사람에게 '더 일찍' 대답하지 못한 것을 사과했다는 것으로 미루어볼 때 "이 소책자의 내용이 1732년 9월 9일 자 《데일리 포스트 보이》(*The Daily Post-boy*)에 실렸고, 다음 해에 별도로 출판되었다."는 카월(H. V. H. Cowell)의 말처럼 빠를 수는 없다. 비판자의 편지가 실린 것이 1732년 9월 9일이므로 당일에 버클리의 글이 실릴 수는 없었다. 카월이 나중에 한 말이 진실인지 아닌지 편집자는 말할 수 없다. 그러나 카월은 비판자의 편지와 버클리의 대답을 혼동한 것으로 보인다.

이 소책자는 한 세기가 넘도록 잊혀졌다. 이 책은 스톡의 『생애』(*Life*)[97]에 언급되지 않았고, 전집의 어느 판(1784, 1820, 1837, 1843)에도 포함되지 않았다. 해밀턴 경의 조언에 따라 그렇게 한 것으로 보이는데(서문을 참조할 것) 1860년 카월이 이 소책자에 주석을 달아 출판했다. 그 후로 이 소책자는 학자들에게 알려졌고, 불완전한 형태로나마 전집에 포함되었다. 독일어 번역본은 1812년 라이프치히에서 슈미트와 바르트(Schmidt and Barth)에 의해서 출판되었다.

이 소책자는 버클리가 아메리카에서 돌아온 뒤 쓴 첫 번째 저작이다. 그는 1731년 10월 30일에 런던에 도착해서 아일랜드 클로인의 주교로 선출되어 떠난 1734년 4월 말까지 런던에 머물렀다. 그는 1732년 2월[98] 로드아일랜드에 있을 때 쓴 『알키프론』을 출판하면서 『시각론』을 부록으로 덧붙였다. 1732년 9월 9일 《데일리 포스트 보이》(런던)[99]에 버클리가 이 소책자의 부록으로 출판한 문제의 익명의 편지가 실렸다. 이 편지는 『알키프론』은

---

97) 역주) J. Stock, 『버클리의 생애』(*An Account of the Life of George Berkeley······ with Notes, Containing Strictures upon his Works*) London, 1776.
98) B. Rand(1914), 280쪽.
99) 프레이저는 더블린이라고 잘못 말한다(1871년 판에서만). *The Dublin Post-boy*는 일간지가 아니다.

칭찬했지만 『시각론』은 혹독하게 비판했다. 이 소책자는 그 편지에 대한 버클리의 답변이다.

이 소책자가 어떻게 받아들여졌는지 별로 알려진 바가 없다. 이 소책자에 대한 초기 언급은 1738년 스미스 박사의 『광학의 완전한 체계』(56쪽)에서 볼 수 있다. 거기서 스미스 박사는 지평선의 달의 겉보기 크기에 관한 버클리의 설명을 검토한 뒤 "『시각론』의 2판과 또한 최근 출판된 (시각적 언어라고 불리는 것의) 『옹호와 설명』에서 저자는 그 현상에 대한 자신의 해결책에 몇 가지를 추가했는데, 여전히 희미함의 원리를 포함하고 그 원리에 의존하고 있음을 알 수 있으므로 나머지는 독자들의 고찰에 맡기려 한다."고 결론을 내리고 있다. 매킨토시 경은 1830년 『도덕철학 발달론』(Dissertation on the Progress of Ethical Philosophy, 111~112쪽)에서 샤프츠버리[100]의 『사람의 특성』(Characteristics of Men, 1711)에 관해서 쓰면서 "버클리, 『섬세한 철학자』[101] 대화편 3, 특히 4절판 전집으로 재판되지 않은 『옹호와 설명』(런던, 1733)에서 매우 탁월한 이 사람은 잠시 폭언하는 논객 수준으

---

100) 역주) 3rd Earl of Shaftesbury(Anthony Ashley Cooper, 1671~1713). 도덕이 이성보다는 인간의 느낌에 토대를 둔다는 도덕감 이론의 창시자로 불린다. 1701년 상원 의원이 되었으나 건강이 나빠져 사직한 후 요양을 떠났다가 뒤에 이탈리아에서 죽었다.
101) 『알키프론』의 또 다른 명칭.

로 전락한다."는 각주를 달고 있다. 이에 대해 편집자인 휴월[102]이 "이 표현은 너무 강하다."고 언급한 것으로 보아 그 역시 이 소책자에 대해 알았음에 틀림없다. 해밀턴 경이 1852년 『관념론 논의』(*Discussions, Idealism*)에서 "커드워스[103], 버클리, 콜린스[104] 등 최고로 흥미롭고 중요한 인물들에 관해 출판된 논고들이 요즈음에는 사실상 편집자, 전기 작가, 동료 형이상학자들에게 알려지지 않은 상태에 있다."고 말할 때 아마도 이 소책자를 언급하고 있는 것 같다.

버클리의 편지에서 이 저작을 언급하는 곳은 딱 한 군데 있다. 1734년 4월 4일 미국인 친구 존슨[105]에게 보내는 편지에서 그는

---

102) 역주) William Whewell(1794~1886). 『귀납적 과학의 역사』(*History of the Inductive Sciences*, 1837)의 저자로서 미적분학에 대한 대륙의 간행물을 영국에 소개하는 데 도움을 주고, 케임브리지의 연구 과정 확대에 큰 힘을 쏟았다.

103) 역주) Ralph Cudworth(1617~1688). 케임브리지 플라톤주의의 주요 철학자. 신비적이며 이성적인 플라톤주의의 입장에서 홉스와 스피노자로 대표되는 유물론적 무신론을 논박하여 신의 영원한 지성을 옹호했다. 결정론에 대해서는 인간의 자유의지를 확신했다.

104) 역주) J. Anthony Collins(1676~1729). 영국의 자유사상가이며 이신론자로서 로크와 친교를 맺었다. 이성을 초월하는 것과 이성을 반대하는 것의 차이를 폐기했고, 신을 세계의 원인으로 생각하면서 인격적 존재자로서는 생각하지 않으며, 계시는 사람이 신에 대하여 갖는 자연적 이념에 따라야 한다고 역설했다. 나중에 버클리의 공격 대상이 되어 『시리스』 354절에서 홉스, 스피노자와 함께 현대 무신론자로 거론된다.

105) 역주) Samuel Johnson(1696~1772). 킹스 칼리지(King's College, 현재

"브라운 주교[106]의 책이나 백스터[107]의 책은 둘 다 여기서 거의 읽히지 않거나 고려되지 않기 때문에" 공공연하게 논평을 가하지 않았다고 말하면서 "또한 시각에 관한 그 편지가 신문에 인쇄되어 전 왕국에 퍼지지 않았다면 나는 그 편지에 논평을 가하지 않아도 괜찮았다. 게다가 내가 발견한 시각 이론은 대부분의 사람들에게 약간 불명료했기 때문에 나는 그것을 설명할 기회를 갖게 된 것이 불쾌하지 않았다."고 덧붙인다.

분석

버클리의 편지가 보여주듯이 이 소책자는 두 가지 주된 목적과 거기에 상응하는 두 부분으로 되어 있다. 1절에서 34절까지는 비판에 대한 답변이며, 35절에서 끝까지는 『시각론』에 대한 설명과 옹호이다. 이 소책자는 주의 깊고 면밀하게 쓴 저작이다.

의 컬럼비아 대학교)의 초대 총장.
106) 역주) Peter Browne(1667~1735). 영국의 철학자로서 버클리가 재학하고 있을 때 트리니티 칼리지의 학장(1699~1710)이었다. 로크의 반성 관념을 부정하고 관념을 감각 관념뿐이라고 했다. 감각적 경향 때문에 버클리와 논쟁하기도 했다.
107) 역주) A. Baxter(1686/7~1750). 영국의 철학자로서 버클리의 『원리론』에 반론을 제기하고 관념과 그 대상을 구별했으며, 영혼이 물질적인지 비물질적인지, 또는 영혼이 불멸하는지 고찰했다.

앞부분에서 그는 비판자가 보낸 편지의 논증, 가정, 그리고 본문을 검토한다. 뒷부분에서는 자신의 『시각론』을 역순으로, 즉 결론에서 시작해서 출발점으로 되돌아가는 식으로 능란하게 분석한다. 이것은 중년기에 들어 버클리가 자신의 초기 철학에 정통했고 그 진리를 지지했다는 결정적인 증거이다.(만약 증거가 필요하다면)

어떤 측면에서 이 소책자는 『시각론』을 넘어서며, 용어의 일상적 의미에서 옹호 이상이며 설명 이상이기도 하다. 이 소책자는 『시각론』을 명확히 설명하고 내용을 재생하는 데 그치지 않는다. 『시각론』을 설명하고 그 내용을 재생하기도 하지만 그 이상의 것을 보여주기도 한다. 본 편집자는 이 소책자가 다른 편집자들이 주목하지 않았던 학설의 의미를 지닌다고 생각한다. 이 소책자는 본 문제에서 벗어나서 관련이 있기는 하지만 어떤 새로운 것을 들여오는 일종의 정치적 '설명' 또는 신학적 '재설명' 같은 것이다. 그 이유는 이 소책자가 당초 『시각론』에는 없었던 신조를 『원리론』에서 들여오고, 『시각론』의 '임시 형이상학'에 완전한 비물질주의를 접목시킴으로써 시각 이론을 그의 최종적인 철학과 명백히 일치시켜 '설명하기' 때문이다.

버클리를 비판하는 주된 입장은 우리 안에 관념을 불러일으키는 감각 대상이 외부에 있다는 것이다. 그는 버클리가 한 감각기관의 관념이 다른 감각기관의 관념과 전적으로 다르다고 한 것은 옳다고 인정한다. 그러나 그는 공통 원인이 외부에 있으므로 그 관념들의 이질성을 토대로 하는 버클리의 논증은 대개 실패로 돌아간다고 주장한다. 한 마디로 비판자는 지각 이론에서 로크의 표상적 실재론(representative realism)[108]이 진리라고 가정하고 그것을 사용하여 버클리를 반박한다.

1~8절에서 버클리는 비판자의 편지를 넌지시 자신이 개탄한 종교적 상황과 관련시킨다. 비판자는 명백히 『알키프론』을 좋다고 인정했고, 버클리도 그를 자유사상가라고 비난하지 않는다. 사실상 버클리는 그들의 불일치가 목적이 아니라 수단에 관한 것임을 인정한다. 그러나 그는 실질적으로는 비판자에게 비판의 효과가 그 당시 많이 요구되었던 증거인 '신의 존재와 직접적인

---

[108] 역주) 외부 세계가 실재하며 우리가 그 세계에 대해 갖는 지식은 외부 사물을 있는 그대로 마음에 재현해주는 관념이라는 매개물을 통해 획득된다는 이론이다. 표상적 실재론의 핵심은 제1성질과 제2성질의 구분이다. 갈릴레이에 의해 부활되고 데카르트와 뉴턴도 받아들인 이 구분의 기원은 고대 그리스의 데모크리토스까지 소급될 수 있지만, 정확한 명칭은 보일이 처음 사용했고 로크를 통해서 대중화되었다. 성질이란 대상 안에 있으면서 마음속에 관념을 발생시키는 원인을 가리킨다. 크기와 형태, 운동이나 정지, 수와 충전성 같은 제1성질에 의해 마음속에 생긴 관념들은 그 성질들을 닮았지만, 색깔과 소리, 맛과 냄새, 냉기와 온기 같은 제2성질에 의해 생긴 관념들은 그 성질들을 닮지 않았다. 제1성질은 물질의 본질적인 성질이며, 제2성질은 제1성질들에 의해 우리 안에 감각적 결과를 산출하는 대상 안의 힘에 불과하다. 이 구분은 주관과 객관을 분리하고 감각을 불신하며 이성을 신뢰하고 계량화할 수 있는 것만을 존중하는 근대과학적 세계관의 산물이다.

작용에 대한 새롭고 반박할 수 없는 증거'를 파괴하는 것이 될 것이라고 말한다. 버클리는 당시의 반종교적 경향이 잘 알려져 있던 네 편의 저작에서 예증된다고 지적한다.

첫째 틴달[109]의 『기독교 교회의 권리』(Rights of the Christian Church, 1706), 둘째 샤프츠버리의 『사람의 특성』〔『도덕가들』(Moralists, 1709)〕,[110] 버클리는 이미 『알키프론』 세 번째 대화편에서 이 책을 공격했다. 셋째 익명의 『죽음에 관한 철학적 논문』 (1732), 넷째 콜린스의 『자유사상론』(A Discourse of Free-thinking, 1713). 버클리는 《가디언》(The Guardian)지에 실렸던 그의 시론들과 『알키프론』의 광고에서 이 책을 공격했다. 마지막으로 버클리는 브라운 주교를 '이해하지 못한 채 많은 유비를 사용하는 악의 없는 문필가'라고 비판하며, 신에 관한 그의 '유비적 지식' 이론이 불신앙을 조장한다고 비판한다.[111]

---

109) 역주) Mattew Tindal(1656? ~1733) 영국의 이신론자. 그의 저작 『창조만큼 오래된 기독교 또는 자연종교 복음서 재판』(Christianity as Old as the Creation; the Gospel a Republication of the Religion of Nature, 1731)은 이신론자의 성서로 여겨졌다.

110) 1709년에 출판된 『도덕가들』의 재판이 1711년에 출판된 『사람의 특성』에 수록된 것을 나타낸다.

111) 브라운은 『인간 지성의 절차, 범위, 한계』(The Procedure Extent and Limits of Human Understanding, 1728)와 『자연스럽고 인간적인 것과 함께 유비에 의해 생각한 신적이며 초자연적인 것』(Things Divine and Supernatural conceived by Analogy with Things Natural and

9~18절에서 버클리는 그의 '전제들', 즉 그가 비판자와 의견을 달리 하는 주된 원리들을 진술한다. 19~34절에서 그는 비판자의 편지에 한 절 한 절 자세히 대답한다. 그의 대답은 편지의 일차적 가정, 즉 마음 외부에 있는 감각 대상은 '전혀 비감각적이거나 지각될 수 없는 것'이라는 가정에 집중된다. 버클리는 길게 말하지는 않지만 물질의 존재가 근본적인 화제임을 명백히 하고 사실상 유물론자와 비물질주의자는 공통점이 거의 없어서 시각에 관해서 함께 유익한 논의를 할 수 없다고 주장하고 있다.

35~43절에서 버클리는 자신의 이론으로 되돌아가서 신의 시각적 언어라는 개념을 확립하고 방법에 관해서 몇 가지 중요한 언급을 한다. 그는 자신은 시각의 **철학**에만 관심이 있을 뿐 광학의 다른 두 분야인 눈의 생리학과 선과 각의 기하학에는 관심이 없다고 말한다. 자신이 마음의 외부에 있는 촉각 대상을 **임시로** 인정한 것에 대해 언급하면서 자신은 『시각론』에서 '거짓되고 통속적인 가정들'을 잠정적으로 수용하고 점진적으로 진리로 나

Human, 1733)을 썼다. 버클리는 앞의 책을 『알키프론』(대화편 4, 17~21절)에서 공격했고, 브라운은 뒤의 책에서 응답했다. 뒤의 책은 버클리의 소책자와 같은 해에 출판되었는데 우리는 어느 것이 먼저인지 알지 못한다. 위에 인용된 버클리의 편지는 그가 브라운의 두 번째 책에 응답하지 않았음을 명백히 하므로 여기서는 첫 번째 책을 검토해야 한다. 시각장애인으로 태어난 사람과 비교하는 것이 브라운의 두 책 모두에서 발견된다.

아가는 분석적 방법을 따랐다고 아주 솔직히 지적한다. 하지만 『옹호와 설명』에서 그는 종합적 방법을 사용하고 역순으로 논증하려고 한다. 그는 이미 분석에 의해 발견된 진리에서 시작해서 문제를 해결하고 시각 작용과 시각 대상을 설명하기 위해 그 진리를 사용함으로써 그 진리를 검증하려고 한다. 달리 말해서 그는 신의 시각적 언어라는 시각 대상의 개념에서 시작해서 위치, 크기, 거리에 관해서 애초에 그가 했던 설명으로 되돌아가는 순서로 작업하려고 한다. 여기서 '언어'라는 용어는 은유 이상의 것이다. 그 말은 자연의 시각적 기호와 그것의 촉각적 상관자의 관계에 관한 적절한 기술이다. 그 둘은 비슷하지 않다. 하나는 다른 하나를 불러일으키지 않는다. 그것들 사이에는 필연적인 연관성이 없고, 공존에 관한 규칙적인 경험을 토대로 한 임의적인 연관성만 있을 뿐이다. 그리고 정확하게 그것이 낱말과 낱말의 의미 사이의 연관성이다.

44~69절에서 시각과 촉각의 이질성, 우리가 위치, 크기, 거리를 파악하는 '수단'을 『시각론』의 흐름을 따라서 논하는데 여기서 우리는 선천적 시각장애인, 망막에 거꾸로 맺힌 상, 지평선의 달, '배로 박사의 사례'라는 오래된 모든 예증과 예들과 마주치게 된다. '거꾸로 맺힌 상에 관한 난점, 광학 이론 전체의 주요한 핵심'은 여기서 아주 자신 있게 다루며, 이제 버클리는 보통 '시각의 직접적이고 고유한 대상으로 상정된'[112] 망막 위의

상이 사실상 전혀 그런 종류가 아님을 아주 분명히 한다. 그것은 촉각적이거나, 또는 촉각적이라고 상정되며, '상'이라기보다는 '심상'이라고 불러야 한다. 크기 역시 전보다 더 확고하게 다룬다. 지평선에 수직이며 눈 가까이에 똑바로 서 있다고 가정된 '내비치는 평면', 투명한 스크린이라는 새로운 방책이 사용된다. 버클리는 이 개념에 의해서 시각적 크기와 촉각적 크기의 결정적인 차이를 분명히 하며 크기와 거리에 관한 우리 판단의 다양한 요소를 예증한다.

결론에 해당하는 두 절(70, 71절)에서 버클리는 선천적 시각장애인인 어떤 소년을 수술한 체즐던의 결과[113]가 자기 이론에 실험적 확증을 제공했다고 주장하면서 자기 이론을 파악하고 '시각의 참된 본성'을 이해하는 데 필수적인 노력을 해달라고 독자에게 당부하고 있다.

소책자에서 선언한 두 가지 목적에 대해서는 이것으로 끝이다. 버클리는 그의 비판자에게 대답을 했고 자신의 시각 이론을 설명하고 옹호했다. 그러나 그는 자신의 『시각론』에 더 많은 무언가를 할 작정이었다. 아마도 『시각론』의 기초적인 가정을 『원리론』의 철학과 일치시키려고 한 것 같다. 어쨌든 그는 이 소책

---

112) '상정된'이라는 말은 버클리의 정오표에서 추가되었다.
113) 1728년도 《철학회보》 참조.

자에서 그런 시도를 했다. 『시각론』에서 그는 시각 관념은 마음 속에 있다고 주장하지만 촉각 관념은 외부에 있다고 가정하고 또 거의 그렇게 말하고 있음을 기억해야 할 것이다. 그는 물질을 주장하는 것이 아니라 자신의 비물질주의를 숨기며, 대부분의 사람들이 물질을 인정하는 것을 참으로 '통속적인 잘못'(『원리론』 44절)이라고 가정한다. 이러한 책략이 처음에 부분적으로 성공을 거두었음은 의심할 여지가 없다. 그러나 그의 『시각론』이 『원리론』보다 더 널리 알려지게 됨으로써 **임시로** 채택한 잘못된 원칙이 미끄라기보다는 장애물임을 깨달을 수밖에 없었다. 그 원칙은 독자들을 비물질주의로 안내하기보다는 그것을 받아들이지 못하게 막을 것 같았다. 따라서 이 소책자에서 그는 자신이 내세운 시각 이론의 최초 원칙을 수정한다. 38절에서 실제로 그는 『시각론』에서 그의 논증이 '거짓되고 통속적인 가정들'에 의거하여 진행되었다고 말한다. 35절에서는 '엄격한 의미에서는 참이 아닌 다양한 것들을' 참으로 인정했다고 말한다. 이제 그는 감각기관의 실질적인 대상을 '외적 원인이나 힘의 절대적 본성'(12절), '알려지지 않는 실체, 외적 원인, 작인(agent), 또는 힘'(17절), '전혀 지각할 수 없고 알려지지 않는 사물'(19절)과 구별하려고 애쓴다. 29절에서 그는 촉각 대상과 다른 모든 감각기관의 대상들은 원인의 측면에서 시각 대상과 하나의 기초 위에 놓여 있음을 광범위하게 암시한다. 32절에서 그는 그의 물질 반박을 상기시키는 말들을 사용해서 '알려지지 않고 지각되지 않으며 이해할 수 없는 사물'을 비난한다. 게다가 그는 『시각론』을 출판하기 이전에 『철학적 주석』 403번에서 주장했던 유일한 정신적 원인에 관한 자신의 학설을 『시각론』에서는 한 번도 언급하거나 암시하지 않았으며, 심지어 시각 대상의 수동성도 비치지 않았다. 그러나 이 소책자에서는 원인에 관한 그의 전 학설을 제시하며(11~29절), 모든 감각기관의 대상의 전적인 수동성을 노골적이고 단호하게 선언한다(11절). 즉 그는 질료인(material cause)을 명백하게 부인하는데, 이것은 물질을 부인하는 것이나 다름없다.

마지막으로 '우리는 신 안에서 숨 쉬고 움직이며 살아간다.'는 제목을 고찰해보자. 이 제목은 왜 거기에 있으며, 시각과 무슨 관련이 있는가? 버클리의 저작에는 이 제목이 여러 번 뚜렷하게 등장한다. 그는 이 제목을 논증의 전환점에서 사용한 것처럼 보인다.[114] 직접 작용하고 이루 헤아릴 수 없으며 편재하는 신 개념은 버클리 형이상학의 근본 원리이기 때문이다. 이 제목은 그 개념을 표명하며, 버클리가 비물질주의의 기치로서 표지에 그것을 썼다는 것은 의심의 여지가 없다. 이 소책자는

---

114) 사도행전 17장 28절. 『원리론』 149절, 『세 대화편』 두 번째 대화 214쪽, 세 번째 대화 236쪽, 『알키프론』 대화편 4의 14절, 『철학적 주석』 827번, 《가디언》지에 실린 「기독교의 신 관념」이라는 시론 참조.

『시각론』의 잘못된 가정들을 보충하고 정정하며, 그럼으로써 버클리는 자신의 시각 이론을 비물질주의 철학에 완전히 통합시켰다.

익명의 문필가에게 대답함

1. 선생, 건강 상태가 좋지 않아서 어떤 연구에도 좀처럼 몰두할 수 없거나 몰두할 수 있다 해도 잠깐씩밖에 할 수 없어서 당신 편지[115]에 곧바로 대답하지 못했다는 것은 나의 변명임에 틀림없습니다. 나는 건강 상태가 좋지 않아서 개인적이거나 순전히 사변적인 점들에 관한 논쟁에 참여하지 못하거나 웅변가들의 도전에 전혀 응하지 못할 것입니다. 그들은 속으로 자기들이 이겼다고 생각하겠지요. 실로 모순된 말을 하며 나를 잘못 전하는

---

115) 원주) 1732년 9월 9일 일간지 《데일리 포스트 보이》에 공표되었고, 부록에 실려 있다.

사람한테는 그의 독자에게 그의 말을 내가 말하는 것으로 잘못 알지 말고 자신의 눈을 사용하고 스스로 읽고 검토하고 판단하기를 바라는 것 이상으로 어떤 대답을 할 수 있을까요? 나는 그들의 상식에 호소합니다. 그런 문필가에게는 그런 대답으로 충분할 것입니다. 그러나 나는 논증은 고찰되어야 하고, 그것도 확신시키지 못하는 곳에서는 이성으로써 반박되어야 함을 인정합니다. 그리고 나는 『섬세한 철학자』에 덧붙인 『시각론』이 분별력 있는 사람에게 신의 존재와 직접적인 작용, 변함 없고 겸손한 신의 섭리의 보살핌에 대한 새롭고 반박할 수 없는 증거를 제공한다고 확신하고 있기 때문에, 무신론이 몇몇 사람들이 기꺼이 고백하거나 또는 다른 몇몇 사람들이 기꺼이 믿으려 하는 것보다는 훨씬 더 진보한 시기에 이 증거를 옹호하고 설명하는 데 관여할 뿐만 아니라 그렇게 할 수 있다고 생각합니다.

2. 현재 기독교의 공공연한 적들이 기독교 교회와 그 권리[116]를 옹호한다는 그럴듯한 구실로 기독교를 공격하기 시작했음을 고려하는 사람은 동일한 사람들이 자연종교를 변호하고 있음을 관찰할 때 그들의 견해를 의심스럽게 여길 것이며, 그들이 앞의

---

116) 틴달의 『기독교 교회의 권리』를 가리킨다. 틴달은 1731년에는 『창조만큼 오래된 기독교』를 출판했다.

경우에 보여주었던 것에 비추어 뒤의 경우에 그들의 성실성을 판단하고 싶을 것입니다. 확실히 우리와 관계가 있으며, 우리가 그 안에서 살고 움직이며 존재하는, 주의 깊고 능동적이며, 지성적이고 자유로운 정신의 개념은 심지어 이신론자로 불리는 사람들의 책과 대화에서도 가장 유행하지는 않습니다. 게다가 그들의 책략이 효력을 나타냄에 따라 우리는 도덕적 덕과 자연종교가 쇠퇴하는 것을 명백히 지각할지도 모르며, 파괴되고 있는 계시종교는 무신론이나 우상숭배로 끝날 것임에 틀림없음을 이성과 경험 양쪽으로부터 알게 될지도 모릅니다. 많은 섬세한 철학자들이 오늘날에는 무신론자로 간주되는 것을 좋아하지 않으리라는 것을 고백해야만 할 것입니다. 그러나 20년 전에는 얼마나 많은 사람들이 불신자로 생각되는 모욕을 당했을 것이며, 그들이 지금은 기독교도라고 생각되는 훨씬 더 큰 모욕을 당하고 있는 것은 아닐까요! 무신론에 실제로 오염되지 않은 사람들을 무신론으로 비난하는 것은 부당할 것이므로, 무신론에 실제로 오염된 사람들, 그리고 자신들의 원리를 보급시킨다는 그럴듯한 구실로 그런 사람들을 묵인하는 사람들한테서, 또한 그들이 계시종교를 처리해왔던 것과 똑같은 수작을 자연종교에도 부리는 사건에서 이러한 사실을 간과하는 것은 아주 무자비하고 경솔하다고 인정될 것입니다.

3. 심지어 저 존경받는 문필가[117]한테서도 발견되는, 계시종교뿐만 아니라 자연종교의 모든 의미에서 무신론과 무종교의 강한 조짐이 있다고 누군가가 말한다면, 이신론과 자연종교를 사칭하는 말주변이 좋은 어떤 현학자를 숭배하는 몇몇 순진한 사람들에게 충격을 줄 것임에 틀림없습니다. 게다가 의무 대신에 취향을 도입하고, 사람을 필연적인 행위자가 되게 하고, 미래의 판단을 비웃는 것은 어느 점으로 보아도 무신론자, 또는 종교라면 무엇이든지 파괴하는 사람처럼 보입니다. 그리고 주의 깊은 독자라면 누구나 이것이 무신론자의 원리임을 명백히 발견할 것입니다. 그렇지만 그런 부정확하고 논리가 일관되지 않은 문필가에게 명확한 의미를 고정시키는 것은 언제나 쉽지 않습니다. 섬세한 철학을 할 수 있는 사람들의 지성에 그 방식이 적합해서 영리한 사람들을 믿을 수 없을 정도로 감동시키고 현혹시키는 글쓰기의 어떤, 좋든 나쁘든, 겉만 번지르르하든 진정한 것이든, 의미가 있든 무의미하든, 방식이 있는 것 같습니다. 영리한 사람들은 이 방식에 의해 그들이 알지 못하는 방식과 알지 못하는 곳으로 이끌립니다. 의심할 여지없이 치장하고 사상을 교묘하게 불어넣는, 그리고 심지어 그러는 동안에도 자신의 원리를 부인

---

117) 『덕에 관한 탐구』(*Inquiry concerning Virtue*, 1699), 『도덕가들』(1709)의 저자인 샤프츠버리 백작 3세. 그의 윤리 체계와 종교관은 이곳과 『알키프론』 세 번째 대화편에서 심하게 비판된다.

하는 저 무신론자가 그 원리를 보급시키기에 가장 유망한 사람입니다. 만약 이 지혜가 관찰하는 데 사용되지 않는다면, 또한 이 힘이 우리 행동을 보상하는 데 사용되지 않는다면, 우리가 자신에 대해 책임이 있다고 믿지도 않으며 신이 우리의 심판관임을 믿지도 않는다면, 우주의 구조를 관통하는 지혜와 힘의 가장 강한 흔적을 시인하는 것이 덕과 자연종교를 위하여 무슨 도움이 되는지요?

4. 자연종교가 티끌만큼도 없어도, 법이나 의무의 개념, 군주나 심판관에 관한 믿음, 또는 하나의 신이라는 종교적 의미가 전혀 없어도 질서, 조화, 비율의 불가결한 원리에 관해 말하는 모든 것, 사물의 자연스러운 단정함과 적합함에 관해서 말하는 모든 것, 취향과 열광에 관해서 말하는 모든 것은 충분히 공존하고 상정될 수 있을 것 같습니다. 미, 덕, 질서, 적합함의 관념을 마음이 관조하는 것과 종교의 의미는 별개이기 때문입니다. 우리가 자연스러운 감정 말고는 훌륭한 행동의 어떤 원리도 받아들이지 않는 한 자연스러운 결과 이외에는 아무런 보상도 없습니다. 우리가 『사람의 특성』의 저자, 그리고 그가 자유주의적이고 품위 있는 부류로 간주하는 사람들[118]과 함께 어떤 판단도 이해

---

118) 원주) 『사람의 특성』 3권, 3집, 2장.

하지 못하고, 어떤 두려움도 품지 않으며, 미래 사태에 관한 어떤 희망도 품지 못하고, 이 모든 것을 비웃기만 하는 한, 어떻게 우리를 어떤 의미에서든 종교적이라고 말할 수 있을까요? 또한 여기서 무신론자가 유신론자와 마찬가지로 그의 답변을 찾지 못할지도 모른다는 것은 무슨 말인가요? 그런 책략에서 하나의 신뿐만 아니라 운명이나 자연도 어떤 도덕적 목적에 이바지하지 못할까요? 이것은 근본적으로 그러한 모든 정당한 구실들의 요지가 아닌가요?

5. 확실히 자연종교이든 계시종교이든 어떤 종교의 원리도 갖고 있지 않은 무신론적인 사람들의 수가 늘고 있으며, 하류 계층이 아닌 사람들에서도 역시 그 수가 늘고 있다는 사실은 진정한 심판관으로 인정될 사람이 오래전부터 명백히 시인해왔습니다.[119] 심지어 이 말주변이 좋은 현학자 자신도 이신론과 열광을 사칭합니다. 그러나 만약 섬세한 철학에서 기교가 뛰어난 문필가에 의해 현혹되거나, 또는 그 분파의 몇몇 영리한 사람들과 거리낌없는 대화를 나누기를 원하는 악의 없는 사람들이 **리시클레스**(Lysicles)[120]가 표적을 벗어났으며 그들의 원리를 잘못 전했다

---

119) 원주) 『도덕가들』 2부, 3절.
120) 『알키프론』 대화편에 나오는 두 자유사상가 가운데 한 사람. 알키프론은 샤프츠버리와 더 사려 깊고 일관된 자유사상가들을 나타낸다. 리시

고 생각한다면, 정반대의 것에 만족하기 위해서 그들은 어떤 섬세한 철학자가 최근에 출판한 『죽음에 관한 철학적 논문』[121]에 주목하면 충분합니다. 아마도 몇몇 한가한 사람들은 『기독교 교회의 권리』를 지키기 위한 문필가로부터 『죽음에 관한 철학적 논문』의 칭찬할 만한 저자인 이 솔직한 사람에 이르기까지 그들의 원리 발달과 전개를 추적할 가치가 있다고 생각할지도 모릅니다. 나는 그동안 우리가 어떤 준비된 계획이 신의 속성에 관한 믿음과 자연종교를 점차 손상시키는 것을 관찰할지도 모른다고 생각합니다. 그 책략은 복음에 관하여 점진적이고 은밀하며 성실치 못한 그들의 변론과 나란히 진행됩니다.

6. 무신론적 원리가 더 깊은 뿌리를 가졌고 대부분의 사람들이 상상하는 것보다 더 멀리 보급된다는 것은 범신론, 유물론,

---

클레스는 맨드빌과 예술 애호가들의 견해를 말로 표현한다. 역주) 맨드빌(B. D. Mandeville, 1670~1733). 네덜란드 태생의 영국 윤리학자. 부르주아 사회의 윤리를 편견 없이 폭로하여, 개인의 악덕은 사회의 이익으로서 정당화되어 있다고 주장했다. 이러한 그의 주장은 버클리, 흄, 애덤 스미스, 볼테르 등에 영향을 미쳤다.

121) 『불행한 사람들을 위로하기 위해 쓴, 죽음에 관한 철학적 논문』(*A Philosophical Dissertation upon Death, composed for the consolation of the unhappy*). 어떤 진리 옹호자가 1732년 런던에서 몰건(Morgan)이 번역한 이 작품을 이탈리아의 귀족 라디카티(A. Radicati, 1698~1737)의 것이라고 했다.

운명론은 약간 위장한 무신론에 지나지 않는다는 것, 사람들은 **홉스, 스피노자**[122], **라이프니츠, 베일**[123]의 개념을 즐기며 박수갈채를 보낸다는 것, 자유와 영혼 불멸을 부인하는 사람은 사실상 그 존재를 부인하는 것처럼 모든 도덕적 결과와 자연종교에 관해서 신이 인간 행동의 관찰자요 심판관이며 보상하는 존재임을 부인하는 사람은 신의 존재를 부인한다는 것, 무신론자가 추구하는 논증 과정은 무신앙뿐만 아니라 무신론으로 이끈다는 것을 고려하는 어떤 사람에게도 명백할 것입니다.

[이것의 한 예는 『자유사상가라고 불리는 한 분파의 발생과 성장이 야기한 자유사상론』(A Discourse of Free-thinking occa-

---

[122] 역주) 현대 주석가들은 버클리의 비물질주의의 주된 표적이 에피쿠로스, 홉스, 스피노자와 같은 전통적인 유물론자들보다는 로크라고 보는 경향이 지배적이다. 그러나 그의 원전들에서 표적은 로크만이 아니라, 대체로 (현대) 철학자들, 유물론자들 하는 식으로 복수로 지적되어 있다. 더욱이 『원리론』에서는 서론 11~13절에서 로크를 거명한 것을 제외하면, 유일하게 지적하는 것은 뉴턴(110~116절)이며, 93절에서는 에피쿠로스주의자와 홉스주의자를 지적한다. 『세 대화편』(두 번째 대화, 전집 2권, 213쪽)에서도 바니니(G. C. Lucilio Vanini, 1585경~1619, 물질의 영원성을 주장하여 툴루즈에서 무신론과 마법의 죄명으로 화형당한 나폴리 출신의 사제), 홉스, 스피노자가 거론되며, 다른 어떤 책에서도 로크가 표적으로 언급되지는 않는다.

[123] 역주) Pierre Bayle(1647~1706). 데카르트의 방법적 회의에 철저하여 신앙과 이성 사이에 다리를 놓을 수 없다고 생각한 프랑스 회의주의자. 버클리가 회의주의의 위험에 민감했음은 '회의주의와 무신론자에 반대하여'라는 『세 대화편』의 부제에서 명백하다. 그러나 버클리가 베일을 단 두 번 언급하므로 그 영향을 정확하게 묘사하기는 어렵다.

sioned by the Rise and Growth of a Sect called Free-thinkers)이라는 제목이 붙은 한 책의 저자[124]의 변론에서 볼 수 있습니다. 계시 종교에 관한 사람들의 다양한 주장과 의견으로부터 자신의 무신앙을 교묘하게 불어넣은 그 저자는 신의 본성과 속성에 관한 사람들의 서로 다른 개념, 특히 우리가 유비에 의해 신을 안다는 의견[125]으로부터, 이 의견은 몇몇 후대 사람이 오해하고 잘못 해석해왔기 때문에, 그의 무신론을 비슷한 방식으로 교묘하게 불어넣는 것처럼 보입니다. 그것이 우리 신앙의 부적당한 옹호와 설명의 나쁜 결과입니다. 그리고 경솔한 친구들이 그런 이익을 우리 신앙의 적에게 줍니다. 만약 (아마도 유클리드의 제5권을 고려하지 않은 것으로부터) 이해하지 못한 채 많은 유비를 사용하며, 그 때문에 발을 이 올가미에 살짝 넣었던, 현대적이며 악의가 없는 문필가[126]가 있다면, 나는 그가 발을 다시 살짝 뒤로 꺼내기

---

124) 버클리는 1713년 1월 26일의 편지(랜드의 『버클리와 퍼서벌』 105쪽)에서 1713년 초에 나온 콜린스의 『자유사상론』을 언급하고 있다. 이 책은 같은 «가디언»지에 실린 버클리의 시론들의 계기가 되었다.
125) 원주) 『자유사상론』 42쪽을 볼 것.
126) 더블린에 있는 트리니티 칼리지의 학장(1699~1710), 코크와 로스의 주교(1710~1735), 『인간 지성의 절차, 범위, 한계』의 저자인 브라운. 전통주의자이며 신앙주의자로서 버클리의 논적이었다. 버클리는 『알키프론』(대화편 4. 16~22절)에서 유비에 관한 그의 견해를 공격했고, 브라운은 『자연스럽고 인간적인 것과 함께 유비에 의해 생각한 신적이며 초자연적인 것』에서 대답했다.

를 바라며, 훌륭한 사람들에게 추문을 일으키고 무신론자에게 승리를 가져다주는 대신에 최초의 의미를 신중하게 해명하여 빠져나가기를 바랍니다. 그리고 낱말의 본래의 의미에서 지식과 지혜는 신에 속하며, 우리는 비록 무한히 부적절하기는 해도 신의 속성에 속하는 몇몇 개념을 선천적 시각장애인이 빛과 색깔에 관해 가질 수 있는 것보다 훨씬 많이 갖고 있음을 인정함으로써 신과 그의 속성을 다른 기독교도들의 문제로 말하도록 되돌아오기를 바랍니다.]

그러나 되돌아가서 만약 내가 그들의 저작에서 무신론을 보고, 그들이 대화에서 무신론을 고백하며 그들의 관념이 무신론을 함축하며, 그리고 만약 그들의 목적이 대답되지 않고 오히려 무신론을 상정함으로써 그들을 이끄는 저자[127]가 무신론을 논증하는 척했지만 대중으로부터 그의 논증을 숨기는 것이 적합하다고 생각했다면, 만약 이것이 그들의 회원제 조직에 알려졌는데도 그 저자를 추종하고 자연 종교의 신봉자로 세상 사람에게 말

---

127) 콜린스. 『알키프론』의 광고(Advertisement)를 볼 것. 『수학에서 자유 사상의 옹호』(*A Defence of free-thinking in Mathematics*) 7쪽에서 핼리(E. Halley)에 대한 그럴듯한 언급 참조. 역주) E. Halley(1656~1742). 영국의 천문학자. 1682년 출현한 대혜성을 관찰, 그것을 1531년과 1607년에도 출현하였던 혜성의 회귀라고 주장하였고, 1705년 뉴턴의 역학을 적용하여 그 궤도를 산정하여 『혜성 천문학 총론』(Synopsis of the Astronomy of Comets)을 간행했다. 그 후 그 대혜성을 핼리혜성이라고 불렀다.

했다면, 만약 이것이 사실이라면(나는 그렇다고 알고 있다.) 그들의 책략에 찬성하는 사람들이 확실히 무엇을 꾸며대는지 드러내고 반박하는 것이 다른 사람들의 의무입니다.

7. 신의 특성은 명백히 사리를 분별할 줄 알고 평범한 지성을 가진 사람들에게 삼라만상을 통해서 크고 알기 쉽게 나타나는데도 우리에게는 맞서 싸워야 하는 다른 적들, 개종시켜야 하는 다른 변절자들, 그릇된 체계에 선입관을 가지며 또한 통속적인 논증에 반대되는 증거에 선입관을 가진 사람들이 있습니다. 우리는 그 사람들을 다른 토대에서 다루어야 한다는 것을 고려해야만 합니다. 자부심이 강하고 형이상학적이며 이의 제기를 좋아하는 사람들은 다른 방식으로 다루어야 합니다. 우리는 그들이 좋아하는 것은 철학, 학문, 사색에 대한 모든 권리를 독점하는 것이라고 생각하기 때문에 우리가 그들을 포기하기로 결심했다는 것을 제외하고 모든 형태의 진리와 이성이 똑같이 그들에 반대한다는 것을 보여주어야만 합니다.[128]

---

128) 역주) 처음 7절까지 영국 자유사상의 발생과 본성에 대한 설명이 17세기와 18세기 초의 자유사상에 관해 우리가 접할 수 있는 가장 면밀한 당시의 설명이다. 특히 샤프츠버리와 콜린스에 대해서는 그들의 저작을 직접 읽고 느끼는 것보다 훨씬 더 음흉하고 급진적으로 암시한다. 이러한 관점은 "복음에 관한 그들의 변론은 점진적이고 은밀하며 성실치 못하다."는 5절의 표현에서도 잘 나타난다.

8. 한편 다음과 같이 많은 것들이 명백합니다. 이 『시각론』에 몰두하고 싶지 않을 저 훌륭한 사람들은 잘못을 발견할 이유가 전혀 없습니다. 그들은 하나의 신에 대한 다른 모든 논증들을 충분히 소유하며, 그것들 가운데 어느 것도 이 시론에 의해 약해지지 않으므로, 그들이 있었던 바로 그곳에 있습니다. 그리고 이 주제를 검토하고 고찰하려고 애쓰지 않을 사람들에 관해서 나는 그들이 그토록 많은 무신론의 책략이 부흥하거나 창안되는 시대에 우리 마음에 현전하며 우리 행동을 지도하는 한 신의 직접적인 보살핌과 섭리의 증거로 단 하나의 자연에 관한 새로운 논증을 발견해서 기쁘게 되기를 바랍니다. 나는 이러한 고찰들로 사람의 행위와 사건을 면밀히 살피고 그것들과 동시에 작용하며 그 자신이 거기에 관여하는 신의 철저한 의미를 사람들에게 일깨우고 소유하게 하는 데 이바지하기보다 더 나 자신을 쓸모 있게 사용할 수 없음을 확신하게 되었습니다. 따라서 나는 내가 시각에 관해 썼던 것에 관한 당신의 비평으로부터 이러한 일을 하기 위해서 이성에 호소한다는 것이 당신의 비위에 거슬리지 않기를 희망합니다. 서로 수단은 다르더라도 목적에서는, 그리고 진리에 대한 공평무사함과 사랑에서는 일치할 수도 있기 때문입니다.

9. 나는 감각 대상을 감각기관에 의해 고유하게 지각되는 것으로 이해합니다. 감각기관에 의해 고유하게 지각되는 것은 직

접 지각됩니다. 어떤 감각기관에 의해서 고유하게 직접 지각되는 것 이외에 마찬가지로 고유하고 직접적인 그 대상에 의해서 마음에 시사되는 다른 것이 있을 수도 있습니다. 그렇게 시사되는 것은 그 감각기관의 대상이 아니라, 사실은 상상력의 대상일 뿐이며 원초적으로 어떤 다른 감각기관이나 능력에 속한 것입니다. 그래서 소리는 청각 고유의 대상이며, 어떤 다른 감각기관이 아니라 청각에 의해 고유하게 직접 지각됩니다. 그러나 소리나 낱말을 매개로 다른 모든 것이 마음에 시사될 수도 있지만, 그렇게 시사된 것은 청각 대상으로 생각되지 않습니다.[129]

10. 각 감각기관에 특유한 대상은 그 감각기관에 의해서만 정확하게 또는 엄밀하게 지각되지만 다른 어떤 감각기관에 의해서 상상력에 시사될 수도 있습니다. 그러므로 모든 감각기관의 대상은 모든 감각적 사물을 표상하는 능력인 상상력의 대상이 될 수도 있습니다. 따라서 시각에 의해서만 정확하게 지각되는 색깔은 푸른 또는 붉은이라는 낱말을 듣자마자 상상력에 의해서 파악될 수도 있습니다. 색깔은 일차적이고 고유한 방식에서 시각의 대상이며, 이차적 방식에서는 상상력의 대상이지만, 청각의

---

[129] 역주) 버클리의 후기 저작들과 밀접한 관계를 보여주는 부분은 9절부터 29절까지이다.

대상으로 고유하게 상정될 수는 없습니다.

11. 감각기관의 대상은 직접 지각되는 것이므로 다르게는 관념이라고 불립니다. 이 관념의 원인 또는 관념을 산출하는 힘은 그 자체가 지각되지 않고 그 결과, 즉 감각기관에 의해 지각되는 대상이나 관념으로부터 이성에 의해서 단지 추론되므로 감각기관의 대상이 아닙니다. 감각기관의 관념으로부터 이성에 의한 추론은 힘, 원인, 작인에 알맞습니다. 그러나 그 결과 우리는 관념이 이 힘, 원인 또는 능동적 존재자와 같은 것이라고 추론해서는 안 됩니다. 반대로 한 관념은 단지 또 다른 관념과 비슷할 수 있으며, 우리 관념 또는 감각기관의 직접적인 대상 안에는 어떤 힘, 인과성 또는 작인도 포함되지 않는다는 것은 분명한 것처럼 보입니다.

12. 따라서 당연한 결과로서 관념의 힘이나 원인은 감각기관의 대상이 아니라 이성의 대상이 됩니다. 원인에 관한 우리의 지식은 결과에 의해, 힘에 관한 우리의 지식은 우리 관념에 의해 측정됩니다. 그러므로 우리는 외적 원인이나 힘의 절대적 본성에 대해서 아무것도 말할 것이 없습니다. 그것은 결코 우리 감각기관이나 지각의 대상이 아닙니다. 그러므로 감각 대상의 명칭이 한정되고 이해할 수 있는 뜻으로 사용될 때마다, 그것은 절대적

으로 존재하는 외적 원인이나 힘을 뜻하는 데 사용되는 것이 아니라, 그것에 의하여 산출된 관념 자체를 뜻하는 데 사용됩니다.

13. 함께 연관된 것으로 관찰되는 관념들은 통속적으로는 원인과 결과의 관계에 있다고 여겨지는 반면에, 엄밀하고 철학적인 진리에서는 의미된 것에 대한 기호로서만 관련됩니다. 우리는 자신의 관념을 알기에 한 관념이 다른 관념의 원인이 될 수 없다는 것을 알기 때문입니다. 우리는 감각기관에 의한 자신의 관념이 관념 자체의 원인이 아님을 압니다. 마찬가지로 우리는 우리가 관념을 일으키지 않는다는 것도 압니다. 따라서 우리는 관념이 우리들, 그리고 관념 자체와는 구별되는 어떤 다른 작용인(efficient cause)을 가짐에 틀림없음을 압니다.

14. 시각을 다룰 때 결과와 현상, 내 감각기관에 의해 지각된 대상, 촉각 관념과 연관되는 것으로서 시각 관념을 고찰하는 것, 그리고 유사성에 의해서건, 필연적 연관성에 의해서건, 기하학적 추론에 의해서건, 아니면 임의적인 관례에 의해서건 간에 한 관념이 어떻게 다른 감각기관에 속하는 또 다른 관념을 시사하며, 시각적 사물이 어떻게 촉각적 사물을 시사하고, 현전하는 사물이 어떻게 멀리 있는 미래의 사물을 시사하는지를 탐구하는 것이 나의 목적이었습니다.

15. 두 감각기관에 공통인 어떤 관념이 있다는 것은 실로 수학자와 철학자들 사이에서는 일반적인 의견이며 의심할 여지없는 원리였습니다. 거기서부터 제1성질과 제2성질의 구별이 발생했습니다. 그러나 나는 시각과 촉각 양쪽에 의해 지각되는 하나의 공통 대상, 한 관념 또는 관념의 종류와 같은 것은 전혀 없다는 것을 증명했다고 생각합니다.[130]

16. 시각의 본성에 관하여 당연히 엄밀하게 다루기 위해서는 첫째로 우리 자신의 관념을 정확하게 고찰하는 것, 어디에 차이가 있는지 구별하는 것, 사물을 올바른 이름으로 부르는 것, 용어를 정의하고 용어의 애매한 사용으로 우리 자신과 다른 사람을 당황케 하지 않는 것이 필요합니다. 이것이 부족하거나 이것을 간과해서 종종 실수를 저질러왔습니다. 따라서 사람들은 마치 한 관념이 또 다른 관념의 작용인인 것처럼 말하며, 이성의 추론을 감각기관의 지각으로 잘못 알고, 어느 정도 외적인 것에 존재하는 힘과 사실상 우리 자신의 관념일 뿐인 감각기관의 고유한 대상을 혼동합니다.

17. 우리가 시각의 본성을 잘 이해하고 고찰했을 때 거기서부

---

130) 원주) 『시각론』 127절 이하.

터 추리에 의해 우리 관념의 외적이며 보이지 않는 원인(그것이 하나이건 여럿이건 간에, 지적이건 무지하건 간에, 능동적이건 비활성적이건 간에, 물체이건 정신이건 간에)에 관한 약간의 지식을 더 잘 얻을 수 있을지도 모릅니다. 그러나 이 이론을 이해하고 파악하기 위해서, 그리고 그것의 참된 원리를 발견하기 위해서 가장 그럴듯한 방법은 알려지지 않는 실체, 외적 원인, 작인, 또는 힘에 유의하는 것도 아니며, 불명료하고 지각되지 않으며 전혀 알려지지 않는 사물에 관해서 또는 그 사물에서 어떤 것을 추리하거나 추론하는 것도 아니라는 점을 고려해야 합니다.

18. 우리가 이 탐구에서 지각하는 대상 또는 자신의 관념에 관심이 있듯이 우리는 그것에 의거해서 추리해야 합니다. 전혀 알려지지 않는 사물을 마치 우리가 아는 것처럼 다루어서 시작을 불명료하게 하는 것은 확실히 진리 발견에 가장 적절한 수단으로 보이지 않을 것입니다. 따라서 만약 시각의 본성에 대해 지금 막 논하려는 사람이 시각 관념에 주목하는 대신에, 시각 대상을 우리 마음에 시각 관념을 산출한 저 불명료한 원인, 저 보이지 않는 힘이나 작인이라고 정의한다면, 그것은 잘못된 일일 것입니다. 확실히 그런 원인이나 힘은, 그것에 관해 우리가 아는 것이 단지 결과에 관해 아는 것인 한, 감각기관의 대상이나 광학의 대상인 것처럼 보이지 않습니다. 이와 같이 많은 것을 전제로

서 말하고 나서 이제 나는 당신이 편지에서 규정한 원리들을 고찰하기 시작하겠습니다. 나는 그 원리들을 놓인 순서대로 다룰 것입니다.

19. 첫 번째 구절이나 절에서 당신은 "안에 있는 어떤 관념의 원인인, 외부에 있는 것은 무엇이든지 나는[131] 감각기관의 대상이라고 부른다."고 말합니다. 그리고 당신은 이렇게 말한 뒤에 곧[132] "우리는 아무리 해도 외부 대상의 관념을 가질 수 없다."고 말합니다. 따라서 당신은 감각기관의 대상으로서 우리가 그것에 대해 어떤 방식의 관념도 가질 수 없는 것을 뜻하는 결론이 나옵니다. 이처럼 감각기관의 대상을 전혀 비감각적이거나 지각될 수 없다고 하는 것은 내게는 상식과 언어의 용법에 정반대되는 것처럼 보입니다. 나는 사물이라는 뜻에 그런 정의를 정당화하는 것은 전혀 없다는 것이 전제로서 말했던 것[133]으로부터 명백하다고 생각합니다. 그리고 나는 그것이 받아들여진 습관과 의견에 정반대된다는 것을 당신이 최초로 만나는 사람의 경험에 호소합니다. 나는 그가 당신에게 감각기관의 대상은 전혀 지각할 수 없고 알려지지 않는 사물이 아니라 감각기관에 의해 지각

---

131) 역주) 원문에는 you로 되어 있지만 I로 바로잡음.
132) 원주) 편지 4절
133) 원주) 『시각론』 9, 11, 12절.

되는 것을 뜻한다고 말하리라고 추측합니다. 바깥에 존재하는 존재자, 실체, 힘은 실로 어떤 다른 학문에 관한 논고에 중요할지도 모르며, 거기서 탐구의 고유한 주제가 될지도 모릅니다. 그러나 광학 논고에서 왜 그것들을 시각 능력의 대상으로 고려해야 하는지 나는 이해하지 못합니다.

20. 우리는 시각의 실재적 대상[134]을 보며, 우리가 보는 것을 압니다. 그리고 이러한 감각기관과 지식의 참된 대상, 즉 우리 자신의 관념은 참된 시각 이론을 이해하기 위해서 고려되고 비교되고 구별되어야 합니다. 이 관념의 외적 원인이 동일한 것이든 다양하고 잡다한 것이든 간에, 사고력이 있든 없든 간에, 정신이든 물체이든 또는 우리가 그것에 관해 생각하거나 결정하는 그 밖의 무엇이든지 간에 시각 현상은 그 본성을 바꾸지 않으며, 우리 관념은 여전히 동일합니다. 내가 잘못된 원인 개념을 가질지라도, 또는 그것의 본성을 전혀 모를지라도, 그 때문에 내 관념에 관해 참되고 확실한 판단을 내리는 것, 즉 내가 어느 관념들이 동일하고 어느 관념들이 다른지, 관념들이 어디에

---

[134] 우리의 시각적 감각 자료와 다른 감각 자료의 원인으로 상정된, 시각적이지도 촉각적이지도 않으며 물질적인 사물과 대상을 동일시하려는 비판자에 반대해서 버클리가 시작하면서 주장하는 것의 요점. 여기서 화제는 물질의 존재이다.

서 일치하고 어디에서 일치하지 않는지, 어느 관념들이 함께 연관되고 이 연관성이 어디에 있는지, 이 연관성이 자연의 유사성에서 발견되는지 기하학적 필연성에서 발견되는지 아니면 단지 경험과 습관에서 발견되는지를 아는 데 지장이 있는 것은 아닙니다.

21. 두 번째 절에서 당신은 "만약 우리가 하나의 감각기관만을 가졌다면, 우리는 외부에 대상이 전혀 없다고 결론 내리기 쉽겠지만, 동일한 대상이 서로 다른 감각기관에 의한 관념들을 일으키는 원인이므로 우리는 거기서 그 존재를 추론한다."고 말합니다. 그런데 나는 우선 여기서 가정되는 요점에 관해서 어찌할 바를 모르겠으며, 우리가 동일한 대상이 서로 다른 감각기관에 의해 관념을 일으킨다는 것을 어떻게 알게 되는지 기꺼이 듣고자 한다고 말합니다. 그 다음으로 나는 설령 내가 하나의 감각기관만을 갖는다 해도 그 감각기관에 의해 지각되는 감각이나 관념을 산출하는, 나의 외부에 어떤 원인(당신은 그것이 하나의 대상이라고 정의하는 것처럼 보이는데)이 있다고 추리하고 결론 내리리라고 인정해야만 합니다. 그 이유는 내가 만약 관념을 일으키지 않았다는 것을 의식하고 관념이 관념 자체의 원인이 아님을 안다면, 그 두 점은 매우 뚜렷한 것처럼 보이며, 명백하게 나와 관념과는 구별되는 어떤 다른 제3의 원인이 있음에 틀림없다는 결

론이 나오기 때문입니다.

22. 세 번째 절에서 당신은 "서로 다른 감각기관의 관념들 사이의 연관성은 오직 경험에서 발생한다."는 것을 나와 함께 시인합니다. 이 점에서 우리는 일치합니다. 네 번째 절에서 당신은 "하나의 외부 대상을 나타내는 낱말은 관념의 방식이 아닌 것의 표시이며, 우리는 아무리 해도 단독으로 외부에 있는 어떤 것의 관념을 가질 수 없다."고 말합니다. 여기서 알려지지 않는 외부 대상에 관해 말하는 것은 이미 고찰했습니다.[135]

23. 편지의 다음 절에서 당신은 "우리 관념은 외부 대상과 임의로 연관될 뿐이며, 전혀 비슷하지 않고, 우리 관념의 변화는 대상의 변화를 함축하거나 암시하지 않으며, 대상은 여전히 동일한 채로 있으리라."라고 선언합니다. 그런데 이미 한 번 이상 말했던, 대상이라는 낱말의 혼란스러운 사용에 대해 아무것도 말하지 않기 위해서 나는 이 절에서 주장한 요점은 뒤에 나오는 다른 요점들과 일치하는 것처럼 보이지 않는다는 것만을 언급하려 합니다.

---

135) 원주) 『시각론』 19절.

24. 그 이유는 여섯 번째 절에서 당신은 "사물들의 현 상황에서 관념과 대상 사이에 절대 오류가 없는 어떤 연관성이 있다."고 말하기 때문입니다. 그러나 당신에 따르면[136] 우리는 결코 그런 대상을 지각하지 않으며 그것에 관한 어떤 관념도 가질 수 없는데, 어떻게 이 연관성을 지각할 수 있는지요? 또한 그것을 지각하지 못하는데 어떻게 우리는 이 연관성이 절대 오류가 없이 확실하다는 것을 알 수 있는지요?

25. 일곱 번째 절에서는 "우리는 절대 오류가 없는 우리 경험에서 한 감각기관의 관념으로부터 다른 감각기관의 관념으로 논증할 수도 있다."고 말합니다. 그러나 나는 시각 관념과 촉각 관념 사이의 연관성에 관한 우리 경험은 절대 오류가 없는 것이 아님은 명백하다고 생각합니다. 만약 그 경험에 절대 오류가 없다면 회화, 투시도, 굴절 광학이나 어떤 다른 방식에서도 **시각적 속임**은 결코 있을 수 없기 때문입니다.

26. 마지막 절에서 당신은 "우리는 대상의 변화에 따라 각 감각기관의 관념의 변화에서 적절한 비율이 관찰된다는 것을 경험을 통해 분명히 알게 된다."고 확언합니다. 그런데 나는 이 절과

---

136) 원주) 편지 4절.

다섯 번째 절을 도저히 조화시킬 수 없으며, 또한 어떻게 대상의 변화가 서로 다른 감각기관의 관념에서 균형 잡힌 변화를 산출하는지를 경험에 의해 알게 되는지, 또한 실로 어떻게 우리가 그것에 관해 어떤 방식의 관념도 갖지 않거나 가질 수 없는, 전혀 알려지지 않는 대상의 변화로부터 또는 그 변화에 관해서 무엇인가를 경험에 의해 알게 되는지 도저히 이해할 수 없습니다. 어떻게 내가 지각하지 않거나 알지 못하는 것이 변화된다고 지각하거나 알 수 있을까요? 그리고 그 변화에 관해 아무것도 알지 못하면서 어떻게 그 변화에 의해서 무엇인가를 계산하고, 그 변화에서 무엇인가를 연역하고 또는 그 변화에 관해 어떤 경험을 한다고 말할 수 있을까요?

27. 내가 올바르게 이해하고 고찰하는 것이라면, 당신은 전제로서 밝힌 소견을 통해 "나의 『시각론』은 대부분 실패로 돌아감에 틀림없으며, 광학 법칙은 오래되고 흔들리지 않는 토대 위에 서 있다는 것이 발견되리라."는 결론이 나온다고 말하고 있습니다. 그러나 당신의 비평을 고찰하고 이해하려고 노력했지만, 어떻게 이 결론이 그 비평에서 추론될 수 있는지 전혀 이해하지 못합니다. 당신이 그러한 추론에 돌리는 이유는 '한 감각기관에서 우리 관념은 또 다른 감각기관에서의 우리 관념과 전혀 다른데도 그 관념들은 외부에 하나의 공통 원인(당신은 이것에 관해서 우

리는 가장 희미한 관념조차도 도저히 가질 수 없다고 말하는데)을 갖고 있으므로 우리는 한 관념으로부터 다른 관념으로 정당하게 논증할 수도 있기 때문'이라는 것입니다. 그런데 나의 이론 어디에서도 우리가 한 감각기관의 관념에서 또 다른 감각기관의 관념으로 유비와 경험에 의해서 정당하게 논증하지 못하리라고 상정하지 않았습니다. 그와 정반대로 바로 이 점이 처음부터 끝까지 확언되고, 증명되며, 또는 상정됩니다.[137]

28. 실로 나는 우리가 시각 관념에서 촉각 관념으로 추리하는 것이 어떻게 알려지지 않는 하나의 공통된 외적 원인에 관한 고찰을 포함하는지 또는 그 고찰에 의존하는지 알지 못하지만, 그러한 추리가 단지 단순한 관습이나 습관에 의존한다는 것을 압니다. 한 감각기관의 어떤 관념이 다른 감각기관의 어떤 관념에 수반되거나 연관된다는 내 경험이 전자가 후자를 시사할 수도 있다는 충분한 이유라고 나는 생각합니다.

29. 그 다음으로 당신은 "한 감각기관 안에 있는 다양한 모든 관념의 원인인, 외부의 어떤 것은 역시 또 다른 감각기관 안에 있는 다양한 관념들의 원인이기도 하며, 그 다양한 관념들은 그

---

137) 원주) 『시각론』 38, 78절 등.

원인과 필연적으로 연관되므로 우리는 동일한 대상에 관한 우리의 촉각 관념에서 어떤 것이 우리의 시각 관념이 될지 아주 정당하게 증명한다."고 확언합니다. 이에 대해 그 알려지지 않는 어떤 것이 두 경우에 동일한 것인지 아니면 서로 다른 것인지 탐구하는 것은 광학과 관계없는 문제이지만 시각 능력에 의한 우리 지각이 꼭 같을 것이므로 우리는 그 문제를 결정하는 것이라고 말할 수도 있겠지요. 어쩌면 나는 우리의 시각 관념을 일으킨 동일한 존재자가 마찬가지로 우리의 촉각 관념뿐만 아니라 우리의 다른 모든 감각기관들의 모든 관념들도 그것들의 모든 변화와 함께 일으킨다고 생각하는지도 모릅니다.[138] 그러나 이것은 우리의 목적과 관계없는 것이겠지요.

30. 우리 관념은 그런 원인과 **필연적으로** 연관된다는 당신이 제시한 의견에 관해서 말하자면, 그것은 내게 **근거 없는 의견**처럼 보입니다. 이 주장에 대해서는 어떤 이유도 대지 않으며, 나는 이유 없이는 그 주장에 동의할 수가 없습니다. 내가 인정하는 관념이나 결과는 명백히 지각됩니다. 그러나 당신은 원인이 전혀 알려지지 않는다고 말합니다.[139] 그러므로 어떻게 당신은 그

---

[138] 마음 바깥에 있는 촉각 대상을 가정하는 시각에 관한 이 시론의 형이상학적 입장은 하나의 임시 특성에 속하며, 『원리론』의 완전한 비물질주의를 향하는 경향이 있다는 하나의 암시이다.

런 알려지지 않는 원인이 임의로 작용하는지 아니면 필연적으로 작용하는지 말할 수 있는지요? 나는 결과나 현상을 보며, 결과는 하나의 원인을 가져야만 한다는 것을 압니다. 그러나 나는 관념이 그 원인과 갖는 연관성이 필연적이라는 것을 보거나 알지 못합니다. 어떤 것이 있을지라도 나는 내가 그런 필연적인 연관성을 보지 못하며, 그 결과로서 한 감각기관의 관념으로부터 또 다른 감각기관의 관념으로 그 연관성에 의해서 증명할 수 없음을 확신합니다.

31. 당신은 촉각적인 각과 선에 의해 시각을 말하는 것은 전적으로 무의미하기는 하지만 촉각의 각과 선으로부터 동일한 공통 대상에서 발생하는 시각 관념으로 증명해나가는 것은 아주 양식 있는 일이라고 덧붙입니다. 만약 이것이 단지 사람들은 광학에서 선과 각에 의해서 기하학적으로 논증하고 계산하리라는 것을 뜻한다면, 그것은 내 이론과 전혀 반대되는 것이 아니기에 나는 그와 동일한 내용을 명백히 밝힌 바 있습니다.[140] 내가 인정했다시피 이 학설에는 실로 확실한 한계가 있으며, 광학 저술가들이 우리가 선과 각에 의해서 또는 일종의 자연 기하학에 의

---

139) 원주) 편지 1절과 4절.
140) 원주) 『시각론』 78절.

해서 판단한다고 생각했던 다양한 경우가 있습니다. 그것에 관해서 나는 그들이 잘못을 범했으며, 내가 그것에 대한 이유를 제시했다고 생각합니다. 그리고 그 이유는 당신의 편지에서 언급하지 않았기에 나에게는 효력을 지닙니다.

32. 그런데 나는 그 결론을 서둘러 썼음을 시사하는 당신의 의견을 일일이 다시 살펴보았고, 나의 주의력을 최대한 집중해서 그것을 고찰했습니다. 그러므로 이제는 당신의 의견이 나를 『시각론』에서 내가 주창했던 것에서 어쩔 수 없이 벗어나게 하는 것을 포함하는지 그렇지 않은지에 대한 판단은 사려 깊은 독자에게 맡겨야만 합니다. 내가 아무리 자진해서 하는 것일지라도 이 경우에 내 마음대로 순수한 만족감에 빠질 수는 없는 일입니다. 솔직히 말해서 『시각론』에서 내가 주창했던 것에서 벗어나는 것은 알려진 오류를 공표하는 것이며, 옹호하기보다는 단념하는 것이 훨씬 더 올바르고 존경할 만한 일이라는 만족감에 말입니다. 반대로 그 이론은 무너지지 않을 것처럼 보입니다. 그것은 사람들이 선과 각에 의해서 보지 않는다는 것에 대해 당신과 나의 의견이 일치하기 때문이며, 그 반면에 내가 명백히 보여 주었듯이 우리가 광학에서는 역시 선과 각에 의해서 계산하리라는 것에 당신과 의견이 일치하기 때문입니다. 그리고 당신의 편지에서 대상, 동일한 대상, 대상의 변화에 관해서 말하고 있는

모든 것은 우리 관념을 감각기관의 대상으로 여기는 이론, 당신이 대상이라는 낱말로써 뜻하는 알려지지 않고 지각되지 않으며 이해할 수 없는 사물[141]과 아무런 관계가 없는 이론과는 아주 이질적인 것이기 때문입니다. 만약 우리가 기하학에 의해서 보지 않는다[142]는 것을 인정한다면, 만약 광학에서 받아들여진 이론들이 제시한 현상에 대한 설명이 불충분하고 결점이 있다는 것이 명백하다면, 만약 다른 원리들이 시각의 본성을 설명하는 데 필수적임이 발견된다면, 만약 광학 저술가들의 오래된 기존의 보편적 가정과 정반대로 두 감각기관에 공통인[143] 관념이나 일종의 관념이 전혀 없다면, 확실히 광학의 법칙은 오래되고 흔들리지 않는 토대 위에 서 있지 못할 것입니다.

33. 우리는 불안정하거나 애매한 용어를 사용함으로써 다른 사람뿐만 아니라 종종 우리 자신도 속입니다. 사람들은 대상은 지각되어야 한다고 상상할 것입니다. 나는 대상이라는 낱말이 다른 의미로 사용될 때 그 의미에 당황하며, 그 결과로서 그것에 관한 어떤 논증이나 결론도 이해할 수 없음을 고백해야겠습니다. 그리고 나로서는 주제의 특이한 본성뿐만 아니라 표현의 어

---

141) 원주) 『시각론』 14절.
142) 원주) 편지 8절.
143) 원주) 『시각론』 127절.

떤 부정확함으로, 그것을 설명하거나 생각하는 것이 언제나 쉽지는 않지만, 서두르는 독자에게 시각에 관한 나의 논고가 어렵지 않았으리라고 확신하지는 못합니다. 그러나 정당하게 주목하는 사람, 그리고 내 말을 자신의 생각의 계기로 삼는 사람에게 나는 전체가 아주 알기 쉬우리라고 생각합니다. 그것이 올바르게 이해될 때 그것에 동의하게 될 것임을 거의 의심하지 않습니다. 만약 내가 실수하지 않는다면 적어도 내가 확언할 수 있는 한 가지 것은 진정으로 애썼고 그것에 관해 많이 생각했기에 나는 서두름도 부주의도 이유로 내세울 수 없다는 것입니다.

34. 선생! 만약 당신이 그 주제에 관해 더 상세히 생각하고, 내 논고에서 특정한 구절을 지적하고, 일반적으로 받아들여진 개념들에 대한 나의 반대 의견들에 대답하고, 나를 대신하여 내 논증들을 반박하거나 당신 자신의 이론을 특별히 적용할 만한 가치가 있다고 생각했다면, 의심할 여지없이 당신의 의견이 나에게 도움이 되었을지도 모릅니다. 그러나 나에게는 우리가 서로 다른 것을 고찰하거나 아니면 동일한 것을 전혀 도움이 될 수 없는 것과 같은 서로 다른 견해로 고찰하고 있었던 것처럼 보입니다. 그렇지만 나는 이 기회를 내 이론을 더 쉽고 뚜렷하게 하기 위해서 재검토하는 계기로 삼고자 합니다. 그리고 내가 이 주제에 때마침 몰두했기 때문에 더욱 그것에 친숙해졌습니다. 자

신에게 친숙한 것을 다룰 때 우리는 그것이 다른 사람에게도 그러리라고 생각하기 아주 쉽습니다.

35. 엄격한 의미에서는 참이 아니지만 단지 대중이 받아들이고[144] 참이라고 인정한 다양한 것을 참으로 인정하는 광학 저술가들의 길들여진 문체로 시작하는 것은 불가피하지는 않다 해도 적절한 것처럼 보였습니다. 우리 마음속에는 시각 관념과 촉각 관념 사이에 오래되고 밀접한 연관성이 있어왔습니다. 따라서 우리는 그것들을 하나로 여깁니다. 이 선입관은 삶의 목적에 충분히 잘 어울리고 언어는 이 선입관에 어울립니다. 학문과 사색의 작업은 가장 밀접하게 연관된 것들을 풀고, 혼란스럽고 골치 아픈 대신에 서로 다른 것을 구별하며, 우리에게 뚜렷한 견해를 제시하고, 점차 우리의 판단을 바로잡으며, 판단을 철학적인 정확함으로 환원함으로써 우리의 선입관과 잘못을 해명하는 것입니다. 그리고 이 작업은 시간이 걸리며 서서히 이루어지므로 쉬운 말을 쓰려는 유혹을 피하는 것, 그리고 엄밀하게 말해서 사물을 참되게 말하지도 않고 일관되게 말하지도 않음으로써 현혹됨에서 벗어나는 것은 설령 가능하다 할지라도 극도로 어렵습니다. 그렇기 때문에 독자는 사고력과 허심탄회함을 더 특별히 필

---

144) 『시각론』 44절의 '그 통속적인 잘못' 참조.

수적으로 갖추어야 합니다. 언어는 사람들의 예지와 삶의 용도에 순응하기 때문에 그 안에서 사물의 용도와는 아주 멀고 우리 예지와는 아주 반대되는 사물의 정확한 진실을 표현하기는 어렵기 때문입니다.

36. 다른 것을 고안할 때와 마찬가지로 시각을 고안할 때 섭리의 지혜는 사람의 이론보다는 차라리 사람의 작용을 참고한 것처럼 보입니다. 사물은 사람의 작용에 훌륭하게 일치하지만 바로 그것에 의해서 사람의 이론은 종종 복잡해집니다. 이 직접적인 시사와 변함 없는 연관성이 우리 행동을 지시하기에 유용한 만큼, 우리가 혼란스러운 사물들을 구별하는 것, 그리고 우리가 연관되고 함께 섞인 사물들을 분리하는 것도 유용하며, 진리를 사색하고 아는 데에도 필수적이기 때문입니다.

37. 이전의 광학 저술가들은 시각적 사물과 촉각적 사물의 이 연관성과 관계, 차이, 그것들의 본성, 힘과 의미에 관한 지식을 온당하게 고려해오지 않았으며, 이러한 지식이 부족하기 때문에 혼란스럽고 불완전했던 광학에서 이 지식은 아주 절실하게 요구되어왔던 것처럼 보입니다. 그러므로 시각을 이해하기 위해서는 이러한 철학적 종류의 논고가 최소한 눈, 신경, 막, 체액, 굴절력, 신체적 본성과 빛의 운동에 관한 물리적 고찰만큼이나 필수

적입니다. 또한 우리의 판단이 기하학의 대상에 비례하는 한 우리 판단을 계산하고 어떤 규칙과 척도로 환원하기 위해서는 광선 굴절을 응용한 안경과 거울에서 **실천**이나 이론을 위한 선과 각의 기하학적 응용이 필수적입니다. 완전한 광학 이론을 위해서는 시각을 이 세 관점에서 고찰해야 합니다.

38. 시각 이론을 고찰하면서 나는 사람들이 종종 거짓되고 통속적인 가정으로부터 진리에 도달하는, 알려진 어떤 방법을 언급했음에 주목해야 합니다. 반면에 이미 발견된 학문이나 진리를 전달하는 종합적 방법에서 우리는, 분석에서 결론이 종합에서 원리로 가정되는, 역순으로 나아갑니다. 그러므로 나는 이제 **시각은 조물주의 언어**라는 그 결론에서 시작해서 거기서부터 현상에 관한 정리와 해결책을 연역하고 시각적 사물과 시각 능력의 본성을 설명할 것입니다.

39. 다른 관념과 연관된 것으로 관찰되는 관념은 기호로 여겨지게 됩니다. 감각기관에 의해 실제로 지각되지 않는 사물은 그 기호에 의해 상상력에 알려지거나 시사됩니다. 사물은 상상력의 대상이며 상상력만이 사물을 지각합니다. 그리고 소리가 다른 사물을 시사하듯이 문자도 그 소리를 시사합니다. 그리고 일반적으로 모든 기호는 그것에 의해 표시되는 사물을 시사하며, 자

체와 빈번하게 결합되어왔던 또 다른 관념을 마음에 제시하지 않는 관념은 없습니다. 어떤 경우에는 한 기호가 상관물을 심상으로 시사하며, 다른 경우에는 결과로, 또 다른 경우에는 원인으로 시사할지도 모릅니다. 그러나 유사함이나 인과성의 관계 또는 어떠한 필연적 연관성이든지 그런 것이 없는 곳에서는 두 사물이 단지 공존에 의해서 또는 두 관념이 단지 함께 지각됨에 의해서 하나가 다른 하나를 시사하거나 뜻할 수도 있는데, 그것들의 연관성은 그동안 내내 임의적입니다. 이 결과를 일으키는 것은 오직 있는 그대로의 그 연관성이기 때문입니다.

40. 다양하고 적절한 다수의 임의적인 기호들이 한 언어를 구성합니다. 만약 사람이 그러한 임의의 연관성을 제정한다면, 그것은 인공언어이며, 만약 조물주가 제정한다면, 그것은 자연언어입니다. 빛과 소리의 변형은 무한히 다양하여 그 각각의 변형은 무한한 갖가지 기호를 충족시킬 수 있으며, 따라서 각각 언어를 형성하는 데 사용되어왔습니다. 인공언어는 사람의 임의적인 약속에 의해, 자연언어는 신 자신의 임의적인 약속에 의해 형성되었습니다.[145] 사람에 의해 이루어진 연관성이 인공적이라고 명명될 것이므로 사물의 정상적 과정에 조물주에 의해 확립된

---

145) 원주) 『알키프론』 대화편 4. 7, 11절.

연관성은 확실히 자연스럽다고 불릴지도 모릅니다. 그렇지만 이 것은 후자가 전자처럼 임의적이라는 것을 막지는 못합니다. 그리고 사실상 빛의 변형으로부터 촉각적 사물을 나타내는 유사성이나 촉각적 사물을 추리하는 필연성이 없는 것은 언어에서 소리로부터 의미를 불러일으킬 만한 유사성이나 필연성이 없는 것과 같습니다.[146] 그러나 이를테면 다양한 음조와 분절음이 그것의 여러 의미와 연관되는 것은 빛의 다양한 양태와 그것들 각각의 상관물 사이, 또 달리 말하면 시각 관념과 촉각 관념 사이에서도 동일합니다.

41. 빛과 빛의 여러 양태나 색깔에 대해서 사고력이 있는 모든 사람은 그것들이 촉각에 공통이지도 않고, 촉각에 의해 지각되는 어떤 것과도 동일한 종류에 속하지 않으며, 오직 시각 고유의 관념이라는 것에 동의합니다. 그러나 그들은 이것들 이외에 연장, 크기, 모양, 운동처럼 시각과 촉각에 의해 똑같게 지각되어 두 감각기관에 공통이라고 상정되는 다른 관념들이 있다는 잘못을 범했습니다. 하지만 실제로는 그런 공통 관념은 없으며, 그 낱말에 의해 표시된 시각 대상은 동일한 이름에 의해 표시된 촉각 대상이 무엇이든지 간에 그것과 전혀 다르고 이질적이라는

---

146) 원주) 『시각론』, 144, 147절.

것은 『시각론』[147]에서 증명되었고, 당신도 인정한 것처럼 보입니다. 그렇지만 나는 어떻게 당신이 내 이론을 합당하게 인정하는 동시에 일반적으로 받아들여진 이론들을 주장하는지 이해할 수 없습니다. 내 이론이 이 주된 부분과 그 기둥에 의해서 확립되는 것만큼이나 그 이론들은 파괴되는 것인데도 말입니다.

42. 지각하는 것과 판단하는 것은 별개입니다. 마찬가지로 시사되는 것과 추론되는 것도 별개입니다. 사물도 감각기관에 의해 시사되고 지각됩니다. 우리는 지성에 의해 판단과 추론을 합니다. 우리가 시각에 의해 직접적이고 고유하게 지각하는 것은 그것의 일차적인 대상인 빛과 색깔입니다. 그것을 매개로 시사되거나 지각되는 것은 이차적이고 부적당한 시각 대상으로 여겨질 수도 있는 촉각 관념입니다. 우리는 결과로부터 원인을, 원인으로부터 결과를, 그리고 연관성이 필연적인 곳에서 한 특성을 또 다른 특성으로부터 추론합니다. 그러나 우리가 시각 관념에 의해서 그것을 닮지도 않았으며, 그것을 일으키지도 않고, 그것에 의해 일으켜지지도 않으며, 그것과 어떤 필연적 연관성도 갖지 않은 어떤 다른 관념을 어떻게 파악할 수 있는지요? 이 문제를 완전한 정도로 해결하는 것은 시각 이론 전체를 포함합니다.

---

147) 원주) 『시각론』 127절.

이와 같이 문제를 진술하는 것은 문제를 새로운 받침대 위에 놓고 모든 선행 이론들과 다른 관점에서 보는 것입니다.

43. 사람의 마음이나 영혼이 어떻게 단순히 보는지 설명하는 것은 철학에 속하며, 미립자를 어떤 선을 따라 움직이는 것으로 여기고, 광선을 굴절되거나 반사되는 것 또는 교차하거나 각을 포함한다고 여기는 것은 기하학에 속하는 것으로서 이 둘은 전혀 별개입니다. 시각이라는 감각기관을 눈의 기제(mechanism)에 의해 설명하는 것은 해부학과 실험에 속하는 제3의 일입니다. 뒤의 두 가지 고찰은 이 우주 체계에 포함되어 있는 자연법칙에 따라 시각의 결함에 도움이 되고 시각의 이상을 치료하는 실제 문제에서 유용합니다. 그러나 앞의 이론은 우리에게 영혼의 한 능력으로 여겨진 시각의 참된 본성을 이해하게 하는 것입니다. 내가 이미 언급했듯이 그 이론은 이러한 단순한 물음, 즉 어떻게 촉각 관념과 전혀 다른 관념의 집합이 그 두 부류의 관념들 사이에 전혀 필연적인 연관성이 없는데도 촉각 관념을 우리에게 시사하는 일이 발생하느냐 하는 물음으로 환원될 수도 있습니다. 여기에 대한 적절한 대답은 이것이 조물주에 의해 제정된 임의의 연관성에 의해 이루어진다는 것입니다.

44. 시각 고유의 직접적 대상은 빛의 모든 양태와 변화, 그리

고 색깔의 다양한 종류와 정도, 양입니다. 어떤 것은 선명하고, 어떤 것은 희미합니다. 어떤 것은 더 많고, 어떤 것은 더 적으며, 그 경계나 한계가 다양하고, 순서와 위치가 다양합니다. 시각장애인이 처음 보게 되었을 때 이 대상들을 지각하겠지만, 이 대상들에는 무한한 다양성이 있습니다. 그러나 그는 이 시각 대상과 촉각에 의해 지각되는 대상 사이에 어떠한 유사성이나 연관성도 지각하거나 상상하지 못할 것입니다.[148] 빛과 그림자와 색깔은 딱딱하거나 부드러우며, 거칠거나 매끄러운 물체에 관해서 그에게 아무것도 시사하지 않을 것입니다. 또한 그것의 양과 한계, 또는 순서는 그에게 기하학적 모양이나 연장, 위치를 시사하지도 않을 것입니다. 기하학적 모양이나 연장, 위치는 시각과 촉각에 공통이라는 것은 일반적으로 받아들여진 가정이며, 이 가정에 따르면 빛과 그림자와 색깔의 양과 한계, 또는 순서는 그것들을 시사해야만 합니다.

45. 빛과 색깔의 모든 다양한 종류, 결합, 양, 정도와 배열은 그것을 최초로 지각할 때 감각이나 관념의 새로운 집합으로서만 그 자체로 고려될 것입니다. 그것은 전적으로 새롭고 알려지지 않은 것이므로 선천적 시각장애인은 그의 촉각에 의해서 전에

---

148) 원주) 『시각론』 41, 106절.

알았고 지각했던 사물의 이름을 첫눈에 그것에 부여하지는 않을 것입니다. 그러나 몇 차례 경험한 뒤에 그는 그것과 촉각적 사물의 연관성을 지각할 것이므로 그것을 기호로 여기고 그 기호에 의해 표시되는 사물과 동일한 이름을(다른 경우에 흔히 경험하듯이) 그것에 부여할 것입니다.

46. 더 많고 더 적은, 더 크고 더 작은 범위와 비율과 간격은 공간에서처럼 시간에서도 모두 발견됩니다. 그렇다고 해서 당연히 이것들이 동질적인 양이라는 결론이 나오지는 않을 것입니다. 이것은 공통 이름을 귀속시킨다는 점에서 시각 관념이 촉각 관념과 동질적이라는 결론이 나오지 않으리라는 것과 마찬가지입니다. 촉각적 연장, 모양, 위치, 운동, 기타 같은 종류의 것을 표시하는 용어는 마찬가지로 고유한 시각 대상 또는 시각 관념의 양, 관계와 순서를 표시하는 데 적용된다는 것은 사실입니다. 그러나 이것은 단지 경험과 유비에서 온 것입니다. 음악의 음표에는 더 높은 음표와 더 낮은 음표가 있습니다. 사람들은 높거나 낮은 어조로 말합니다. 그리고 이것이 은유나 유비에 지나지 않다는 것은 명백합니다. 마찬가지로 시각 관념의 순서를 표시하기 위해서 위치, 높고 낮음, 위와 아래라는 말을 사용하며, 그렇게 사용될 때 그 의미는 유비적입니다.

47. 그러나 시각의 경우에 우리는 서로 다르고 이질적인 본성 사이에 상정된 유비를 믿지 않습니다. 우리는 본성의 동일성 또는 두 감각기관에 공통인 동일한 대상을 상정합니다. 그리고 우리는 다음과 같은 잘못을 저지르게 됩니다. 즉 위로, 아래로, 오른쪽으로, 왼쪽으로 머리의 다양한 움직임은 시각 관념의 다양성을 수반하므로 머리의 움직임과 위치는 실제로는 촉각적인데도 그 자체의 속성과 명칭을 그것과 연관된 시각 관념에 부여하는 일이 발생합니다. 머리의 움직임과 위치는 시각 관념과 연관됨으로써 높고 낮은, 오른쪽과 왼쪽이라고 불리게 되며, 위치의 양태를 나타내는 다른 이름으로 표시하게 됩니다.[149] 위치의 양태는 적어도 일차적인 문자 그대로의 의미에서는 그와 같이 경험된 연관성에 선행해서 시각 관념에 귀착되지 않았을 것입니다.

48. 지금부터 우리는 어떻게 마음이 시각에 의해서 먼 대상의 위치를 식별할 수 있게 되는지 볼 것입니다. 우리가 그것에 관해 말하고 판단하는 그 직접적 대상은 그것의 상호 관련과 순서가 촉각적 장소에 관련되어 있는 용어로 표현되어 촉각의 실재적 대상과 연관되므로, 우리가 남이 말하는 것을 듣거나 읽을 때 흔히 경험하듯이 소리나 문자를 간과하고 순간적으로 의미로 나아

---

149) 원주) 『시각론』 99절.

가는 것처럼, 우리의 생각이나 판단을 기호에서 그 기호에 의해 표시되는 사물로 옮겨감으로써, 우리는 촉각의 실재적 대상에 관해 말하고 판단하게 되는 것입니다.[150]

49. 그러나 대상의 위치를 시각에 의해 지각된 것으로 여길 때 이와 관련된 커다란 난점이 있습니다. 발광체에서 나오는 광선은 눈동자를 통과하고 수정체에 의해 굴절된 뒤에 망막에서 거꾸로 맺힌 상(그 상은 시각 고유의 직접적 대상으로 상정된다.[151])을 묘사하기 때문입니다. 그런데도 그것의 상이 이와 같이 거꾸로 선 대상이 어떻게 똑바로 서고 자연스러운 위치에 있는 것처럼 보이는 일이 일어나는지요? 대상은 그것의 상에 의해서 지각되는 것 이외에 달리 지각되지 않으므로, 이 상이 거꾸로 서 있으므로 대상 역시 그렇게 보여야 한다는 결론이 나오기 때문입니다. 그러나 만약 망막, 수정체, 눈동자, 그리고 외부 대상에 상응하며 그것과 유사한 뚜렷한 심상에서 교차하고 굴절되고 재결합되는 광선을 전적으로 촉각의 본성을 갖는 것으로 여긴다면, 기존의 모든 원리와 이론으로는 설명할 수 없는 이 난점에 가장 자연스러운 해결책이 생겨납니다.

---

150) 원주) 『알키프론』 대화편 4. 12절.
151) 원전에는 나타나지 않는 "상정된다"는 이 중요한 낱말은 버클리가 마지막에 있는 **정오표**에서 덧붙였다.

50. 위에 말한 교차와 굴절 뒤에 복사 광선에 의해 형성되는 것이라고 일컫는 상은 심상이나 표상, 또는 투영과 같은 상이 확실히 아닙니다. 촉각적 망막에 촉각적 광선에 의해 투사된 촉각적 모양은 시각 고유의 대상이 전혀 아니라서 결코 시각에 의해 지각되지 않으며, 우리가 실제로 그것이 눈에 의해서 수용된다고 상정할 때 본래 전적으로 촉각적 종류에 속하고 상상력에 의해서만 파악됩니다. 망막에 있는 이 촉각적 심상은 광선이 거기서 나오는 촉각 대상과 어떤 유사성을 갖습니다. 그리고 그 대상에 관해서 나는 그것이 거꾸로 서 있다는 것을 인정합니다. 그러나 그렇다면 나는 그것이 시각 고유의 직접적인 대상이거나 대상일 수 있음을 부인하는 것입니다. 실로 광학 저술가들은 이것을 통속적으로 상정합니다. 그러나 그것은 널리 알려진 잘못입니다. 이 잘못이 제거되면 앞서 말한 난점이 함께 사라지며, 잘못에서 발생하는 것으로 보이는 하나의 정당하고 충분한 해결책을 받아들이게 됩니다.

51. 그러므로 상은 이중의 의미로 또는 하나는 빛과 그림자와 색깔로 이루어지고 다른 하나는 정확히 상이 아니라 망막에 투사된 심상인, 아주 비슷하지 않으며 이질적인 두 종류로 이해될 수도 있습니다. 따라서 구별을 위해서 나는 전자를 **상**으로, 후자를 **심상**으로 부르기로 하겠습니다. 전자는 시각적이며 시각에

특유한 대상입니다. 후자는 아주 달라서 선천적 시각장애인도 그것을 완전하게 상상하고 이해하며 파악할지도 모릅니다. 그리고 여기서 우리가 실제로 느낄 수 없고 단지 상상할 수 있는 모양과 운동은 그래도 촉각 대상과 동일한 종류에 속하며 상상력이 촉각으로부터 끌어내므로, 촉각 관념으로 간주될 수도 있다는 말은 적절할 것입니다.

52. 이처럼 먼 대상의 위치를 식별하는 전 과정 내내 마음은 환상이 갑작스럽게 시사될 때 놀랄 만큼 현혹되기 쉽습니다. 마음은 그 시사를 감각기관의 지각과 혼동하며, 가장 구별되고 서로 다른 것들 사이에 있는 밀접하고 습관적인 연관성을 자연의 동일성으로 잘못 알기 쉽습니다.[152] 거꾸로 선 심상에 관해 엉킨 문제를 풀 해결책은 광학 이론 전체에서 아마도 이해하기 가장 어렵지만 우리가 가장 주목할 만한 가치가 있는 주된 핵심이며, 올바르게 이해될 때 마음을 시각의 참된 본성에 관한 철저한 지식으로 이끌 가장 확실한 길처럼 보입니다.

53. 망막 위의 거꾸로 선 심상에 관해서 설령 그것이 시각 고유의 대상이나 상과 전혀 다른 종류에 속한다고 할지라도, 실로

---

152) 원주) 『시각론』 144절.

본성상 서로 가장 다른 이질적 사물들이면서도 유사함을 가지며 서로 비례할 수 있듯이, 그것들에 비례할지도 모른다는 점에 주목해야 합니다. 그리고 거리가 일정할 때 그 심상은 단순히 빛을 발하는 표면과 같으며, 그 경우에 상은 그 빛을 발하는 표면 또는 사물의 촉각적이고 실재적인 크기에 비례한다는 것이 그 결과로서 인정되기는 하지만, 그렇다고 해서 거기서부터 우리가 일반적으로 볼 때 단지 그 상의 시각적 크기에 의해서 촉각적이고 실재적인 크기를 지각하거나 판단한다는 결과가 도출되지는 않을 것입니다. 그 경우 거리는 일정하지 않으며, 촉각 대상은 다양한 거리에 놓여 있고, 심상(상은 이 심상에 비례한다.)의 지름은 거리에 반비례하는데 그 거리는 시각에 의해 직접 지각되지 않기 때문입니다.[153] 이 점을 인정한다 해도 시각에 의해 촉각 대상의 크기를 파악할 때 마음은 거리의 반비례와 상의 직접적인 비율에 의해서 그 크기를 계산하지는 않는다는 것은 확실합니다. 어떤 사람이든 자신의 경험에 의해 그런 추리나 추론이 통상적인 시각 작용에 수반하지 않는다는 것을 알게 될지도 모릅니다.

54. 어떻게 우리가 시각에 의해 촉각 대상의 실재적 크기를

---

153) 원주) 『시각론』 2절.

지각하거나 파악하는지 알기 위해서는 직접적인 시각 대상과 그것의 속성이나 우연적 속성(accidents)을 고려해야 합니다. 이 직접적 대상은 상입니다. 어떤 상은 더 선명하고, 어떤 상은 더 희미합니다. 어떤 상은 그 자체의 순서나 고유한 위치가 더 높으며, 어떤 것은 더 낮습니다. 이 순서나 위치는 사실은 촉각 대상의 순서나 위치와는 아주 구별되며 전혀 다른데도 그것과 관계를 맺고 연관되며, 거기서부터 높은, 낮은 따위의 동일한 용어가 그것을 뜻하게 됩니다. 이제 우리는 상의 크기와 희미함과 위치에 의해서 촉각 대상의 크기를 지각합니다. 즉 더 크고, 더 희미하며, 더 위에 있는 상이 더 큰 촉각적 크기를 시사한다고 지각합니다.

55. 이 점을 더 잘 설명하기 위해서 우리는 지평선(the horizon)에 수직이며, 작고 똑같은 사각형들로 나뉜, 투명한 평면이 눈 가까이에 똑바로 서 있다고 가정할 수도 있습니다. 눈에서 나와서 이 투명한 평면을 통과해서 지평선의 최대 한도에 이르는 직선은 수평면(the horizontal plane)이 수직으로 서 있는 평면에 투사되거나 재현될 때 떠오르는 어떤 점이나 높이를 표시할 것입니다. 눈은 수직으로 서 있는 투명한 평면에 대응하는 어떤 사각형들을 통해서 수평면 안에 있는 모든 부분과 대상을 봅니다. 대부분의 사각형들을 차지하는 것은 더 큰 시각적 연장을

가지며, 시각적 연장은 사각형들에 비례합니다. 그러나 대상의 촉각적 크기는 거기에 비례하는 것으로 판단되지 않습니다. 더 위에 있는 사각형들을 통해 보이는 것은 더 아래에 있는 사각형들을 통해 보이는 것보다 훨씬 더 크게 나타날 것이기 때문입니다. 후자가 투명한 평면에 있는 같은 수의 똑같은 사각형들을 차지하거나 훨씬 더 많은 똑같은 사각형들을 차지하는데도 말입니다.

56. 수평면에 있는 각 부분이나 대상의 모든 점에서 나와서 투명한 평면을 통과해서 눈에 도달하는 광선은, 투명한 평면에 묘사되며 눈으로부터 지평선의 가장 먼 한계에 도달하는 직선에 의해 구획된 어떤 높이까지 그것의 사각형들을 차지하는, 수평면과 그것의 모든 부분의 심상을 상상력에 나타냅니다. 나는 투명한 평면 위에 지평선과 평행으로 앞에서 말한 높이나 표시를 통하여 그려지는 선을 수평선(the horizontal line)이라고 부릅니다. 모든 사각형은 수평면에 대응하는 어떤 부분의 심상을 포함합니다. 우리는 이 전체 심상을 수평 심상(the horizontal image), 그것에 일치하는 상을 수평 상(the horizontal picture)이라고 부를 것입니다. 그 표상에서 더 위에 있는 심상은 더 밑에 있는 심상보다 훨씬 더 큰 크기를 시사합니다. 그리고 더 큰 크기를 시사하는 이 심상은 더 위에 있을 뿐만 아니라 역시 더 희미합니다.

그러므로 당연히 희미함과 위치는 시각적 크기와 함께 작용해서 촉각적 크기를 시사한다는 결론이 나옵니다. 이 모든 것의 진리를 위해서 나는 내가 쓴 것에 자신의 의견을 덧붙일 독자의 경험과 주의력에 호소합니다.

57. 이 투명한 평면과 거기에 투영된다고 상정된 심상이 전적으로 촉각적 본성을 갖는다는 것은 참입니다.[154] 그러나 그렇다면 그 심상에 관련되어 있는 상이 있으며, 그 상은 자체에 심상의 위치에 일치하는 하나의 순서를 가지며, 그 순서에 관하여 상이 더 높거나 더 낮다고 말합니다.[155] 이 상은 심상이 아니라 사실은 시각 대상이기에 역시 다소간 희미합니다. 그러므로 심상에 관해서 말해왔던 것은 대응하는 상에 관해서 엄밀하게 이해되어야 합니다. 대응하는 상의 희미함과 위치와 크기는 시각에 의해 직접 지각되므로 이 세 가지는 모두 촉각 대상의 크기를, 그리고 경험된 연관성에 의해서 이것만을, 시사할 때 함께 작용합니다.

58. 몇몇 사람들은 상의 크기는 아마도 촉각 대상의 크기와

---

154) 원주) 『시각론』 158절.
155) 원주) 『시각론』 46절.

필연적 연관성을 갖는다고, 또는 (그것과 혼동하지 않는다면) 적어도 그것을 시사하는 유일한 수단이라고 생각할 것입니다. 그러나 이것은 전혀 참이 아니며, 똑같이 큰 두 개의 시각적 상 가운데 더 희미하고 더 위에 있는 한 상은 다른 상보다 100배나 더 큰 촉각적 크기를 시사할 것입니다.[156] 이것은 우리가 단지 시각적 크기에 의해서 촉각적 크기를 판단하는 것이 아니라, 우리가 판단하거나 파악하는 것은 오히려 다른 것에 의해서 평가될 수 있다는 명백한 증거입니다. 하지만 이 다른 것은 촉각적 크기와 그다지 유사하다고 생각되지 않기 때문에 간과될 수도 있습니다.

59. 상의 크기와 위치와 희미함 이외에 사물의 종류, 크기, 형태, 본성에 관한 우리의 예지가 우리에게 사물의 촉각적 크기를 시사할 때 함께 작용한다는 것을 더 말해야 하겠습니다. 그래서 예를 들어, 똑같이 크고 희미하며 동일한 위치에 있는 상이 탑의 형태보다는 사람의 형태에서 더 작은 촉각적 크기를 시사할 것입니다.

60. 수평 상의 종류와 희미함과 위치[157]가 일정한 경우 시사

---

156) 원주) 『시각론』 78절.
157) 원주) 『시각론』 56절.

된 촉각적 크기는 시각적 크기와 같을 것입니다. 우리가 촉각 경험에 의해서 측정하는 데 익숙해 있는 거리와 크기는 수평면에 놓여 있으므로 수평 상의 위치는 촉각적 크기를 시사하게 됩니다. 그런데 촉각적 크기는 수직 상에 의해 마찬가지 방식으로 시사되지 않습니다. 한 대상은 지평선에서 하늘 꼭대기를 향하여 점차 상승하므로 그것의 촉각적 크기에 관한 우리의 판단은 점차 그것의 시각적 크기에 전적으로 의존하게 된다는 사실을 주목해야 합니다. 가로막은 공기와 수증기의 양이 줄어들수록 희미함도 적어지기 때문입니다. 그리고 대상이 떠오를수록 목격자의 눈도 마찬가지로 지평선 위로 올라갑니다. 따라서 희미함과 수평적 위치에 관하여 함께 작용하는 두 가지 상황은 촉각적 크기를 시사하는 데 영향을 미치지 못하게 되므로 이 동일한 시사나 판단은 거기에 비례해서 시각적 크기와 우리 예지의 유일한 결과가 됩니다. 그러나 만약 여러 가지 것들(예를 들어, 희미함, 위치, 시각적 크기)이 함께 작용해서 한 관념을 확대한다면, 그것들 가운데 몇몇이 점점 생략되면서 그 관념은 점차 줄어들 것입니다. 이것이 달이 지평선 위에 떠서 높이가 증가할수록 겉보기 면적이 점차 줄어드는 경우입니다.[158]

---

158) 원주) 『시각론』 73절.

61. 수학자가 대상의 촉각적 크기를 파악하는 유일하거나 주된 수단이 시각적 각과 겉보기 크기라고 여기는 것은 자연스럽습니다. 그러나 우리가 파악하는 것은 그것과 아무런 유사성이나 필연적 연관성도 갖지 않는 다른 것들[159]에 의해 훨씬 더 영향을 받는다는 것은 전제로 말했던 것으로부터 명백합니다.

62. 그리고 촉각적 사물의 크기를 시사하는 이 동일한 수단은 마찬가지로 그것의 거리[160]를 동일한 방식으로, 즉 어떠한 필연적 연관성이나 기하학적 추론이 아니라 경험에 의해서만 시사합니다. 그러므로 희미함과 생생함, 높고 낮은 위치는 상의 시각적 크기, 그리고 촉각 대상의 형태와 종류에 관한 우리의 예지와 함께 우리가 촉각적 거리의 다양한 정도를 파악하는 진정한 방편입니다. 이것은 전제로 말했던 것으로부터 당연한 결과이며, 실로 시각적 각이 그것의 호나 현과 함께 시각에 의해 지각되지 않으며, 다른 감각기관의 경험에 의해서도 지각되지 않는다는 것을 고찰하는 어떤 사람에게도 명백할 것입니다. 반면에 상은 그 크기와 위치, 희미함의 정도와 함께 오로지 시각 고유의 대상임은 확실합니다. 따라서 시각에 의해 지각되는 것은 무엇이나 상

---

159) 원주) 『시각론』 58절.
160) 원주) 『시각론』 77절.

에 의해 지각됨에 틀림없습니다. 촉각 경험 또는 시각과 촉각의 공통 경험에 의해 얻은 예지 역시 상의 지각에 원인이 됩니다.

63. 상이 더 작을수록 더 희미하며, 더 높을수록(만약 상이 여전히 수평선[161]이나 수평 상 밑에 있다면) 거리는 아주 더 먼 것처럼 보인다는 것을 확신하기 위해서 우리는 우리가 보는 것에 관해 숙고할 필요가 있을 뿐입니다. 그리고 더 위에 있는 상의 위치는, 통속적인 언어 방식을 따라서 눈이 멀리 있는 대상과 눈 사이에 있는[162] 들판, 호수, 기타 같은 종류의 것을 지각한다고 말할 때 이것들에 대응하는 상은 대상의 상보다 더 낮은 것으로 지각될 뿐이므로[163], 엄격하게 이해되어야 하는 것입니다. 이제 이것들 가운데 어느 것도 그 자체 본성에서 다양한 정도의 거리와 어떤 필연적 연관성도 갖지 않는다는 것은 명백합니다. 조금만 숙고해보면 형태, 색깔, 종류의 잡다한 상황은 거리에 관한 우리의 판단이나 파악에 영향을 미친다는 것도 드러날 것입니다. 이 모든 것이 단지 경험의 결과인 우리의 예지에서 나오는 당연한 결론입니다.

---

161) 원주) 『시각론』 56절.
162) 원주) 『시각론』 3절.
163) 원주) 『시각론』 55절.

64. 수학자가 사물을 기하학의 규칙과 척도로 환원하는 것이 자연스럽듯이 그는 우리가 눈에서 떨어져 있는 사물의 거리를 판단할 때 실제로 발견하는 것보다 겉보기 크기가 더 큰 역할을 한다고 상정하는 경향이 있습니다. 그리고 의심할 여지없이 만약 우리가 대상의 거리가 그것의 겉보기 크기의 지름과 반비례해서 다른 모든 상황을 제외하고 이것만으로 판단한다고 말할 수 있다면 한 대상의 겉보기 장소를 결정하는 것은 쉽고 편리한 규칙일 것입니다. 그러나 굴절되거나 반사된 빛에 의해서 크기의 겉보기 감소가 거리의 겉보기 감소에 수반하는 시각의 경우가 있으므로, 이것이 전혀 참된 규칙이 아님은 명백합니다.

65. 그러나 더 나아가서 대상의 크기나 거리에 관해 우리가 판단하거나 파악하는 것은 절대적으로 겉보기 크기에 의존하지는 않는다는 것을 확신하기 위해서 우리는 기하학보다는 오히려 자연을 고려하며 여러 가지 다른 상황이 우리 판단에 원인이 됨을 잘 알고 있는, 우리가 만나는 최초의 화가에게 물어보기만 하면 됩니다. 그리고 예술은 자연을 모방하는 것처럼 우리를 속일 수 있을 뿐이므로 우리는 이 점을 판단할 수 있기 위해서 풍경화와 풍경을 관찰할 필요가 있을 뿐입니다.

66. 대상이 아주 가까워서 눈동자들의 간격이 대상에 대해 지

각 가능한 비율을 가질 때, 눈 안에 있는 두 시각 축선을 결합시키기 위해서 눈의 회전이나 긴장에 수반하는 감각을 우리가 거리를 지각하는 하나의 수단으로 여길 수 있습니다.[164] 이 감각은 촉각기관에 고유하게 속한다고 고백해야 합니다. 그러나 이 감각은 가까운 거리(거리가 가까울수록 감각은 더 크다.)의 뚜렷한 시각과 끊임없는 규칙적인 연관성에 결과로서 수반되고 연관성을 갖기 때문에, 이 감각이 거리의 기호가 되고 거리를 마음에 시사한다는 것은 자연스럽습니다.[165] 그리고 그러한 사실은 사실상 눈 가장자리를 따라서 반지 하나를 걸고, 그 다음에 한 눈을 감고 옆으로 움직임으로써 반지 안에 막대기의 끝을 밀어 넣으려고 노력하는, 잘 알려진 실험에서 나오는 결과입니다. 두 시각 축선이 더 가깝게 만나거나 교차하는 것에 수반하는 감각에 의해서 판단할 이러한 수단이 부족하다는 것으로부터 이 실험은 두 눈을 뜬 채로 하는 것보다 실행하기 훨씬 더 어렵다는 것을 알게 됩니다.

67. 사람의 마음은 자연에 관한 지식을 쉽고도 광범위하게 하는 하나의 수단으로서 단순하고 일양적이며 일반적이고 수학으

---

164) 원주) 『시각론』 16, 17절.
165) 원주) 『시각론』 39절.

로 환원할 수 있는 규칙이나 방법을 자연에서 관찰하기 좋아한다는 것은 사실입니다. 그러나 우리는 일양성이나 유비를 위해서 진리와 사실로부터 떠나서는 안 되며, 모든 경우에 한 대상의 겉보기 장소나 거리가 동일한 수단에 의해 시사됨에 틀림없다고 상상해서도 안 됩니다. 그리고 마음은 가장 가깝고 따라서 우리와 가장 밀접한 관계가 있는 대상의 거리를 더 정확하게 판단하기 위해서 어떤 추가적인 수단이나 도움이 되는 것을 가져야 한다고 상정하는 것은 실로 시각의 목적에 부합합니다.

68. 거리가 아주 가까울 때 눈동자의 폭이 그 거리에 상당히 비례하며 대상은 혼란스럽게 나타난다는 것 역시 말해야 합니다. 그리고 이 혼란은 그렇게 가까운 대상을 자세히 볼 때 항상 나타나며, 거리가 가까워질수록 늘어난다는 것은 그 때문에 한 대상의 장소를 시사하는 하나의 수단이 됩니다.[166] 한 관념은 단지 다른 대상과 종종 함께 지각된다는 것에 의해서 다른 대상을 시사하는 데 적합하기 때문입니다. 그리고 만약 관념이 대상과 마찬가지로 직접적으로나 역으로 증가한다면, 관념의 다양한 정도는 그러한 습관적인 연관성과 비례하여 증가하거나 감소함으로써 대상의 다양한 정도를 시사할 것입니다. 이와 같이 점진적

---

166) 원주) 『시각론』 21절.

으로 변화하는 대상의 혼란스러움은 우리가 단지 한 눈으로 보면서 가까운 거리를 파악할 때 함께 작용할지도 모릅니다. 그리고 이것만이 하나의 시각점에 관해 배로 박사가 제안한 경우[167]의 난점을 설명할 것입니다. 그리고 여러 개의 점들이 고려되거나 심상이 연장된 표면으로 상정될 경우 그 거리를 줄이기 위해 심상의 혼란스러움의 증가와 크기의 증가가 동시에 발생하는데, 그 거리는 두 가지 모두에 반비례할 것입니다.

69. 우리는 맨눈으로 시각 경험을 합니다. 안경을 끼고 볼 때 이와 동일한 경험으로부터 파악하거나 판단합니다. 그렇지만 모든 경우에 우리는 맨눈으로 본 경우로부터 안경을 끼고 보는 경우로 결론을 내려서는 안 됩니다. 제외되거나 덧붙여지는 어떤 상황이 안경의 도움에 의해서, 특별히 판단이 예지에 의존할 때, 때때로 우리의 판단을 변화시킬지도 모르기 때문입니다.

70. 여기서 내가 쓴 것이 나의 『시각론』에 대한 주석으로서 도움이 될지도 모르겠습니다. 그리고 나는 사고력 있는 사람에게는 이 글이 명백하리라고 믿습니다. 우리가 생각과 추리에 관해서 대단히 많은 것을 듣는 시대에 올바르고 정확한 개념을 얻

---

167) 원주) 『시각론』 29절.

기 위해서, 서로 다른 사물들을 구별하기 위해서, 모순이 없게 말하기 위해서, 심지어 우리 자신의 의미를 알기 위해서 생각하는 것이 대단히 유용하고 필요하다는 말은 쓸데없는 것처럼 보일지도 모르겠습니다. 그런데도 이러한 생각이 부족해서 심지어 오늘날에도 우리는 많은 사람들이 끊임없이 큰 실수와 잘못된 추리에 빠지는 것을 볼 수도 있습니다. 그러므로 진리와 지식을 벗 삼는 사람들 중에 생각에 어떤 제한을 하거나 방해할 사람은 없을 것입니다. 스스로 생각하고 싶어 하지 않는 많은 사람들에게 생각하는 것 대신에 도움이 되는 지침이나 규칙으로서 어떤 일반적 공준, 동시대 사람들의 성과, 사고력 있는 사람의 침착한 분별력이 있으며, 다른 사람의 생각이 그들을 안내하는 데 적합하다고 고백해야만 합니다. 그러나 스스로 시작하고, 공공의 규칙에서 벗어나는 사람, 또는 자신을 공공의 규칙에 되돌아가게 할 사람들이 만약 생각하지 않는다면 사람들은 그들을 어떻게 생각할까요? 어떤 사람이 수고할 만한 가치가 있다고 생각해서 발견했겠지만 차라리 하지 않은 편이 더 나았을 법한 일이라면 나는 그런 발견을 하려고 하지 않을 것입니다. 마찬가지로 다른 사람들이 그렇게 생각해서 수고하지 않고 또 생각하지 않는다면 그들 중 어느 누구도 시각의 참된 본성을 결코 이해할 수 없거나, 내가 그것에 관해 써왔던 것을 파악할 수 없으리라고 말하지 않을 수 없습니다.

71. 결론을 내리기 전에 유년 시절부터 앞을 보지 못하다가 오래 지나서 보게 된 어떤 사람과 관련된, 《철학회보》에서 발췌한 다음 인용구를 덧붙이는 것은 적절하게 여겨집니다. "처음 보았을 때 그는 거리에 관해 전혀 판단하지 못해서 (그가 표현했듯이) 그의 눈에 닿는 모든 대상을 그가 만지는 대상이 피부에 닿는 것이라고 생각했으며, 어떤 대상도 매끄럽고 규칙적인 대상만큼 기분 좋지는 않다고 생각했다. 그렇지만 그는 그 대상의 형태에 관한 어떤 판단도 할 수 없었고, 또한 그를 기분 좋게 하는 대상 안에 무엇이 있는지 추측할 수 없었다. 그는 어떤 사물의 형태도 알지 못했고, 형태나 크기가 서로 아무리 달라도 한 사물이 다른 사물과 다르다는 것을 알지 못했다. 그러나 그가 전에 촉각으로 그 형체를 알던 사물이 무엇인지 듣자마자, 그는 그것에 대해 다시 알려고 주의 깊게 관찰하기도 했다. 그러나 한 번에 배우기에는 대상들이 너무 많았기에 그는 그것들 가운데 많은 것을 잊어버렸다. 그리고 (그가 말했듯이) 처음에 그는 하루 동안 무수한 사물을 배워서 알았다가 다시 잊어버렸다. 수술을 받고 나서 몇 주일 뒤에 상에 의해 현혹되어 그는 촉각과 시각 중에 어느 것이 속이는 감각기관이냐고 물었다. 그는 자신이 보았던 경계 너머에 있는 어떤 선도 결코 상상할 수 없었다. 그는 자신이 있던 방이 단지 집의 부분임을 알았지만, 집 전체가 더 크게 보일 수 있다고 생각할 수 없었다고 말했다. 그는 모든 새

로운 대상이 새로운 환희였으며, 기쁨이 너무 커서 그것을 표현할 길을 원했다고 말했다."[168] 이와 같이 내가 추리에 의해서 그 발견에 끌려들어간 지 여러 해가 지난 뒤에 사실과 실험에 의해서 통상적인 견해와 가장 먼 것처럼 보이는 이론의 요점이 적잖이 확인되었습니다.

---

168) 《철학회보》 402번. 폐하와 성 토마스 병원 외과 의사인 체즐던의 이 유명한 경우는 밀 선생이 보고했다. 이 인용어구는 완전하거나 정확하지 않다. 다른 경우가 1801, 1807, 1826년의 《철학회보》에 기술되어 있다. 특별히 유익한 경우는 프레이저가 『버클리 전집』(1901) 2권 413쪽에서 넌리(Nunneley)의 『시각기관』(*The Organs of Vision*, 1858)으로부터 인용한 경우이다. 역주) 주인공은 태어날 때부터 시각장애인이었거나 아주 어릴 때 시력을 잃어서 시각 경험의 기억이 전혀 없는 13~14세 소년이었다. 수술을 받기 전 그는 낮과 밤은 식별하지만 사물의 형태는 지각할 수 없었다. 여기에 인용된 글은 중간중간 생략된 것이며, 그 양은 전체 문장의 약 5분의 1에 해당한다. 《철학회보》(1683~1775) 35권 (1727~1728), 447~450쪽.

■ 부록

익명의 문필가가 『섬세한 철학자』의 저자에게 보낸 편지

주교님!
저는 『알키프론』이라고 부르는 당신의 논고를 통독했습니다. 거기서 요즈음 신조가 다양하게 바뀐 자유사상가들이 즐겁고 우아하며 견고하게 논박되었지요. 문체는 쉽고 언어는 명료했으며 논증은 강했습니다. 그러나 거기에 덧붙여진 논고, 그리고 당신이 시각은 신의 유일한 언어임을 넌지시 알리는 것처럼 보이는 부분에 관해서 몇 가지 소견을 말하고, 그것을 당신과 당신의 독자들이 고찰하도록 제의하는 것을 허락해주시기를 간청합니다.

1. 저는 안에 있는 어떤 관념의 원인인, 외부에 있는 것은 무엇이든지 감각기관의 대상이라고 부릅니다. 저는 그런 대상에서 발생하는 감각을 관념이라고 부릅니다. 그러므로 그런 감각을 일으키는 대상은 우리 외부에 있고 관념은 우리 안에 있습니다.

2. 만약 우리가 하나의 감각기관만을 가졌다면, 우리는 외부에 아무런 대상도 없지만 마음을 통과하는 관념의 전체 장면은 마음의 내적 작용에서 발생한다고 결론 내리기 쉬울 것입니다. 그러나 동일한 대상이 서로 다른 감각기관에 의한 관념들을 일으키는 원인이므로, 우리는 거기서 그 존재를 추론합니다. 그러나 대상은 똑같지만 대상이 서로 다른 감각기관에 산출하는 관념들은 어떤 방식의 유사성도 서로 갖지 않습니다. 그 이유는

3. 동일한 대상에 의해서 산출된, 한 감각기관의 관념과 다른 감각기관의 관념 사이에 있는 어떤 연관성도 오직 경험에서 발생하기 때문입니다. 이것을 좀 더 친밀하게 설명하기 위해서 어떤 사람이 아주 정교한 촉각기관을 갖게 되어서 광선을 반사하고 굴절시킴으로써 색깔 관념을 산출하는 두 대상의 표면이 고르지 못함을 명백하고 뚜렷하게 지각할 수 있다고 상정해봅시다. 처음에 그는 어둠 속에서 촉각으로 차이를 명백하게 지각했지만, 도저히 어느 것이 붉고 어느 것이 흰지 말할 수 없었던 반

면에, 약간 경험한 뒤에는 밝은 곳에서 볼 때와 마찬가지로 어둠 속에서도 색깔을 느낄 수 있게 되었을 것입니다.

4. 여러 언어에서 동일한 낱말이 외부 대상과 그것이 여러 감각기관에서 우리 안에 산출하는 관념을 나타내는 것은 아주 자주 있는 일입니다. 그 낱말이 외부 대상을 나타낼 때 그것은 전혀 관념의 방식이 아닌 것을 표시합니다. 우리는 아무리 해도 단독으로 외부에 있는 것의 어떤 관념을 가질 수 없습니다. 그 이유는

5. 안에 있는 관념은 신이 임의로 지정한 우리 몸의 구조와 조직에서 오는 것 이외의 다른 어떤 연관성도 외부 대상과 맺지 않기 때문입니다. 그리고 우리는 외부 대상이 안에 있는 우리 관념과 비슷한 것이라고 상상할 수밖에 없지만, 일단의 새로운 감각기관에 의해서나 또는 오래된 감각기관이 변함으로써 우리는 금방 우리의 잘못을 확신하게 될 것입니다. 그리고 그때에 우리 관념이 결코 아주 달라지지는 않겠지만, 대상은 동일할 수도 있습니다.

6. 하지만 현 상황에서 관념과 대상 사이에는 절대 오류가 없는 어떤 연관성이 있습니다. 그러므로 대상이 한 감각기관에 관념을 산출할 때 우리는 그 대상이 다른 감각기관에 어떤 관념을

산출할 것인지 경험을 통해서만 압니다.

7. 한 대상이 변화하면 그 대상이 한 감각기관에 전에 산출했던 것과는 다른 하나의 관념을 산출할지도 모릅니다. 그것은 다른 감각기관에 의해 구별되지 않을지도 모릅니다. 그러나 그 변화가 서로 다른 감각기관에 서로 다른 관념을 생기게 하는 경우 우리는 절대 오류가 없는 우리의 경험에서 한 감각기관의 관념으로부터 다른 감각기관의 관념으로 논증할 수도 있습니다. 따라서 만약 두 감각기관에서 하나의 다른 관념이 위치나 거리, 또는 어떤 다른 식으로든지 대상의 변화로부터 발생한다면, 우리가 한 감각기관에서 관념을 가질 때 우리는 그런 조건에 놓여 있는 대상이 다른 감각기관에 어떤 관념을 산출할 것인지 습관으로 압니다.

8. 따라서 자연의 작용은 언제나 규칙적이고 일양적이므로 대상의 동일한 변화가 한 감각기관의 관념들에는 더 작은 차이가 생기게 하고 다른 감각기관의 관념들에는 더 큰 차이가 생기게 하는 경우 호기심 많은 관찰자라면 정확한 관찰로부터 마치 관념들의 차이가 똑같은 것처럼 주장하는 편이 나을지도 모르겠습니다. 우리는 대상의 변화에 따라 각 감각기관의 관념 변화에서 적절한 비율이 관찰된다는 것을 경험을 통해 분명히 알게 되기

때문입니다. 인류의 모든 현명한 소견과 지식은 이 범위에 국한됩니다. 이제 이 소견이 올바르게 이해되고 고려된다면, 당신의 『시각론』은 대부분 실패로 돌아감에 틀림없으며, 광학 법칙은 오래되고 흔들리지 않는 토대 위에 서 있음을 발견할 것입니다. 한 감각기관에서 크기와 거리에 관한 우리 관념은 그것에 관한 다른 감각기관에서의 우리 관념과 전혀 다른데도, 그 관념들은 외부에 하나의 공통 원인(외부에 있기 때문에 우리는 이것에 관해서 가장 희미한 관념조차도 도저히 가질 수 없습니다.)을 갖고 있으므로, 우리는 한 관념으로부터 다른 관념으로 정당하게 논증할 수도 있기 때문입니다. 내가 촉각에 의해서 가지게 된 거리와 크기 관념은 내가 시각에 의해서 가지게 된 거리와 크기 관념과 매우 다릅니다. 그러나 한 감각기관에서 안에 있는 다양한 모든 관념의 원인인, 외부의 어떤 것은 역시 또 다른 감각기관 안에 있는 다양한 관념들의 원인이기도 하며, 그 다양한 관념들은 그 원인과 필연적으로 연관되므로, 우리는 동일한 대상에 관한 우리의 촉각 관념에서 어떤 것이 우리의 시각 관념이 될지 아주 정당하게 증명합니다. 나는 당신에게 동의하는데 촉각적 각과 선에 의해서 시각을 말하는 것은 전적으로 무의미하기는 하지만, 촉각의 각과 선으로부터 동일한 공통 대상에서 발생하는 시각 관념으로 증명해 나가는 것은 아주 양식 있는 일이며, **반대의 경우도 같습니다**. 이와 같이 급하게 한군데에 모은 소견들과 그것에 관한 철저한 이해로부터 모든 철학적 논쟁에서 아주 유용한 많은 추론들을 얻게 될 것입니다.

저는 당신의 비천한 종입니다.

역자 해제

참고문헌

저자 연보

역자 후기

■ 역자 해제

1. 버클리의 생애와 저작[169]

아일랜드의 가장 유명한 철학자 버클리는 1685년 3월 12일 아일랜드 동남부의 킬케니(Kilkenny)에서 6남 1녀 중 장남으로 태어났다. 장교로 복무한 적이 있다고 알려진 그의 아버지 윌리엄

---

169) 버클리 생애에 대해 보편적으로 권위를 인정받고 있는 책은 버클리 전집의 편집자로 알려진 루스(A. A. Luce)가 쓴 『조지 버클리의 삶』(*The Life of George Berkeley*, Edinburgh, 1949)이다. 본 해제는 이 책의 1992년도 재판에서 새로운 서론을 쓴 그의 제자 버만(David Berman)의 『조지 버클리―관념론과 일생』(*George Berkeley―Idealism and the man*, Clarendon Press, Oxford, 1994)을 주로 참조했다. 루스는 1956년에 버클리의 편지를 270통 출판한 이후 20통을 추가로 발견했다. 로크의 1500통, 흄의 600통에 비하면 이 숫자는 적은 편이다.

버클리는 잉글랜드 중부의 스태퍼드셔(Staffordshire) 출신이었지만, 버클리는 자신을 아일랜드인이라고 생각했다. 1696년 그는 킬케니 칼리지에 입학했는데, 이 학교에는 유명한 『걸리버 여행기』의 작가 스위프트(Jonathan Swift, 1667~1745)가 다니기도 했다. 1700년 3월 21일 더블린의 트리니티 칼리지에 입학한 그는 데리(Derry)의 주임 사제로 임명된 1724년까지 이 학교와 공식적으로 관련을 맺었다. 1704년에 문학사 학위를 받은 그는 라틴어로 『산수』(*Arithmetica*)와 『수학 잡록』(*Miscellanea Mathematica*) (1707년 출판)을 썼다. 1707년 문학 석사 학위를 받은 그는 6월 9일에 하급 연구원(Junior Fellow)이 되었다. 그가 1706년부터 1709년까지 개인적으로 기록해둔 공책들은 1871년 프레이저가 『비망록』(*Commonplace Book of Occasional Metaphysical Thoughts*)이라는 제목으로 출판한 이후 적어도 네 번 이상 재편집되었으며, 1944년 루스가 이 책에 『철학적 주석』이라는 제목을 붙였다. 이 책에는 버클리가 1709년부터 1713년 사이에 출판한 세 권의 주요 저서에 담긴 거의 모든 주제가 망라되어 있다.

1707년 11월 19일 그는 더블린 철학회(Dublin Philosophical Society)에서 「무한에 관하여」(*of Infinites*)를 발표했다. 이 글은 네 쪽도 안 되는 것이지만, 잉글랜드의 왕립학회에 맞서서 몰리누의 주도로 1683년 설립된 이 학회가 버클리의 철학적 데뷔 무대가 된 셈이다. 이 학회는 아일랜드 교회, 국가, 사상계의 지도자들로 구성되었는데, 버클리는 거기서 더블린 대주교 킹, 트리니티 컬리지 학장 브라운, 그리고 17년 전에 로크가 『인간 지성론』을 헌정했으며 3년 뒤에 자신의 주저 『원리론』을 헌정하게 되는 당시 아일랜드 총독 펨브로우크 백작(Earl of Pembroke)과 토론을 벌이게 되었다.

  1708년 1월 11일 대학 예배 시간에 내세에 관해 설교한 것이 현존하는 그의 첫 설교이다. 그는 1709년에 부제(副祭)가 되었고 서품을 받았다. 그리고 그리스어와 히브리어, 신학을 강의하고, 사서와 부학생감(Junior Dean)이 되었으며, 『시각론』을 더블린에서 출판했다. 1710년 3월 1일 퍼서벌에게 보낸 편지에 따르면, 2판에 덧붙인 부록은 킹 대주교의 반대 의견에 대답하기 위한 것이었으며, 버클리 자신이 이 부록에 만족하지 않았다는 것은 1732년 판부터 이것을 뺐다는 데서 알 수 있다. 1710년 사제가 된 그는 『원리론』을 더블린에서 출판했다. 대체로 버클리의 초기 저작은 읽히지도 않은 채 비웃음거리가 되었다. 클라크(Samuel Clarke, 1675~1729) 같은 철학자는 『원리론』을 받고도 그 책에 관한 자신의 반대 의견을 설명하기를 거절했다. 이 책에는 1부라고 써 있는데 2부에서는 신과 인간의 자유, 3부에서는 자연철학을 다룰 예정이었다고 한다. 버클리는 1715년 이탈리아 여행 중에 원고를 분실한 뒤 같은 주제를 두고 두 번 쓰는 불쾌한 일을 할 여가가 없어서 2부와 3부를 쓸 수 없었다고 밝히고 있다. 그는 이 책의 실패가 부분적으로는 문체 때문이라고 여기고 1713년 런던에서 이 책의 대중판 격인 『세 대화편』을 출판했다.

1712년에는 『무저항적 복종』(*Passive Obedience*)을 출판했는데, 도덕과 정치철학에 관한 그의 주된 견해를 피력한 이 책은 험악한 반응을 불러일으켰다. 그는 대학 예배 시간에 세 차례에 걸쳐 정부에 대한 혁명은 언제나 나쁜 것이며 죄악이라고 주장했는데, 이 때문에 그는 명예혁명 때 추방된 스튜어트 왕가(특히 1685년에서 1688년까지 재위했던 James 2세)를 지지하는 사람(Jacobite)이라고 의심을 샀다. 철학을 개혁해서 사람들을 유심론적이고 유신론적인 세계관으로 인도하겠다는 대의명분을 갖고 비물질주의 철학을 전개했던 1713년까지를 그의 생애 제1기인 철학적 관념론의 시기라고 할 수 있다.

1713년 그는 아일랜드를 떠나 런던으로 갔는데 그곳에서 스틸, 애디슨, 포프(Alexander Pope, 1688~1744) 같은 당대의 유명 인사들을 알게 되었다. 이들 가운데 일부는 저작을 통해 그를 알게 되었지만 대개는 그와 아일랜드에서 친분이 있었던 스위프트를 통해 알게 되었다. 당시 정치 권력의 정점에 있었던 스위프트는 같은 학교 출신에다 성공회 성직자이자 위대한 문필가로서 자유사상가에 반대하는 글을 썼다는 점에서 버클리와 많은 공통점을 갖고 있었다. 부분적으로는 『세 대화편』을 출판할 의도로 런던에 갔던 버클리는 당시 《태틀러》지의 편집자였던 스틸이

《가디언》이라는 새 정기간행물을 내기 시작하자 편집자로 참여하여 종교적 주제에 관하여 많은 글을 실었다.

약 10개월간 교회 사절로 유럽을 여행한 그는 1714년 하반기에 런던으로 돌아왔다. 앤 여왕(Anne, 1702~1714 재위)의 죽음이 정치적 소동과 불확실성을 낳은 가운데 토리당은 조지 1세(George 1, 1714~1727 재위)에게 충성을 다짐했지만, 버클리는 스튜어트 왕가 지지파에 동조하지 않았다. 그 대신에 『토리 당원에게 충고함』(*Advice to the Tories who have taken the Oath*)이라는 소책자를 런던에서 출판했다. 하지만 1712년에 출간된 『무저항적 복종』이 처음부터 정치적으로 이단이라고 소문이 난 터라 그가 '독자에게 보내는 서언'에서 자신의 무고함을 밝히고 이 소책자를 서둘러서 출판했지만, 대단히 보수적이기는 해도 명예혁명의 으뜸가는 이데올로기 창도자였던 당시 더블린의 킹 대주교의 분노를 사기도 했고, 결과적으로 그 출판이 그에게 더 나쁜 영향을 미쳤다. 1716년에 더블린의 성 바울 교회의 사제직을 경쟁자에게 빼앗긴 깃은 이 책 내문이었으며, 경쟁자를 추천한 사람이 나중에 그의 부인이 된 앤(Anne Foster, 1700~1786)의 아버지 포스터 판사였다는 것은 흥미롭다. 이 책은 두 해에 걸쳐 세 판이 나왔다가 1715년 이후에는 더 이상 출판되지 않았다.

성 바울 교회의 실패 후 1716년 그는 두 번째 대륙 여행길에 나섰는데, 첫 번째 여행보다 더 광범위하고 모험적이었으며 4년간이나 지속되었다. 이번에는 클로거(Clogher)의 주교 애쉬(St. George Ashe) 아들의 가정교사이자 여행 동무 자격이었는데, 우연히도 애쉬는 6년 전 버클리에게 서품을 주는 바람에 킹 대주교의 분노를 산 고위 성직자였다. 대부분의 시간을 이탈리아에서 보냄으로써 예술품을 감상할 기회를 많이 갖게 되었는데, 특히 건축에 대한 조예는 나중에 그가 로드 아일랜드에서 집을 지을 때 나타난다. 그는 잡지에 여행기를 많이 기고했는데 유일하게 출판한 것은 베수비우스 화산 폭발(1717년)을 직접 기술한 것이었다.

1720년 여행에서 돌아오기 전 프랑스 아카데미에서 공모한 주제로 썼지만 낙선한 작품을 1721년 런던에서 라틴어로 출판한 것이 『운동론』이며, 이것은 1713년의 『세 대화편』 이후 최초로 출판한 이론서이다. 이 책에서 그는 물리학과 역학을 형이상학과 신학으로부터 구획하는 데 관심을 쏟았는데, 현대 물리학의 주요 사상을 예견하고 있으며, 『원리론』에서 밝혔던 절대운동과 공간에 대한 견해(110~117절)를 기술적으로 더 충분히 발전시켰다는 평가를 받고 있다. 같은 해에 신학 박사 학위를 받은 그는 영국의 도덕적, 사회적, 종교적 타락에 관한 대중 설교서인 『대영제국 황폐 방지론』(*An Essay towards Preventing the Ruine of Great Britain*)을 펴내며, 자유사상가를 공격했다.

1722년 초 그는 버뮤다에 선교사를 양성하는 학교를 세우려는 계획을 세웠다. 1724년에는 계획서(Proposal for the better supplying of Churches in our Foreign Plantations—converting the Savage Americans to Christianity)를 제출했는데, 그 계획은 매우 단순했다. 성 바울 칼리지라고 부를 학교는 성직자가 될 식민지 청년과 이교도 동포를 선교할 토착 인디언을 훈련시키려는 것이었다. 당시에는 유럽에서 취직을 하지 못한 사람들이 대부분 식민지 교회에서 일하고 있었는데 그들은 토착 언어에 무지하다는 단점이 있었다. 따라서 지방 인재를 활용하겠다는 그의 생각은 독창적인 것이었다. 버뮤다는 주요 식민지에서 등거리에 있고 날씨가 좋으며 해적에게서 보호받을 수 있는 바위 해안이 발달해 있고 생필품을 충분히 공급받을 수 있다는 장점이 있었다. 게다가 돈이 벌리는 상품을 전혀 생산할 수 없는 곳이어서 성 바울 칼리지의 선생들이 상인이 될 유혹을 절대 못 느끼리라는 것 또한 장점이었다.

1723년부터 5년간 주로 잉글랜드에 머물면서 로비나 캠페인으로 매우 바쁜 시간을 보냈는데, 1724년 5월 4일에는 데리의 주임 사제로 임명되어 재정적으로 조금 나은 처지가 되었다. 트리니티 칼리지의 상급 연구원(Senior Fellow)직을 사임함으로써 24년간 맺어온 관계가 공식적으로 끝났다. 영국 의회가 2만 파운드의 지원금을 승인할 것을 약속하자 1728년 9월 갓 결혼한

아내와 함께 아메리카로 떠났다. 로드 아일랜드에 정착한 뒤 뉴포트 근처의 농가를 사서 화이트홀(Whitehall)이라고 부르는 건물을 지었는데, 이오니아식 문틀에서 건축에 대한 그의 조예를 엿볼 수 있다. 그는 가끔 뉴포트의 트리니티 교회(Trinity Church)에서 설교를 했는데 거기에는 퀘이커교도를 비롯한 다른 종파의 사람들도 있었다. 3년 가까이 지원금을 기다리면서 그는 친구를 사귀게 되었는데 그가 바로 나중에 킹스 칼리지의 초대 총장이 된 새뮤얼 존슨이었다. 또한 이 기간에 그는 자신의 저서 중 가장 길고 종교에 관해 가장 광범위하게 진술한 『알키프론』을 쓰는 데 주력했다. 이 책은 기독교를 자유사상가로부터 옹호하는 일곱 편의 대화로 이루어져 있는데 배경이나 등장인물이 대부분 로드 아일랜드의 경험에서 나온 것으로 알려져 있다.

1731년 초 그는 모든 서인도 제도 관구가 소속된 런던의 주교로부터 국가 지원금을 보낼 수 없다는 통보를 받고, 10월에 런던으로 돌아왔다. 그 뒤 4년간은 여섯 편의 저작을 출판하는 새로운 창조적 저작기였다고 할 수 있다. 버뮤다 계획의 중요성은 이 시기의 저작들에 반영되었다. 귀국 직후인 1732년 2월에 『설교집』(*Sermon before the Society for the Propagation of the Gospel*)을 출판했고, 또한 두 권으로 된 『알키프론』을 익명으로 출판했다. 『시각론』은 대화 6, 7과 함께 제2권에 포함되었다. 더블린 판, 런던 개정판을 거쳐 1752년 런던에서 마지막으로 출판된 3판에는 『시각론』이 포함되어 있지 않다. 『알키프론 또는 섬세한 철학자』라는 책 제목에서 '섬세한 철학자'라는 표현은 키케로(Marcus Tullius Cicero, BC 106~43)를 따른 것이다.[170] 애당초 자유사상가라는 표현은 1713년 콜린스가 런던에서 출판한 『자유사상론』에서 기독교 비판자를 칭찬하는 명칭으로 사용한 이후 유행했는데 이 말이 긍정적인 정서적 힘을 갖고 있었기 때문에 버클리는 그 대신에 섬세한 철학자라는 표현을 택하고 콜린스의 저작을 표적으로 삼았다. 1732년 9월 9일 《데일리 포스트 보이》지에 익명의 편지가 게재되었고, 그는 1733년 초 답장으로 『옹호와 설명』을 출판했다. 이 소책자에서 그는 자신의 시각 이론, 『알키프론』 대화 4의 신학적 증거를 옹호할 뿐만 아니라, 『알키프론』에 나오는 자유사상의 역사적 분석을 심화시키고 있다.

---

[170] "그러나 몇몇 섬세한 철학자들이 생각하듯이 내가 만약 죽었을 때 감각이 없어진다면 나는 이 철학자들이 죽었을 때 나를 비웃으리라고 두려워하지 않는다." 키케로의 『노경에 대해서』(De Senectute) 85절. 버클리는 『알키프론』 대화 1편의 10절에서 키케로의 말을 인용하고 있는데 그 내용을 간추려보면 다음과 같다. "오늘날의 자유사상가는 키케로가 섬세한 철학자라고 불렀던 사람들과 아주 똑같다. 그들은 다른 사람들이 흔히 그렇듯이 사물을 대체로 무턱대고 받아들이지 않고 사물을 섬세하게 고찰한다. 그들은 모든 가치 있는 사물, 생각, 견해, 희망을 손상시키고, 마음에 관한 모든 지식, 개념, 이론을 감각으로 환원시키며, 인간 본성을 축소시키고 협소하고 수준 낮은 동물적 삶으로 격하시킨다. 불멸성 대신 짧은 시간만을 인간에게 할당한다." 『버클리 전집』 3, 46~47쪽.

버클리의 웅장한 계획은 성사되지 못했지만 그의 아메리카 방문은 긍정적인 결과를 낳았다. 많은 도시와 기관들이 그의 이름을 땄다는 사실이 그의 영향을 웅변적으로 보여주고 있는데 가장 유명한 것은 캘리포니아의 버클리 대학이다. 또한 그가 아메리카에 머문 것이 그의 철학에 대한 관심을 불러일으켜 최초로 자생적인 철학 저서인 『철학 원론』(*Elementa Philosophica*)이 존슨에 의해서 1752년 필라델피아에서 출판되었다. 그에게 깊은 영향을 받은 존슨은 그의 거의 모든 저작을 언급하고 있는 이 책을 그에게 헌정했다. 또한 이 책을 인쇄한 것은 바로 프랭클린(Benjamin Franklin, 1706~1790)이었다. 하버드와 뉴헤이번 대학교(New Haven University, 현재의 예일 대학교)에 많은 서적을 기증하였는데, 특히 뉴헤이번 대학교에는 로드 아일랜드의 농장을 기증했다. 버클리를 최초의 위대한 아이리쉬 아메리칸으로 여겨도 괜찮을 듯하다.

또한 귀국 후 그의 저작들이 관심을 끌게 되었는데, 그 당시만 해도 도덕적 실천과 철학 이론이 연결된다는 강한 믿음이 있어서 덕스러운 사람이라고 알려지면 이론이 더 진지하게 받아들여졌기 때문이다. 버뮤다 계획 덕분에 그는 경건하고 도덕적 품성이 높은 사람으로 평가되어 그의 철학에 대한 초기의 냉소적 반응이 반전되었다. 자비로운 계획이 이전의 철학적 이론을 긍정적으로 반영했듯이 자유사상가에 반대해서 유신론과 기독교를 강력하게 옹호한 것이 도덕적 품성을 확증시켰다. 마르쿠스 아우렐리우스(Marcus Aurelius, 121~180)가 이상적인 스토아 현인의 예라면 그는 완벽하게 도덕적이고 종교적인 기독교인의 전형이었다. 1734년 코크(Cork)에서 20마일 떨어진 작은 도시 클로인(Cloyne)의 주교가 된 것은 그의 명성에 대한 제도적 인정이라고 할 수 있다. 리드도 『인간의 마음에 관한 연구』에서 그를 종교적이고 도덕적인 원리에 따뜻한 관심을 가진 훌륭한 주교라고 칭찬하고 있다. 1728년 체임버스(Euphraim Chambers)가 런던에서 펴낸 『백과사전』(*Cyclopedia, or a Universal Dictionary of the Arts and Sciences*, 1743년까지 15판)에 『원리론』이 대부분 발췌되어 실림으로써 그의 견해가 널리 알려지게 되었다. 1748년부터 1752년까지 《젠틀맨즈 매거진》에서 그의 철학에 대한 토론이 활발히 이루어졌으며, 1751년 런던에서 익명으로 출간된 『물질의 존재에 관한 시론』(*An Essay on the Existence of Matter*)이 버클리의 비물질주의에 대해 최초로 독자적으로 출판된 비판서로서 그의 철학의 대중성이 점증하고 있었음을 반영한다.

『알키프론』 이후 발표된 네 편의 짧은 저작들은 그다지 주목을 받지 못했다. 1734년에 출판된 『분석자』에서 그는 뉴턴의 미적분법 이론이 종교적 신비와 신앙의 핵심점보다 알기 쉽거나 조리가 있는 것도 아님을 보여주려 했다. 이 책은 처음에는 수학자들의 분노를 샀지만 오늘날에는 수학사에 중요한 공헌을 한 것으로 일반적으로 인정된다. 종교적 신비에 반대하는 의견을 침식해 들어가는 질문 방법을 사용해서 명백한 불합리함과 난점이 당시 가장 칭송받는 사상가들의 기성 이론과 평행선을 달림을 보여주고, 종교적 신비를 인정하든가 아니면 철학적, 수학적, 과학적 신비와 함께 거부하든가 택일하라고 종용한다.

세계를 무대로 지도적 인사들을 만나고 선교 학교를 세워서 신세계의 영국 사회를 개선하려고 했던 이 시기를 그의 인생의 제2기인 사회적 관념론의 시기라고 할 수 있다면, 1735년 이후는 클로인의 주교로 만병통치제로서 타르수의 효능을 강조했던 의학적 관념론의 시기라고 할 수 있다. 1734년 2월 데리의 주임 사제직을 사임한 그는 더블린으로 가서 5월 19일 성 바울 교회에서 클로인의 주교로 서품을 받았다. 이때부터 1752년까지 그는 당시로서는 예외적으로 교구민의 복지에 헌신했다. 1737년 아일랜드 상원에 참석하기 위해서 더블린을 방문한 것과 1750년 여름 가족과 함께 킬라니(Killarney)로 잠시 여행한 것을 빼면 클로인을 떠난 적이 없었으며, 이 시기의 저작은 실천적이고 박애주의적 관심을 반영한다. 1735년에는 『수학에서 자유 사상의 옹호』(*Defence of Free-Thinking in Mathematics*)와 『질문자』(*Querist*) 1부가 출판되었다. 아일랜드와 관련된 경제적, 사회적 화제에 관한 그의 견해를 담은 『질문자』의 2부와 3부는 2년에 걸쳐, 1752년의 마지막 판은 거의 600개에 달하는 질문들로만 이루어진 책으로 출판되었다. 당시 아일랜드에 금화가 지나치게 많은 것에 대해서 소액 동전의 필요성을 강조하면서 돈의 가치와 귀금속 간에 필연적인 관련이 있음을 부정하고 금이 없어도 돈이 가치를 가질 수 있다고 주장한 점이 흥미롭다. 1738년 자유사상가에 반대하는 마지막 저서 『행정장관들에게 보내는 탄원문』(*A Discourse addressed to Magistrates and Men in Authority, occasioned by the enormous Licence, and Irreligion of the Times*)이 더블린에서 출판되었다. 1744년에는 그의 생애 제3기를 대표하는 저작인 『시리스』가 출판되었다. 시리스는 고대 이집트인들이 나일 강을 부르던 명칭이며, 그리스어에서도 '연쇄'를 뜻한다. 이 책에는 의학, 화학, 과학철학, 신화학, 철학, 신학이 얽혀 있으며, 그가 어느 저작보다도 시간과 노력을 많이 들인 것이었다. 핵심적인 주장은 타르 수용액이 온갖 종류의 병을 치료하거나 완화시키며 마실 수 있는 것으로서 신에게 가장 근접해 있는 자연적인 사물이라는 것이었다. 아마도 이 책이 그의 생전에 가장 대중적으로 인기를 끌었으며, 가장 직접적인 영향을 미쳤던 것 같다. 또한 문학과 가장 관련이 깊어서 코울리지(S. T. Coleridge, 1772~1834), 디킨스(Charles Dickens, 1812~1870), 예이츠(W. B. Yeats, 1865~1939), 블레이크(William Blake, 1757~1827), 필딩(Henry Fielding, 1707~1754) 같은 저명한 문학가들의 호감을 샀으며, 최근까지 영국 철학에서 가장 놀랄 만한 저작으로 일컫는 사람도 있었다. 이 책은 첫 해에 6판까지 나왔으며, 프랑스어, 네덜란드어, 포르투갈어, 스페인어로 완역되거나 부분적으로 번역되었다.

가톨릭교도와 관련된 사회적 화제에 관한 짧은 저작인 『현자에게 하는 말』이 1749년 더블린에서 출판되었다. 가톨릭교도에 대한 관대한 태도는 당시로서는 예외적인 것으로서 시대에 앞선 것이라고 할 수 있다. 이 책은 아일랜드 가톨릭 문제에 관해 최초로 견해를 밝힌 『질문자』의 속편으로 읽혀서 1750년 판에는 그 책의 부록으로 포함되었다. 1750년에는 가장 짧은 저작인 『애국심에 관한 격언』(Maxims concerning Patriotism by a Lady)이 출판되었다. 그는 정상적인 주교의 임무를 수행하는 것과 별도로 클로인의 경제적 여건을 향상시키기 위해 방적 학교와 아마포 공장을 설립하려고 시도하기도 했다. 이 시기에는 제1기와 마찬가지로 외부적으로 별다른 사건이 없었다. 다만 1745년 스튜어트 왕가 지지파가 두 번째 봉기를 일으키자 기병을 소집하고 동료 성직자들과 그의 교구에 사는 가톨릭교도들에게 그들을 지지하지 말라고 촉구했던 일과 아일랜드 총독이 부유한 교구인 클로거의 주교직을 제의한 것을 거절한 일은 오랫동안 알려졌다.

1751년 14세였던 아들 윌리엄(William)의 죽음은 그다지 좋지 않았던 그의 건강을 악화시켰다. 1752년에는 크라이스트처치 칼리지에 입학한 둘째 아들 조지(George)의 교육을 위해, 한편으로는 『알키프론』의 개정판을 내고 『잡문』(Miscellany)을 출판하기 위해 가족과 함께 옥스퍼드로 가서 그의 생애의 마지막 시간을 보냈다. 이 책에는 그의 생애에 마지막으로 출판된 시론인 『타르수에 관한 추고』(Farther Thoughts on Tar-water)가 포함되어 있다. 1753년 1월 23~25일 자 《런던 이브닝 포스트》(London Evening Post)는 "우리의 훌륭한 버클리 주교는 1753년 1월 14일 일요일 저녁에 그의 부인이 한 편의 설교를 읽어주는 동안 의자에 앉은 채 임종을 맞이했다."고 기록하고 있다. 그는 옥스퍼드 크라이스트처치의 예배당에 안장되었으며, 맏아들 헨리(Henry)와 딸 줄리아(Julia), 그리고 아들 조지를 남겼다. 기독교에 대한 두려움 없는 의탁은 그의 장점이자 결점이라고 할 수 있다. 노예제도를 성서적으로 뒷받침하고, 아메리칸인디언을 개종시키기 위한 납치에 찬성하며, 아무리 포악한 통치자가 있어도 혁명에 신학적으로 반대하고, 자유사상가를 용납하지 않는 태도를 지녔던 어두운 부분도 그의 종교적 품성의 더 밝은 부분을 돋보이게 한다고 할 수 있다.

2. 『시각론』의 지위 문제[171]

버클리의 시각 이론은 『원리론』, 『세 대화편』, 『알키프론』 같

---

171) 이 글은 《범한철학》 38집(범한철학회, 2005년 가을호, 239~265쪽)에 「버클리의 시각 이론」이라는 제목으로 게재한 논문을 부분적으로 수정하여 실은 것이다.

은 그의 주요 저서에도 나타나 있지만, 그의 시각 이론을 체계적으로 볼 수 있는 것은 『시각론』과 『옹호와 설명』이다. 버클리는 『시각론』 1절에서 "내 계획은 우리가 시각으로 대상의 거리, 크기, 위치를 지각하는 방식을 보여주려는 것이다. 또한 시각 관념과 촉각 관념의 차이를 고찰하고, 두 감각기관에 공통인 관념이 있는지 없는지를 고찰하려는 것이다."라고 밝히고 있다. 따라서 우리는 『시각론』을 크게 네 부분으로 나눌 수 있으며, 각 부분에는 그 내용과 관련된 유명한 사례가 담겨 있다. 배로 박사의 사례, 지평선 위의 달의 크기, 망막에 거꾸로 맺힌 상, 몰리누의 문제가 바로 그것들이다. 그동안 버클리의 시각 이론에 관해 이루어져온 연구는 크게 이와 같은 사례들을 중심으로 한 것과 『시각론』의 지위 문제에 관한 것으로 나눌 수 있다. 『시각론』의 지위 문제는 버클리의 관념론과 어긋나 보이는 주장을 담고 있는 『시각론』을 어떻게 해석할 것인가 하는 것이다. 여기에는 그러한 주장은 버클리의 전략에 불과하며, 따라서 『시각론』을 버클리의 대표적인 저작 『원리론』의 서론 격으로 보아야 한다는 입장과 『시각론』을 독자적인 저작으로 보고자 하는 입장이 있다. 이 두 입장을 비교 분석하고 이 논쟁이 버클리 철학에 대해 갖는 의미를 고찰해보자.

1) 『시각론』의 개요

『시각론』의 내용은 1절에서 밝힌 버클리의 계획에 따르면 크게 네 부분으로 나눌 수 있다. 2절에서 51절까지는 시각에 의해 대상의 거리를 지각하는 방식, 52절부터 87절까지는 대상의 크기를 지각하는 방식, 88절부터 120절까지는 대상의 위치를 지각하는 방식을 논하는 주요 논증으로 채워져 있다. 각 부분의 내용은 각각 당시의 이론으로는 해결할 수 없는 실천적 문제들로 예시되는데, 배로 박사의 사례(거리), 지평선 위의 달(크기), 망막에 거꾸로 맺힌 상(위치)의 문제들이 그것들이다. 몰리누 문제는 이 세 부분에 골고루 등장한다.(41절, 42절, 79절, 101~111절, 132~133절) 121절부터 159절까지는 시각 대상과 촉각 대상의 이질성(121~146절)을 중심으로 시각에 고유한 대상의 궁극적 본성(147~148절), 기하학의 대상인 공간의 본성(149~159절)을 다루고 있다.

이 가운데 주요 주제가 모두 전개되고 있는 2절부터 51절까지가 가장 중요하다. 나머지 부분은 여기서 전개된 논증에 대한 보충과 예증으로 주로 채워져 있다. 이 부분을 세부적으로 구분해 보면 우선 2절에서는 당시에 일반적으로 인정된 견해에 맞게 "거리는 직접 보이지 않는다."고 주장한다. 3절부터 7절까지는 당시의 견해인 기하학적 광학 이론을 서술하고, 8절부터 15절까지는 자신이 이 이론을 거부하는 세 가지 이유를 들고 있다. 16절부터 28절까지는 눈으로 거리를 실제로 판단하는 방식에 대해 설명하는데 눈의 변화, 현상의 혼란스러움, 눈의 긴장과 같은 것을 거리를 판단하는 참된 토대가 되는 감각으로 들고 있다. 29절부터 40절까지는 배로 박사의 사례를 다루고 있으며, 41절부터 51절까지는 자신의 시각 이론이 인도하는 철학적 학설을 제시한다. 따라서 『시각론』의 핵심은 2절에서 28절까지에 있으며, 41절부터 51절까지에 결론이 담겨 있다고 할 수 있다.

2절부터 28절까지를 중심으로 한 버클리의 주장은 다음과 같이 요약할 수 있다.[172]

(1) "거리는 끝 쪽이 눈으로 향하는 직선이어서 망막에 한 점만을 투사하며, 그 점은 거리가 멀거나 가깝거나 간에 항상 동일하게 남아 있다." 그러므로 "나는 거리가 저절로, 그리고 직접 보일 수 없다는 것에 모든 사람이 동의한다고 생각한다."(2절)

버클리의 요점은 대상의 거리는 보이는 것이 아니라, 시각 작용에 수반하는 어떤 감각들과 함께, 보이는 것의 특징들로부터 추론된다는 것이다. "눈으로 파악한 두 종류의 대상이 있다. 하나는 일차적이고 직접적이며, 다른 하나는 이차적이고 전자의

---

172) G. N. A. Vesey, "Berkeley and the Man Born Blind", *George Berkeley—Critical Assessments* Vol. 1, Ed. by W. E. Creery(London and New York : Routledge, 1991), 197~199쪽 참조.

개입에 의한 것이다. 첫 번째 종류의 대상은 마음 바깥에 있거나 떨어져 있지도 않고, 그런 것처럼 보이지도 않는다. …… 두 번째 종류의 대상은 당연히 촉각에 속하며, 생각이 귀에 의해 시사되는 것과 비슷한 방식으로 눈에 의해 시사되는 것으로 전혀 지각되지 않는다."(50절) "우리는 외부성의 관념과 공간 관념이 시각의 직접적인 대상이라고 생각하는 경향이 매우 강하지만, 내가 만약 실수하는 것이 아니라면 이 시론의 앞부분에서 그것을 빠르고 갑작스럽게 환상이 시사됨으로써 발생하는 단순한 착각임을 확실하게 증명했다. 환상은 거리 관념과 시각 관념을 밀접하게 연관시키므로 우리는 이성에 의해 잘못을 교정할 때까지 거리 관념 자체가 시각 고유의 직접적인 대상이라고 생각하기 쉽다."(126절) 즉 우리가 실제로 사물을 가깝거나 멀리 떨어져 있는 것으로 본다고 생각하는 것은 '단순한 착각'이라는 것이다. 사물은 떨어져 있는 것으로 직접 지각되지 않는다. 거리는 직접 지각되는 것의 어떤 특징에 의해서 단지 '시사된다'.

(2) "그런데 2절에서 거리는 그 자체 본성으로는 지각될 수 없지만 시각에 의해 지각되는 것은 명백하다. 그러므로 거리는 시각 작용에서 그 자체가 직접 지각되는 어떤 다른 관념에 의해서 보인다."(11절) 그 자체가 시각 작용에서 직접 지각되는 그 어떤 관념은 대상의 희미하고 작거나 강렬하고 큰 현상이다. 그러나 그와 같이 감각되는 것이 판단의 토대가 될 수 있는 것은 과거

경험에 비추어볼 때뿐이다. "가까운 거리에서 강렬하고 크게 나타나는 것으로 내가 경험해온 어떤 대상이 희미하고 작게 나타날 때, 나는 즉시 그것이 멀리 떨어져 있다고 결론 내린다. 그리고 이것이 경험의 결과임은 명백하다. 그 경험이 없다면 나는 희미함과 작음에서 대상의 거리에 관한 어떤 것도 추론해낼 수 없었을 것이다."(3절) 달리 말하자면 사람들의 크기를 경험으로 알고 있는 사람에게 어떤 사람이 작게 보인다는 것은 그가 멀리 떨어져 있는 것일 뿐이라는 단서인 것이다.

(3) 3절에서 언급된 관념들은 상당히 먼 대상들의 거리 판단에 도움이 된다. 이어서 버클리는 가까운 대상들의 거리 판단은 어떻게 이루어지는지 고찰한다. 버클리는 두 가지 사실을 언급한다. 첫째, 사람은 공간적으로 분리된 두 개의 눈을 갖고 있으며 시각 축선들은 대상에서 하나의 각을 이루는데, 대상이 멀리 있을수록 그 각은 더 작아진다.(4, 5절) 둘째, 시각적 점이 멀리 있을수록 눈동자에 떨어지는 광선의 발산이 덜할 것이다.(6, 7절) 그런데 그는 이것들이 경험이 아니라 기하학적 광학의 진리임을 지적한다. 예를 들어 우리는 보이는 대상의 각을 스스로 보는 것은 아니다. 그러므로 그것들은 판단의 토대로서 소용이 없다. "그 자체가 지각되지 않는 관념이 나에게 다른 관념을 지각하는 수단이 될 수 없음은 명백하다."(10절) 그러나 "몇몇 사람이 거리의 지각을 설명하는 수단으로 사용하는 선과 각은 그 자체가

결코 지각되지 않으며, 사실상 광학에 서투른 사람은 선과 각을 전혀 생각하지 않는다."(12절) 그러므로 "그 각과 선은 그 자체로는 시각에 의해 지각되지 않기 때문에, 10절로부터 마음은 각과 선에 의해서 대상의 거리를 판단하지 않는다는 결론이 나온다."(13절)[173]

(4) "그런데 우리가 볼 때 거리는 그 자체가 지각되는 어떤 다른 관념의 매개에 의해 마음에 시사된다는 것은 이미 제시되었으므로, 이제부터는 시각에 수반되는 어떤 관념이나 감각이 있는지 탐구해야 한다. 우리는 그것에 거리 관념이 연결되고, 그것에 의해 거리 관념이 마음에 들어오게 된다고 상정할 수도 있다."(16절)

3절에서 버클리는 우리가 먼 대상들의 거리를 판단하는 토대로서 소용되는 직접 지각되는 것의 몇몇 특징에 대해 언급한 바 있다. 이제 가까운 대상들의 거리 판단에 대한 설명으로서 기하학적 광학자들의 선과 각을 거부하였으므로 그는 그 자리를 대신할 만한 다른 것을 제시해야 한다.

버클리 자신의 이론은 세 가지 것들이 가까운 대상들의 거리 판단을 매개한다는 것이다. "첫째, 우리가 두 눈으로 가까운 대

---

173) 그러나 버클리는 수학적 계산이 대상의 겉보기 거리나 크기를 결정하는 데 유용하다고 주장한다. 『시각론』 38, 78절; 『옹호와 설명』 58절.

상을 볼 때 그것이 우리에게 다가오거나 우리에게서 물러섬에 따라 눈동자 사이의 간격을 줄이거나 늘임으로써 눈의 배열을 변경시킨다는 것은 경험에 의해 확실하다. 이러한 눈의 배열이나 변화는 하나의 감각을 수반하는데, 나에게는 이 경우에 그것이 멀거나 가까운 거리 관념을 마음에 가져다주는 것처럼 보인다."(16절) "둘째, 눈으로부터 일정한 거리에 있고 눈동자의 폭이 그것과 상당한 비례관계에 있는 어떤 대상이 다가오게 되면 더 혼란스럽게 보인다. 그리고 그 대상이 더 가까워질수록 더 혼란스럽게 나타난다. 이러한 현상이 변함없이 일어난다는 것을 발견하게 되면, 각기 다른 정도의 혼란스러움과 거리 사이의 습관적인 연관성이 마음속에 발생한다."(21절) "셋째, 위에 상술한 거리에 있는 한 대상이 눈에 더 가까이 다가온다 해도 우리는 적어도 얼마 동안은 눈을 긴장시킴으로써 현상이 더 혼란스러워지는 것을 막을 수도 있다. 이 경우에 그 감각은 혼란스러운 시각 대신 마음이 그 대상의 거리를 판단하는 것을 도와주는 역할을 한다."(27절)

(5) 그러나 시각에 수반되는 이러한 관념이나 감각들과 대상의 더 멀거나 가까운 거리 사이에 자연스럽거나 필연적인 연관성은 전혀 없다. 사람들은 수학에서 결론을 판단하듯이 거리를 판단하지 않는다.(24절) 눈의 배열의 감각이 주어지면 마음이 대상의 거리를 판단할 수 있는 것은 "눈의 다른 배열에 상응하는

서로 다른 감각이 대상까지의 거리가 다른 정도로 각 배열에 수반되는 것을 마음이 변함없는 경험에 의해 깨달았기 때문이다."(17절) "만약 우리가 거리의 정도에 따른 눈의 다양한 배열로부터 발생하는 어떤 감각을 변함없이 발견하지 못했다면, 우리는 대상의 거리에 관하여 그 감각으로부터 그런 즉석 판단을 결코 하지 못했을 것이다."(20절)

버클리는 이러한 주장으로부터 크게 중요한 두 가지 결론을 끌어내려 한다.

첫째, 시각의 직접적인 대상은 마음속에 있다는 것이다. 궁극적으로 지각의 모든 직접적 대상은 관념이라는 그의 관념론이 여기서는 시각의 경우에 대해 증명된다. 특히 41절에서 그는 "선천적 시각장애인이 처음 보게 되었을 때 모든 대상이 눈 속에, 아니 마음속에 있는 것처럼 보일 것"이라고 주장한다. 그는 『시각론』의 맨 마지막, 그것도 부록의 맨 마지막 부분에서 1709년 8월 16일 자 《태틀러》지에 실린 시각장애인이 20년이 지나서 보게 된 사건을, 『옹호와 설명』의 맨 마지막인 71절에서는 외과의사 체즐던이 1728년에 13~14세 된 선천적 시각장애인의 백내장 수술을 했던 사건을 예로 들면서 자신의 이론이 사실과 실험에 의해 확인되었다고 주장한다.

둘째, 시각 대상과 촉각 대상은 공간적 연관성이 전혀 없다는 것이다. 만약 그의 주장대로 모든 원초적인 시각 경험이 2차원적인 것이라면 우리는 어디서 3차원적인 대상 개념을 얻는가? 본유 관념에 의존할 수 없다면 그 개념은 어떤 다른 종류의 감각 경험에서 유래해야 할 것이다. 버클리는 그 해답을 촉각 경험에서 찾았다. 거리의 직접적인 지각은 촉각적이고 육체적인 지각에서 발견될 수 있다는 것이다. 우리는 일상 언어에서 보는 것과 느끼는 것을 동일한 것으로 말한다. 그러나 버클리에 의하면 시각과 촉각의 직접적인 대상들은 온갖 방식으로 상관될 수 있지만 동일한 것일 수는 없다. 이 결론에 따르면 시각과 촉각에 드러난 세계의 일반적 구조는 상식에 의해 무비판적으로 수용되는 것과 아주 다르다.

2) 『시각론』의 지위에 관한 전통적 해석

우리는 앞에서 개관한 버클리의 시각 이론을 『원리론』에서 그대로 찾아볼 수 있다. 버클리는 자신의 관념론에 대해 예상되는 16개의 반대 의견을 설정하고 그에 대한 답을 하고 있는데 세 번째 반대 의견(42절)은 "우리는 현실적으로 사물을 우리의 외부에 또는 우리로부터 어떤 거리에 있는 것으로 보므로 사물은 마음 안에 존재하지 않는데 수 마일 떨어진 것으로 보이는 사물이 자신의 생각만큼이나 우리에게 가깝게 있어야 한다는 것은 불합리하다."는 것이다. 이에 대해 그는 "우리는 종종 꿈속에서 사물이 아주 멀리 떨어져서 존재하는 것으로 지각하지만 그 사물은 마음속에서만 존재하는 것으로 인정된다."고 대답한다. 이어지는 내용은 다음과 같다.

43. 그러나 이 점을 좀 더 충분히 명료하게 하기 위해서 어떻게 우리가 시각에 의해서 거리를 지각하며, 또한 멀리 떨어져 있는 사물을 지각하느냐 하는 것은 고찰할 만한 가치가 있을 것이다. 우리가 사실상 외부 공간을 보고 그 공간 안에 실제로 어떤 사물은 더 가깝고 어떤 사물은 더 멀리 떨어져 있다고 보는 것은 이제까지 그 사물들이 마음 바깥에서는 결코 존재하지 않는다고 주장해온 것과는 약간 반대되는 점을 수반한다고 생각되기 때문이다. 이 난점에 대한 고찰이 얼마 전에 출판한 나의 『시각론』을 낳았다. 거기서 다음과 같은 것을 볼 수 있다. 거나 외부성은 결코 시각에 의해서 직접 저절로 지각되지 않으며, 그렇다고 해서 선과 각 또는 거리와 필연적 연관성을 가진 어떤 것에 의해서 파악되거나 판단되지도 않는다. 오히려 거리는 어떤 시각 관념들과 시각에 수반되는 감각들에 의해서 우리 생각에 단지 시사되는데, 이 시각 관념들과 감각들은 본성상 거리 또는 멀리 있는 사물과 전혀 유사하지 않거나 아무런 관련도 없다. 그러나 우리가 경험을 통해 배운 연관성에 의해 그 시각 관념들과 감각들은 우리에게 사물들을 의미하고 시사하게 되는데 그 방식은 어떤 언어의 낱말들이 그것

들이 나타내도록 되어 있는 관념들을 시사하는 방식과 똑같다. 선천적 시각장애인이 나중에 보게 되었을 때 첫눈에 그가 본 사물들이 그의 마음 밖에 있거나 자신으로부터 떨어져 있다고 생각하지는 않을 정도로 그 방식은 똑같다. 『시각론』 41절을 볼 것.

44. 시각 관념들과 촉각 관념들은 전적으로 구별되고 이질적인 두 종을 이룬다. 전자는 후자의 표지이며 징후이다. 시각 고유의 대상은 마음 밖에 존재하지도 않고 외부 사물의 심상도 아니라는 것은 『시각론』에서도 보았다. 그 책의 곳곳에서 촉각 대상에 대해서는 정반대의 것이 참이라고 상정되었기는 하지만, 그것은 그러한 통속적인 오류를 상정하는 것이 그 책에서 규정된 개념을 확립하는 데 필수적이어서가 아니라, 시각에 관한 논의에서 그러한 잘못을 검토하고 반박하는 것은 내 목적과 동떨어진 것이기 때문이었다. 따라서 엄밀히 말해 우리가 시각 관념에 의해서 거리와 멀리 있는 사물을 파악할 때 그 시각 관념은 실제로 떨어져서 존재하는 사물을 우리에게 시사하거나 나타내는 것이 아니라, 이러저러한 시간에 이러저러한 행동의 결과로 어떤 촉각 관념이 우리 마음에 새겨지리라고 경고하는 것일 뿐이다. 시각 관념은 우리가 의존해 있고 우리를 지배하는 정신이 우리가 자신의 육체에 이러저러한 운동을 불러일으킬 경우, 그가 어떤 촉각 관념을 우리에게 이제 막 새기려고 하는지 알려주는 언어라는 것은 본고의 앞부분, 그리고 『시각론』의 147절과 그 밖의 다른 곳에서 말했

던 것에서 명백하다고 나는 말한다. 그러나 이 점에 관해 더 충분히 알기 위해서는 『시각론』 자체를 참고할 것을 권한다.

버클리가 여기서 시사하고 있는 것은 『시각론』이 자신의 관념론에 대한 자연스러운 반대 의견에 대한 답을 포함하고 있으며, 이 대답은 『원리론』의 관념론에 관해서는 중간 입장을 나타낸다는 점에서 형이상학적 의미를 갖는다는 것이다.[174] 이처럼 『시각론』에서 버클리는 촉각 대상은 마음의 외부에 존재하지만 시각 대상은 그렇지 않다고 가정한다. 하지만 『원리론』에서는 시각 대상과 마찬가지로 촉각 대상도 마음 안에 존재한다고 주장한다. 버클리는 이 충돌을 특별히 언급하면서 촉각 대상이 마음 외부에 존재한다는 견해를 반박하는 것이 『시각론』의 목적이 아니었다고 주장한다. 하지만 그는 "통속적 오류가 거기서 규정된 개념을 확립하는 데 필수적이었다."고 상정해서는 안 된다고 말한다. 그는 자신이 『시각론』에서 말하고 있는 것이 『원리론』의 관념론과 모순이 없다고 주장하고 있다.

버클리 연구자들은 대체로 두 저작의 연관성을 위의 구절에 의거해서 설명하는 데 만족해왔으며 그들의 주장을 뒷받침할 근

---

[174] R. Sartorius, "A Neglected Aspect of The Relationship Between Berkeley's Theory of Vision and His Immaterialism", *American Philosophical Quarterly*, vol. 6, No. 4(1969), 318쪽.

거는 세 가지로 요약할 수 있다. 첫째, 이러한 설명은 『철학적 주석』에 의해 확증된다.[175] 루스에 따르면 그의 관념론은 『시각론』이 출판되기 이전인 1706년 12월부터 1708년 사이에 작성된 『철학적 주석』에서 이미 충분히 다듬어져 있으며, 『원리론』에 와서야 명시적으로 소개되었다. 그뿐만 아니라 『원리론』은 1710년 3월 1일에 인쇄되고 5월에 출간되었지만 그 서론은 1708년 11월, 즉 『시각론』이 출간되기 6개월 전에 준비되었다. 두 작품은 동시에 준비되었으며, 모든 증거가 『원리론』이 먼저 구상되었음을 보여준다. 다만 당시는 시각 이론에 대한 사회적 요구가 강했고, 시각의 사실이 자신의 관념론에 대해 극복하기 어려운 반대 의견이었기에 『시각론』을 먼저 출판한 것이다.[176]

둘째, 두 저작은 적대적이지 않고 상호 보완적이며, 『시각론』이 『원리론』 때문에 필요 없는 것이 되어버리지 않았음은 44절

---

175) A. A. Luce, *Berkeley and Malebranche—A Study in The Origin of Berkeley's Thought*(Oxford: Oxford University Press, 1934). 루스는 이 책의 2장(25~46쪽)을 시각 이론에 할당하고 여러 가지 전거를 들어 『시각론』과 『원리론』의 연관성을 예증한다.

176) 워녹도 이 점에서 루스와 견해를 같이한다. 버클리가 『시각론』을 쓴 한 가지 이유가 그 당시 시각에 관한 저작들에 대한 관심이 팽배해 있었기 때문이라는 것이다. G. J. Warnock, *Berkeley*(London: Pelican Books, 1953). 워녹은 2장과 3장(25~59쪽)을 『시각론』 분석에 할애하고, 이 책이 1704년에 출간된 뉴턴의 『광학』과 안경, 현미경, 망원경 같은 광학기구의 발달에 자극을 받아 등장했다고 주장한다.

에서 버클리가 "좀 더 충분히 알기 위해서" 『시각론』을 참고하라고 말하는 데서 분명하다.[177] 또한 버클리는 1732년에 『시각론』을 『알키프론』의 부록으로 다시 출판했으며, 그 이듬해에는 『옹호와 설명』을 출판했다. 이 소책자는 『시각론』을 요약했을 뿐만 아니라 몇 가지 새로운 논증들을 덧붙임으로써(예를 들어, 46, 51, 55~57절) 『원리론』의 형이상학에 일치시켰다. 그뿐만 아니라 아메리카에 있을 때 그는 자신의 철학적 저작들의 계획과 연관성에 관해서 썼고, 그의 제자들이 그 저작들을 출판된 순서대로 읽고 서로 연관시키기를 원해서 『원리론』과 『세 대화편』과 함께 『시각론』의 사본을 그들에게 보냈다는 사실은 『시각론』이 본질적으로 그리고 태생적으로 버클리의 관념론에 반드시 필요한 부분임을 말해준다.

셋째, 44절에서 버클리가 언급한 『시각론』의 147절은 사실상 그의 시각 이론의 결론으로 정식으로 진술된다.[178]

---

[177] 터베인은 44절의 "시각 고유의 대상은 마음 밖에 존재하지도 않고 외부 사물의 심상도 아니라는 것은 『시각론』에서도 보았다."는 구절에 주목한다. 그에 따르면 이것이 『원리론』의 입장에서 볼 때 그의 『시각론』의 두 가지 중요한 결론이다. "시각 고유의 대상은 마음 밖에 존재하지 않는다."는 결론은 상식인들의 반대 의견에 대답하기 위해서 의도된 것이며, "시각 고유의 대상은 외부 사물의 심상이 아니다."는 결론은 당시의 기하학적 광학 이론가들과 철학자들의 이론(표상적 실재론)을 반박하기 위해서 의도된 것이다. C. M. Turbayne, "Berkeley and Molyneux on Retinal Images", *Critical Assessments*, 155쪽.

147. 전체적으로 보아 나는 우리가 시각 고유의 대상은 조물주의 하나의 보편적인 언어를 구성한다고 정당하게 결론 내리리라고 생각한다. 우리는 이 언어를 통해 우리 몸의 보존과 안녕에 필수적인 것을 얻기 위해서, 마찬가지로 우리 몸에 고통을 주고 해를 끼치는 것은 무엇이든지 피하기 위해서 우리 행동을 규제하는 방법을 배운다. 우리가 시각 고유의 대상에서 얻는 정보가 주로 우리 삶의 모든 일과 관심사를 인도한다. 그리고 시각 고유의 대상이 떨어져 있는 대상을 우리에게 의미하고 표시하는 방식은 사람이 약속한 언어와 기호의 방식과 동일한데, 이 언어와 기호는 자연의 유사성이나 동일성에 의해서 의미되는 사물이 아니라, 경험에 의해 사물들 사이에서 관찰해온 습관적인 연관성에 의해서만 의미되는 사물을 시사한다.

신의 시각적 언어라는 학설은 『시각론』의 주된 형이상학적 귀결로서 『원리론』에 인계되어 다른 감각기관들의 대상으로 확대

---

178) 『시각론』이 철학적 논고라기보다는 광학에 기여한 책으로서만 읽혀온 것은 사실이다. 그의 시각 이론을 『원리론』의 비물질주의를 지지하는 철학적인 논증으로 보게 한 것은 터베인이다. 그는 버클리의 목적이 시각 경험이 언어의 본성에 관한 것임을 보여주려는 것이었으며 147절을 결론으로 제시한다고 주장한다. C. M. Turbayne, *Works on Vision: George Berkeley*(Indianapolis: Bobbes-Merrill, 1963), Commentary, vii~xiv.

되며(예를 들어 44, 65~66, 108절), 신의 감각적 언어의 형태로 두 책이 훌륭하게 연결된다. 이 학설은 『알키프론』의 네 번째 대화편 14절부터 다시 한 번 뚜렷하게 표현되어 『알키프론』과 그 부록인 『시각론』을 연결시킨다.[179]

『원리론』에서는 시각 관념과 촉각 관념의 이질성에 대한 주장과 거리의 부정이 그 효력을 많이 잃게 된다. 버클리에게 시각적인 것과 촉각적인 것은 모두 관념으로서 동일한 부류에 속하며 마음속에서 비슷하므로 엄밀하게 이질적이지 않다. 일단 감각적 사물이 '관념의 집합'으로 정의되면 이질성의 원래 학설은 그 효력과 핵심을 잃게 된다. 시각적인 것과 촉각적인 것은 사물 안에서 똑같은 토대 위에 있음에 틀림없으며, 그것들 사이에 종류의 형이상학적 구별은 유지될 수 없다. 마찬가지로 거리의 부정도 『원리론』에서는 중요치 않은 위치를 차지한다. 『시각론』에서는 촉각적 사물이 절대적 거리의 기준이며 유형이고 보증으로서 배경에 있다. 말하자면 버클리는 밖에서 기다리고 있는 촉각적인 것을 갖고 있다는 이유만으로 색깔이 눈으로부터 떨어져 있다는 것을 부정할 수 있다. 그러나 버클리의 궁극적인 철학에서는 이 구별이 사라졌으며, 그것과 함께 거리에 관한 원래의 물음도 사실상 사라진다. 『원리론』에서는 절대적이고 물질적인 거리

---

179) 편집자 서론, 31쪽.

는 부정되지만, 상대적이고 감각적인 거리는 여러 차례 긍정되며 사물들도 심지어 외적(58, 90, 112~113, 116절 참조)이라고 불린다. 감각적 대상들은 서로 그리고 관찰자의 몸에서 떨어져 있을 수도 있지만 모두 마찬가지로 마음이나 마음의 영역 안에 있다. 즉 지각되거나 지각될 수 있다.

3) 『시각론』의 독자성에 관한 논쟁

(1) 암스트롱의 견해

루스에 따르면 『시각론』에서 자신의 관념론을 부분적으로 밝히고 부분적으로 은폐한 것은 관념론이 은밀히 스며들기를 바라는 버클리의 전략이었고, 그 당시 그의 전략은 상당한 성과를 거두었다. 볼테르와 프랑스 유물론자들을 비롯해서 반대 학파의 사상가들이 대부분 그의 시각 이론을 받아들였다.[180] 대부분의 버클리 연구자들이 동의하며 반론의 여지가 거의 없어 보이는 이러한 견해에 예외적으로 『시각론』과 『원리론』의 연관성을 부정한 사람은 암스트롱이다. 그는 『시각론』의 41절부터 51절까지에 나타나는 두 가지 결론에 주목한다. "시각의 직접적인 대상은 마음속에 있다."는 첫 번째 결론과 "시각 대상과 촉각 대상은

---

180) 같은 글, 24~25쪽.

공간적 연관성을 전혀 갖지 않는다."는 두 번째 결론의 토대는 당연히 "거리는 저절로 직접 보일 수는 없다."는 전제이다. 그의 논거는 간단하다. 첫 번째 결론은 전제로부터 타당하게 도출되지 않으며 『시각론』은 버클리의 관념론을 지지하지 않으므로 『시각론』을 『원리론』의 중간 거점으로 보는 해석은 그만두어야 한다는 것이다. 반면에 두 번째 결론은 전제에서 도출되므로 『시각론』의 주된 주제는 시각 관념과 촉각 관념의 이질성, 즉 시각기관과 촉각기관에 드러난 실재의 일반적 구조가 이질적이라는 견해이다.[181]

암스트롱에 따르면 전제에서 첫 번째 결론을 조금이라도 보장해주는 것은 없다. 설령 전제가 사실이라 해도 우리가 시각에 의해 거리를 직접 지각할 수 없다는 사실이 왜 우리가 시각에 의해 직접 지각하는 것이 마음속에 있음을 보여주어야 하는가? 암스트롱은 버클리가 자신의 이론을 확증하는 사례로서 든 41절에서 "선천적 시각장애인이 처음 보게 되었을 때 모든 대상이 그의 눈 속에, 아니 그의 마음속에 있는 것처럼 보일 것"이라고 주장한 것이 그의 잘못을 단적으로 드러낸다고 주장한다. 버클리는 무의식적으로 망막을 시각의 직접적인 대상으로 생각하고 있다는 것이다.[182] 그렇게 되면 시각의 직접적인 대상이 '우리 몸

---

181) D. M. Armstrong, *Berkeley's Theory of Vision*(Victoria: Melbourne University Press, 1960), introduction xi.
182) D. M. Armstrong(ed.), *Berkeley's Philosophical Writings*(New York:

속에' 있다는 의미에서 '우리 안에' 있음을 뜻하게 되고, '우리 안'의 의미가 무의식적으로 전이하여 '우리 마음속'을 의미하는 것이 된다. 물론 만약 버클리가 자신이 가정하는 것, 즉 '시각의 직접적인 대상은 관념'이라는 것을 증명한다면 첫 번째 결론은 도출될 것이다. 그러나 그때에도 거리가 직접 보일 수 있는가 없는가 하는 물음은 이 결론과 전혀 관계가 없다. 시각 관념, 즉 시각적인 감각 인상은 그것이 2차원적이든 3차원적이든 관계없이 본성상 마음속에 있을 것이기 때문이다.

반면에 '시각의 직접적인 대상은 2차원적이고, 촉각의 직접적인 대상은 3차원적'이라는 결론은 전제의 필연적 귀결이다. 루스도 『시각론』에서 버클리의 새로운 이론으로 분류하기에 가장 적합한 주장을 하고 있는 부분은 지각 판단의 매개체에 관한 분석과 그 분석의 토대가 되고 있는 시각 대상과 촉각 대상에 관한 구별임을 인정한다.[183] 『시각론』은 시각 대상과 촉각 대상에 전혀 다른 지위를 부여한다. 시각 대상은 마음속에 있지만 촉각 대상은 독자에게 마음의 외부, 즉 물질 속에 있다고 추측하게 하는데, 예를 들어 55절을 비롯한 여러 구절[184]에서 실제로 그렇게

Macmillan Publishing Co., 1965), 31쪽.
183) 편집자 서론, 20쪽.
184) 46, 64, 77, 78, 82, 88, 99, 117, 155절. 『옹호와 설명』 41절에서는 시각 대상과 촉각 대상의 이질성이 자신의 시각 이론의 '주된 부분이며 기

말하고 있다.

55. 마음 바깥에, 그리고 떨어져서 존재하는 대상의 크기는 항상 변함없이 동일하게 지속된다. 그러나 시각 대상은 당신이 촉각 대상에 다가가거나 그것에서 물러섬에 따라 계속 변화하며, 고정되고 일정한 크기를 절대 갖지 않는다. 그러므로 우리가 어떤 것, 예를 들어 나무나 집의 크기를 말할 때는 언제나 촉각적 크기를 뜻해야만 한다. 그렇지 않다면 한결같고 애매하지 않게 말할 수 있는 어떤 것도 결코 있을 수 없다. 그러나 촉각적 크기와 시각적 크기는 사실상 별개의 두 대상에 속하기는 하지만, 나는 (특별히 그 대상들이 동일한 이름으로 불리며, 공존하는 것으로 관찰되기 때문에) 장황하고 이상하게 말하는 것을 피하기 위해서 때때로 그것들을 동일한 사물에 속한다고 말할 것이다.

이와 같이 『시각론』의 주된 학설인 '거리는 결코 직접 보이지 않는다'는 견해와 이 견해가 함축하는 '시각 대상과 촉각 대상의 이질성'은 관념론에 대해서 논리적으로 무관하다. 그러나 암스트롱이 버클리의 결론에 동의하는 것은 아니다. 그는 버클리의 논증이 타당하다 해도 그의 결론은 그의 전제가 훌륭한 만큼

둥'이라고 표현한다.

만 훌륭하다고 주장한다. 만약 우리가 전제를 거부해서 거리가 시각에 의해 직접 지각된다고 인정하면, 우리는 동일한 것을 보고 만진다는 견해로 되돌아갈 수 있다는 것이다. 그는 소리, 맛, 냄새에 대한 흄의 견해[185]가 시각에 관한 버클리의 견해의 연장선상에 있으며, 자신은 버클리와 흄의 현상론적 분석에 동의할 수 없다고 주장한다. 그의 결론은 촉각적 성질뿐만 아니라 소리와 맛과 냄새 같은 성질도 시각의 직접적인 대상과 공간적으로 연관되어 있고, 우리가 실제로 이 관계를 지각한다는 것이다. 결론은 달리 하지만 그는 『시각론』이 감각기관의 본성에 드러난 실재의 본성에 대해 일반적으로 기술하는 데 중요한 역할을 했음을 인정한다. 어쨌든 암스트롱에 의해서 『시각론』을 독자적인 저작으로 보고자 하는 새로운 시도가 이루어졌음은 분명한 사실이다.

(2) 버만의 견해

명백히 실재론자의 입장에서 비판[186]한 암스트롱의 견해에 대

---

185) 공간과 연장 개념은 시각과 촉각에서만 유래하며, 소리, 맛, 냄새는 시간적으로 존재하지만 공간 안에는 있을 수 없다. D. Hume, *A Treatise of Human Nature*(1739), ed. L. A. Selby-Bigge(Oxford: Oxford University Press, 1980) 1권 4부 5절(of the immateriality of the soul), 232~251쪽.
186) 암스트롱이 다른 연구자들과 달리 기하학적 광학에 대한 버클리의 논

해 버만은 전통적 해석으로 되돌아간다. 그에 따르면 『시각론』에는 또 하나의 전략이 있다.[187] 2절에서 "거리는 직접 보일 수 없다."고 주장하면서 11절과 18절에서 기하학적 광학에 반대하는 자신의 논증을 위해 이 전제를 명백히 사용한다는 것이다. 버클리의 논증은 다음과 같다.

① 우리는 대상이 떨어져 있음을 직접 보지 못한다.(2절)
② 우리가 거리를 판단하는 수단 자체는 지각되어야 한다.(10~12절)
③ 그러나 우리는 투사된 선이나 각을 지각하지 못한다.
④ 그러므로 우리는 본유적인 기하학에 의해 거리를 판단하지 않는다.

여기서 지적해야 할 점은 버클리는 ①을 "모든 사람이 동의한다."고 정당화를 할 자격이 없다는 것이다. 버클리 당시의 독자들은 망막을 마음 외부에 존재하는 육체의 일부라고 이해했음에 틀림없기 때문이다. 문제가 되는 것은 투사된 선, 점, 망막이 도대체 무엇인가 하는 것이다. 그것들은 시각적인가 촉각적인가? 그것들이 시각적이라는 것은 『시각론』의 핵심 주제에 위배된다. 모든 시각적 자료가 마음 의존적이라면 어떻게 외부 대상으로부

증이 전적으로 불만족스럽다고 비판한 것에서 짐작할 수 있다. Armstrong(1960), 22쪽.
[187] D. Berman(1994), 23~26쪽.

터 시각적 망막에서 지각되는 시각적 점까지 투사된 시각적 선이 있을 수 있는가? 시각적 선과 망막 위의 점은 마음과 관계없이 외부에 있을 것이다. 그렇다고 해서 버클리가 그 점들이 촉각적이라고 이치에 맞게 주장할 수도 없다. 그렇게 되면 우리는 망막 위의 촉각적 점을 직접 본다고 말해야 될 텐데 이것은 그가 이미 불합리하다고 밝힌 바 있다. 따라서 여기서 버클리는 또 자신의 학설을 주의 깊게 조화시키는 전략적인 방식으로 도입하고 있는 것이다. 그는 자신이 이처럼 전략적으로 『시각론』을 조화시켰다는 것을 『옹호와 설명』에서 밝히고 있다.

35. 엄격한 의미에서는 참이 아니지만 단지 대중이 받아들이고 참이라고 인정한 다양한 것을 참으로 인정하는 광학 저술가들의 길들여진 문체로 시작하는 것은 불가피하지는 않다 해도 적절한 것처럼 보였습니다. 우리 마음속에는 시각 관념과 촉각 관념 사이에 오래되고 밀접한 연관성이 있어 왔습니다. 따라서 우리는 그것들을 하나로 여깁니다. 이 선입관은 삶의 목적에 충분히 잘 어울리고 언어는 이 선입관에 어울립니다. 학문과 사색의 작업은 가장 밀접하게 연관된 것들을 풀고, 혼란스럽고 골치 아픈 대신에 서로 다른 것을 구별하며, 우리에게 뚜렷한 견해를 제시하고, 점차 우리의 판단을 바로잡으며, 판단을 철학적인 정확함으로 환원함으로써 우리의 선입관과 잘못을 해명하는 것입니다. 그리고

이 작업은 시간이 걸리며 서서히 이루어지므로 쉬운 말을 쓰려는 유혹을 피하는 것, 그리고 엄밀하게 말해서 사물을 참되게 말하지도 않고 일관되게 말하지도 않음으로써 현혹됨에서 벗어나는 것은 설령 가능하다 할지라도 극도로 어렵습니다. 그렇기 때문에 독자는 사고력과 허심탄회함을 더 특별히 필수적으로 갖추어야 합니다. 언어는 사람들의 예지와 삶의 용도에 순응하기 때문에 그 안에서 사물의 용도와는 아주 멀고 우리 예지와는 아주 반대되는 사물의 정확한 진실을 표현하기는 어렵기 때문입니다.

이처럼 버클리는 『시각론』에서 적어도 두 번의 통속적인 잘못을 활용하고 있다. 버만은 이 통속적인 잘못을 『원리론』 51절의 "우리는 식자와 더불어 생각하고, 대중과 더불어 말해야 한다.(We ought to think with the learned, and speak with the vulgar.)"는 구절과 연결시키고, 버클리가 세운 전략의 구성 요소를 세 가지로 제시한다.

첫째, 처음에는 자신이 동의하지 않는 신념에 동의하는 것처럼 보이게 한다.

둘째, 그 신념의 잘못된 언어를 사용한다.

셋째, 잘못된 신념을 점차 수정해나감으로써 올바른 신념이 독자에게 은연중에 스며들어가게 할 수 있다.

버만은 『시각론』의 통속적 잘못이 『원리론』에서 수정되었다고 함으로써 전자를 후자의 서론 격으로 여기는 전통적 해석으로 되돌아갔을 뿐만 아니라, 통속적 잘못을 한 군데 더 지적함으로써 전통적 해석을 강화하는 결과를 낳았다.

(3) 애서턴의 견해

애서턴에 따르면 우리는 『시각론』을 『원리론』의 형이상학의 예비서가 아니라 시각 이론의 문제를 해결하려는 적극적 프로그램에 바쳐진 것으로 이해해야 한다. 그렇게 이해할 때 『시각론』 이후의 그의 계획도 새롭게 조명하게 되고, 이제까지 상정되어 왔듯이 그의 형이상학이 기이하고 오도된 것이 아님을 볼 수 있을 것이다. 그는 먼저 전통적 해석이 지닌 문제점을 다음과 같이 지적한다.[188]

첫째, 암스트롱을 비롯한 대부분의 버클리 연구자들은 크기와 위치에 관한 그의 주장을 경시하고 『시각론』을 오직 거리의 지각에 관한 것으로 여겼다. 즉 『시각론』을 쓴 버클리의 목적을 '거리는 직접 지각되지 않으므로 흔히 생각하듯이 우리는 사물이 떨어져 있다고 보지 않으며, 따라서 시각 대상은 마음 외부에 존재하지 않는다는 것을 보여주려는 것'으로 여김으로써 『시각론』을 쓴 동기가 관념론과 직결된다고 주장했다. 이 주장을 지

---

188) M. Atherton(1990), 9~13쪽.

지하기 위해 그들은 『시각론』에서 버클리가 목적을 언급한 것에 주목하지 않고, 『원리론』 43절에서 『시각론』을 쓴 이유를 언급한 것에 주목했다. 43절에 따르면 버클리의 표적은 "우리가 거리, 그리고 우리한테서 떨어져 있으며 보이기를 기다리는 대상을 직접 지각한다."는 상식적 견해이다.

둘째, 이런 식으로 이해하면 버클리는 '거리의 지각은 마음속에 있다'는 주장을 옹호하는 데 일차적인 관심이 있는 것이 되고, 그의 증명은 '외부에 있는 것은 무엇이든지 마음속에 존재할 수 없고, 마음속에 있는 것은 무엇이든 외부에 있을 수 없다'는 부적당한 가정에 매달리게 된다. 그래서 '거리는 마음속에 있다'는 그의 증명은 '거리는 직접 지각되지 않는다', 즉 '거리는 외부에 있지 않다'는 것을 보여줌으로써 진행되는 것으로 상정된다. 나아가 그는 만약 거리가 직접 지각된다면 거리는 외부에 있을 것이고, 따라서 마음속에 있지 않다고 상상하는 것으로 가정되어야 한다. 즉 버클리는 '대상이 직접 지각됨'과 '대상이 외부에 있음'을 동일시하는 것으로 여겨져야 한다.

셋째, 위의 두 견해에 따르면 버클리가 공격하고 있는 것으로 상정되는 것은 '거리는 직접 지각된다는 주장'과 동일시되는 상식적 견해이다. 그러나 이러한 동일시가 옳든 그르든 간에 이것은 버클리가 『시각론』에서 제시하는 입장이 결코 아니다. 그는 2절에서 "거리가 직접 보일 수 없다는 것에 모든 사람이 동의한다."고 말하고 있기 때문이다. 여기서 버클리는 나중에 『원리론』에서 그 견해를 반박하기 위해서 『시각론』을 썼다는 견해(거리는 직접 지각된다.)를 아무도 지지하지 않는다는 이유로 명백히 문제 삼지 않는 이상한 입장에 도달한 것처럼 보인다.

애서턴은 이 세 가지 문제점을 다음과 같이 분석한다.

첫째, 버클리는 『시각론』에서 '어떻게 우리가 거리를 보지 못하는가, 또는 거리를 본다는 것이 얼마나 착각인가를 보여주려 한다'고 말하지 않는다. 오히려 그는 '거리는 직접 보이지는 않지만 어떻게 우리가 거리를 보는가 하는 것을 보여주려 한다'고 말한다. 『시각론』 1절에서 '우리는 눈으로 거리를 판단한다', '사물은 우리로부터 떨어져 있는 것처럼 보인다'는 것 이외에 그가 다른 생각을 하고 있음을 시사하는 것은 아무것도 없다.

둘째, 『원리론』 42절을 보면 버클리는 사물이 떨어져 있는 것처럼 보인다는 주장이 지각된 거리가 마음속에 있지 않다고 상정할 이유가 된다고 생각하고 있지는 않다. 즉 그가 만약 무엇인가 직접 지각된다면 그것은 마음속에 있지 않다고 생각했으리라고 상상하기는 어렵다. 버클리에 따르면 빛과 색깔은 의심의 여지없이 직접 지각되는 명료한 경우이다. 그러나 그는 어디서도 빛과 색깔의 직접적인 지각을 그것들이 보이는 바로 그곳에 있다, 즉 마음 외적인 존재를 갖는다고 상정할 이유로 여기지 않는다. 따라서 거리도 빛과 색깔처럼 우리가 보는 것이라면, 거리의 지각은 색깔의 지각처럼 우리의 감각 체계에 의존하며, 마음의 존성을 반영하고, 마음속에 있을 것이며, 아마도 외부에 있지 않을 것이다. 버클리가 직접적인 지각과 간접적인 지각의 구별을 외부성과 내부성의 구별과 동일시해서 거리 지각이 직접적이지 않다는 주장이 거리는 외부에 있지 않다는 주장이 될 수 있다고 상정했다고 보기는 어렵다.

셋째, 전통적 해석이 이상한 입장에 도달한 것은 『시각론』을 상식적 견해에 반대하는 것으로 읽으려 했던 것에서 비롯한다. 그러나 버클리가 "모든 사람이 동의한다."고 말할 때 그가 염두에 둔 것은 대중이 아니라 기하학적 광학 이론가들이었다. 『시각론』의 진의를 이해하기 어렵게 했던 것은 실제로 다른 곳을 향하고 있는 논증을 억지로 상식적 견해에 대한 공격이라고 갖다 붙이려는 시도에서 발생했다. 결국 『시각론』과 『원리론』 사이의 불일치는 『원리론』 43절이 불러일으킨 상식적 견해에 대한 공격이라는 해석을 『시각론』에 잘못 부과한 데서 발생한 것이다.

여기서 애서턴은 전통적 해석과 달리 『시각론』을 통해서 『원리론』을 볼 것을 제안한다. 두 저작 사이에 불일치가 있고 그것을 버클리의 전략이라고 여긴 것은 『원리론』을 통해서 『시각론』을 보았기 때문이다. 이제 거꾸로 『시각론』을 통해서 『원리론』을 보면 그러한 문제점은 사라지게 될 것이다. 『시각론』 1절에 나타난 버클리의 관심사는 시각과 촉각에 의해 동일한 관념을 얻고 동일한 것을 배울 수 있다고 상정하는 사람들의 잘못을 교정하려는 것이다. 버클리는 『시각론』에서 우리가 보는 사물이 마음속에 있는지 마음 외부에 있는지 묻지 않는다. 오히려 그는 우리가 보는 것이 마음과 독립적이고 외적으로 존재하는 대상의 존재를 전제한다고 가정하는 공간지각 이론에 관심이 있다. 이러한 공간지각 이론에 『원리론』에서 반대하는 상식적 견해가 있으며, 또한 『시각론』의 표적인 기하학적 광학 이론이 있다. 버클리는 마음과 독립적인 대상에 대한 믿음을 고취시키는 기하학적 광학을 반박하지만, '거리는 직접 보이지 않는다', 즉 '우리는 대상을 시각에 의해 직접 지각하지 못한다'는 견해를 기하학적 광학 이론가들과 공유한다. 양자의 차이는 시각 관념이 무엇을 표상하느냐 하는 설명에 있다. 기하학적 광학 이론가들은 시각 관념이 마음과 독립적인 외부 대상의 표상이라고 주장한다. 우리가 본다는 것은 시각 관념과 외부 대상 사이에 성립하는 필연적이거나 유사한 연관성의 결과이며 그것에 의존하므로 우리는 보는 것을 배우지 않는다. 그러나 버클리는 이러한 연관성을 부정하고 시각 관념은 그것과 습관적으로 연합되는 촉각 관념을 시사한다고 주장한다. 우리는 어떤 시각 관념과 어떤 촉각 관념이 연합하는지 경험으로 배우면 된다. 마음 의존적인 관념과 마음과 독립적인 대상의 관계를 따질 필요가 없는 것이다. 사물이 멀거나 가깝게 보이는 것은 사물이 보이는 방식이 내가 마음속에 가졌던 촉각적이고 운동감각적 경험과 연관되기 때문이다. 촉각에 의한 거리 지각은 운동감각과 촉각 수단에 의존하므로 지각자와 상관된다. 이처럼 『시각론』의 관심은 시각 대상의 비지각적 원인에 대한 모든 담론을 촉각 대상의 담론으로 대체해야 한다는 것이다. 『시각론』의 논증도 시각적 성질 자체의 지위가 아니라 시각적 성질이 비시각적인 것을 표상하는 방식에 관한 것이다.

이를 위해 버클리는 시각 관념을 기호로 보고 촉각 관념을 그것의 의미로 보는 일종의 언어 모델을 도입한다.[189] 시각 관념은 비경험적인 것을 계산하는 수단이 아니라 촉각 관념의 기호이며, 이 기호는 그것이 의미하는 촉각 관념과 필연적인 연관성이 있거나 동일한 것으로 상정되지 않는다. 시각 관념은 우리가 쓰거나 말하는 소리가 그것과 임의적이지만 습관적으로 연합된 의미를 마음에 가져오는 방식으로 촉각 관념을 마음에 가져오며, 시각 경험의 의미는 언어와 마찬가지로 배워야 한다. 여기서 언어 유비의 핵심은 시각 관념과 촉각 관념의 이질성이다. 양자는 전혀 다르므로 그 연관성은 습관적인 경험에 의해서만 산출된다. 그런데 만약 암스트롱처럼 이 이질성을 시각 대상은 마음 안

---

[189] 기본적으로 기하학적 광학 이론가들과 데카르트주의자들은 공통적으로 감각에 대해 회의적이다. 버클리는 언어를 모델로 한 관념 연합 이론으로 감각에 대한 회의주의를 대체하려는 적극적 프로그램을 제시하는 것으로 보아야 한다. 같은 책, 236~240쪽.

에 있고 촉각 대상은 마음 외부에 있는 것으로 여긴다면 『시각론』과 『원리론』 사이에 심각한 불일치가 일어나게 된다. 이 입장은 버클리가 『원리론』에서는 촉각 대상을 마음 의존적으로 보는 반면에 『시각론』에서는 마음과 독립적인 것으로 본다고 단정할 때 성립한다. 그러나 『시각론』에서도 촉각 대상은 마음 의존적이다. 버클리가 말하는 시각 대상과 촉각 대상의 이질성은 상호 간에 공통 내용이 없다는 것이며, 두 대상이 마음과 독립해 있는 외부 사물에 수렴하는 것으로 보는 것은 그가 반대한 상식적 견해와 기하학적 광학 이론으로 되돌아가는 것이다.

따라서 『원리론』에서 부정되는 마음과 독립적인 존재가 『시각론』에서 인정되는 것은 아니다. 버클리가 언급하는 통속적 잘못이 두 저작의 심각한 불일치를 형성하지도 않는다. 촉각 대상의 지각자 의존성은 『시각론』에서 도출되는 쓸모 있는 결론이다. 그러므로 두 저작 사이에 불일치는 없다. 『시각론』은 유물론을 인정하는 것이 아니라, 촉각 대상을 도입하여 기존의 광학을 재구성함으로써 유물론에 반대하는 『원리론』의 궁극적인 논증을 향한 첫걸음을 내딛는 것이다. 『시각론』의 핵심은 시각 경험에 관한 이론, 즉 관념론이 아니라 시각적 표상론(theory of visual representation), 즉 비물질주의이다.[190] 버클리가 『시각론』뿐만

---

190) 버클리에 따르면 직접 지각하는 것을 토대로 간접적으로 지각하게 되

아니라 『원리론』을 비롯한 그 후의 저작들에서도 감각적 대상의 본성(감각적 대상은 마음속에 있다.)보다는 감각적 표상의 본성에 관해서 묻는 것이라고 볼 때 버클리 철학을 새롭게 해석할 수 있을 것이다. 『시각론』에서 시각 관념과 촉각 관념의 연합에 의해서 사물의 공간적 특성을 배운 것이라면, 『원리론』에서 우리는 관념들의 연합이 확장되는 것, 즉 우리가 자연법칙이라고 부르는 일반화에 의해 사물의 본성을 더 배우는 게 된다.

4) 맺음말

『시각론』을 『원리론』의 관념론으로 가는 길목의 중간 거점으로 보는 전통적 해석은 버클리 연구자들이 버클리가 『원리론』 43절에서 『시각론』을 쓴 이유를 언급한 것에 주목한 데서 비롯했다. 전통적 해석은 『시각론』의 두 가지 결론 중 '시각의 직접적인 대상은 마음속에 있다'는 첫 번째 결론(상식에 반대하는 관

는 것은 마음과 독립적인 물질의 표상이 아닌 다른 감각 관념이다. 존재하는 것을 지각하는 방식은 지각자의 주관적 경험이라는 사실을 반영해야 한다는 설명은 상식과 충돌하지 않는다. 직접적인 지각 대상에 관한 주장(관념론)이 간접적인 지각 대상에 관한 주장(비물질주의)이라고 상정될 때 비상식적인 것이 된다. 같은 책, 234~235쪽. 우리는 여기서 애서틴이 시각적 표상론이라는 용어를 끌어들여 관념론과 비물질주의를 다른 의미로 사용해서 『시각론』의 첫 번째 결론을 관념론적인 것으로, 두 번째 결론을 비물질주의적으로 보고 있음을 알 수 있다.

념론)을 지지하며, '시각 관념과 촉각 관념의 이질성'이라는 두 번째 결론(기하학적 광학 이론에 반대하는 비물질주의)은 이른바 통속적인 잘못으로서 『시각론』과 『원리론』이 일치하지 않는 것처럼 보이게 하지만, 사실상 버클리의 관념론을 효과적으로 받아들이게 하려는 일종의 전략이었다고 주장한다. 암스트롱은 『시각론』의 진정한 결론은 두 번째 것이며, 두 저작 사이의 불일치를 『시각론』의 독자성을 나타내는 것으로 여김으로써 『시각론』의 지위에 관한 논쟁에 불을 붙였다. 이에 대해 버만은 전통적 해석을 강화하는 입장으로 되돌아갔다. 애서턴은 두 저작 사이의 불일치 문제는 근본적으로 『원리론』을 통해서 『시각론』을 보았기 때문에 발생했다고 여기고, 아예 관점을 달리해서 『시각론』을 통해서 『원리론』을 볼 것을 제안한다. 그가 두 번째 결론에 비중을 둔 것은 암스트롱의 영향에 의한 것이지만, 그는 명백히 실재론적인 입장으로 보이는 암스트롱의 견해에 동의하지 않는다. 그는 시각적 세계를 조물주의 하나의 보편적 언어로 보는 것을 『시각론』의 결론으로 여기는 전통적 해석을 이어받아 시각 관념과 촉각 관념의 이질성을 설명함으로써 두 저작 사이의 불일치 자체를 부정해버린다. 그럼으로써 버클리 철학의 일관성을 『원리론』이 아니라 『시각론』을 기준으로 해석하려는 새로운 관점을 제시한다. 버클리의 철학을 상식에 반하는 관념론으로서보다는 기하학적 광학 이론에 반대하는 비물질주의로 해석할 때 그의 저작들의 관계는 밀접하게 보일 것이며, 그의 철학을 상식과 크게 모순되지 않는 것으로 여기게 하리라는 것이다.

결론적으로 암스트롱이 촉발시킨 『시각론』의 지위에 관한 논쟁은 그동안 등한시되어온 『시각론』을 버클리 철학 연구의 중심에 놓이게 했고, 그의 철학을 시각적 표상론으로 새롭게 해석하게 했다는 데 의의가 있다. 아울러 『시각론』을 성공적인 시각 이론으로 보려는 애서턴의 시도는 슈워츠(Schwartz)에게 그대로 이어져서 버클리 시각 이론의 형이상학적이고 인식론적인 함축에 관해서보다는 시각 이론의 발전에 버클리가 실제로 공헌한 것을 적극적으로 고찰하게 했다. 그 결과 버클리의 시각 이론은 당시 최고 과학의 부분이었을 뿐만 아니라 현대 저작에도 상당한 영향력을 행사해온 광학, 감각 생리학, 심적 과정, 학습에 관한 견해에 의거한 것이었음을 밝혀냈다.[191] 『시각론』은 현대 시각 이론에서 논의되고 있는 주제들을 이해하는 데 중요하다는 점에서 지속적인 탐구 대상이 될 것이다.

---

191) R. Schwartz, *Vision—Variations on Some Berkeleian Themes* (Blackwell Publishers, 1994), 7쪽.

3. 몰리누의 문제[192]

 인당수에 빠져 죽은 줄로만 알았던 딸 심청이를 만난 심봉사는 너무나 반가운 나머지 눈을 뜨게 된다. 눈을 뜬 심봉사는 과연 심청이를 알아보았을까? 이와 유사한 문제가 오랜 세월 실제로 철학자들 간에 논쟁거리가 된 적이 있다. 아일랜드의 광학자 몰리누가 최초로 제기했다고 해서 그의 이름을 따서 몰리누의 문제라고 불리게 된 이 지각의 문제는 '시력을 되찾은 선천적 시각장애인이 이전에는 만져서만 구별할 수 있었던 거의 같은 크기의 정육면체와 구를 눈으로 보고 구별할 수 있을까?' 하는 것이었다. 이 문제는 몰리누가 1688년 로크에게 제기한 이래 로크를 비롯하여 버클리, 라이프니츠, 볼테르, 디드로, 콩디야크, 라 메트리, 콩도르세(M. C. de Condorcet, 1743~1794), 애덤 스미스, 리드, 허치슨, 프리스틀리(J. Priestley, 1733~1804) 같은 18세기 대표적인 철학자들을 포함한 수많은 철학자들의 반응을 불러일으켰다. 19세기 이후에는 마흐(E. Mach, 1838~1916), 제임스(W. James, 1842~1910), 카시러(E. Cassirer, 1874~1945) 같은 철학자들뿐만 아니라 뮐러(J. Müller, 1801~1858), 헬름홀츠(H. Helmholtz, 1821~1894) 같

---

[192] 이 글은 김성진·정인재 엮음, 『논쟁과 철학』(고려대학교 출판부, 2007), 101~129쪽에 실린 내용을 간단하게 수정했을 뿐 거의 그대로 실었다.

은 심리학자들의 주목을 받기도 했다.

몰리누의 문제에 대해 부정적인 반응과 긍정적인 반응이 난무한 가운데 1728년 영국 런던에서 외과 의사 체즐던이 13~14세쯤 되는 소년의 백내장 수술 결과를 상세히 공표했다. 실제로 이 환자는 시력을 되찾은 후 사물을 잘 알아보지 못했다. 이 수술 결과는 부정적인 대답을 한 철학자들에게 결정적인 증거를 제시하는 것처럼 보였다. 하지만 이 물음이 그렇게 단순하지 않았음이 밝혀지면서 논쟁의 양상이 달라졌으며 논쟁은 식지 않고 지속되었다. 대부분의 유명한 논쟁이 그러한 것처럼 승부가 가려지지 않은 이 물음은 19세기 중반을 넘어서서는 공간에 관한 지각 문제의 일부분으로 다루어졌으며, 심리학에서는 본유주의(Nativism)와 경험주의 논쟁으로 비화되었다. 그동안 많은 수술과 실험이 이루어졌지만 이 문제에 대해 만장일치로 대답하려는 어떠한 시도도 성공하지 못했다. 20세기에 들어서서는 이전 시기처럼 지각 문제의 중심을 차지하지는 못했지만 감각기관을 대체한 동물에 대한 실험 결과를 토대로 이 문제를 해결하려는 시도가 이루어졌으며, 이 문제가 밟아온 궤적은 여전히 철학자, 심리학자, 생리학자, 안과 의사의 관심사로 남아 있다.

여기서는 철학자들 간에 몰리누의 문제가 가장 활발히 거론되었던 18세기에 국한해서 살펴보려 한다. 한정된 지면에 수많은 철학자들의 주장을 일일이 다루거나 심층적으로 고찰할 수는 없

으므로 대표적인 철학자들을 중심으로 논쟁의 전개 양상을 개관하고자 한다.[193]

1) 문제의 발단

1688년 7월 7일 더블린에 사는 몰리누라는 사람이 로크에게 다음과 같은 편지를 보내왔다.

『인간 지성론』의 저자[194]에게 제안하는 문제

시각장애인으로 태어난 어떤 사람에게 거의 같은 크기의 구와 정육면체를 양손에 쥐게 하고 어느 것을 구라고 하고 어느 것을 정육면체라고 하는지 가르쳐주거나 말해주어서 그가 그것들을 만져서 쉽게 구별할 수 있게 되었다고 하자. 이제 그 두 물체를 손에서 빼내 탁자 위에 놓고 그 사람이 시력을 되찾았다고 상상

---

193) 몰리누 문제에 관한 역사적인 고찰을 한 대표적인 논문과 저작들로는 J. W. Davis, "The Molyneux Problem", *Journal of the History of Ideas*, 21, 3(July-Sept. 1960), 392~408; M. J. Morgan, *Molyneux's Question: Vision, Touch and the Philosophy of Perception* (Cambridge: Cambridge University Press, 1977); M. Degenaar, (1996)이 있으며, 이 글은 이 문헌들을 토대로 이루어졌다.

194) 이 편지를 보냈을 당시 몰리누는 로크와 친구 사이가 아니었으며, 1688년 2월 암스테르담에서 출간된 『세계의 도서』에 실린 『인간 지성론』의 프랑스어 축약본을 읽고 출판업자에게 이 편지를 보냈다.

해보자. 그가 두 물체를 만져보기 전에 어느 것이 구이고 어느 것이 정육면체인지 눈으로 보아서 알 수 있을까? 또는 두 물체가 20피트나 1000피트 떨어져 있는데도 손을 뻗기 전에 닿을 수 없는지 눈으로 보아서 알 수 있을까?[195]

이 편지를 보낸 몰리누는 당시 아일랜드에서 유명한 행정가이며 정치가인 동시에 새로운 학문에 열광적으로 몰두한 학자였다. 그가 1692년에 출판한 『새로운 굴절 광학』은 광학에 관해서 영어로 쓴 최초의 중요한 책으로서 버클리의 『시각론』의 모태가 되었다.[196] 그는 1684년에 런던에 있는 왕립학회의 자매 기관으로 더블린 철학회를 설립하였고, 1692년에 그가 트리니티 칼리지의 학장에게 로크의 『인간 지성론』을 학생들에게 읽히도록 추천한 것은 결과적으로 버클리가 옥스퍼드나 케임브리지의 철학자들보다 먼저 로크의 철학을 접하는 계기가 되었다. 당시 지성

---

[195] *The Correspondence of John Locke*, edited by E. S. de Beer(Oxford : Clarendon Press, 1976~1990), Vol 3(1978), no. 1064. Degenaar (1996), 17쪽에서 재인용. *The Works of John Locke*(London, 1823 ; Reprinted in 1963)의 9권에는 1692년 7월 16일 로크가 몰리누에게 보내는 편지부터 실려 있다.
[196] 몰리누의 『새로운 굴절 광학』의 직접적인 영향이 버클리의 『시각론』 전체를 관통하고 있다. 버클리는 이 책 40절에서 '현명한 몰리누 선생'이라고 언급하기도 한다.

계를 주도한 인물로서 뛰어난 광학자였을 뿐만 아니라 1678년 결혼한지 몇 달 만에 부인이 실명하게 된 개인적인 경험이 그가 이 문제를 제기하게 된 동기가 되었을 것으로 여겨진다.[197]

로크는 이 편지에 답장을 하지 않았으며, 두 사람의 편지 왕래는 몰리누가 왕립학회에 보내는 자신의 저서의 헌정사에서 로크를 격찬하고 그 사본을 로크에게 보낸 뒤 시작되었다. 1693년 3월 2일 몰리누는 약간 변형된 형태로 다시 한 번 로크에게 이 문제를 제기하고 『인간 지성론』에서 언급해줄 것을 부탁했다. 흔쾌히 동의한 로크는 1694년 제2판에 이 편지를 그대로 실었고 (2권 9장 8절) 그래서 이 문제가 널리 알려지게 되었다.

시각장애인으로 태어나서 이제는 성인이 된 어떤 사람이 동일한 금속으로 된 크기가 거의 같은 정육면체와 구를 만져서 구별할 수 있게 배워서 그가 이 두 물체를 만졌을 때 어느 것이 정육면체이고 어느 것이 구인지 말할 수 있다고 상상해보자. 이제 정육면체와 구가 탁자 위에 놓여 있고 그 시각장애인이 볼 수 있게

---

[197] 아울러 데헤나르(Degenaar)는 로크가 선천적 시각장애인의 관념을 언급하고, 하나의 감각기관을 통해 얻을 수 있는 관념과 여러 감각기관들을 통해 얻을 수 있는 관념을 나누고 후자의 예로 공간과 형태 관념을 든 것이 몰리누의 문제 형성의 직접적인 원인이라고 주장한다. Degenaar(1996), 19~20쪽.

되었다고 상상해보자. 질문: 그가 그 물체들을 만지기 전에 눈으로 보고 지금 어느 것이 구이고 어느 것이 정육면체인지 구별하고 말할 수 있을까 없을까?(몰리누의 질문)

이 글에서 첫 번째 편지와 차이나는 곳은 어떤 부분인가? 우선 두 물체가 '동일한 금속으로 되었다'는 표현은 몰리누가 1693년 3월 2일에 보낸 편지에서 '상아로 되었다(고 상상해보자)'고 한 것을 로크가 이렇게 달리 표현한 것이다. 그 다음에 첫 번째 편지의 마지막 부분인 거리에 관한 물음이 빠진 것은 몰리누가 두 물체를 구별하고 명명하는 것에 관한 물음이 거리에 관한 물음을 함축한다고 믿었기 때문일 수도 있고, 『새로운 굴절광학』에서 '거리는 볼 수 없다'고 명백하게 증명했으므로 대답이 뻔하다고 생각했기 때문일 수도 있다. 우리가 주목해야 할 점은 이 문제가 실제로는 '시력을 되찾은 선천적 시각장애인이 만져보지 않고 두 물체를 눈으로 보고 구별할 수 있으며, 또한 이름을 댈 수 있을까?' 하는 복합 질문인데, 몰리누 자신은 이 두 가지 물음에 대해 분리된 대답을 하지 않았다는 점이다.

이 질문에 대해 저 예리하고 현명한 문제 제기자는 "그럴 수 없다."고 대답한다. "그 이유는 비록 그가 구와 정육면체가 어떻게 만져지는지 경험하기는 했지만 그러저러하게 만져진 것이 눈에도 그러저러하게 보임에 틀림없다는 경험, 또는 그의 손에 닿았던 정육면체의 돌출각이 고르지 못한 것처럼 그의 눈에도 고르지 않게 나타나리라는 경험은 아직 하지 못했기 때문이다."(몰리누의 대답)

몰리누는 두 물체의 형태에 관한 촉각적인 감각과 시각적인 감각의 관계가 이 시각장애인에게 즉시 명백하게 드러나는 것이 아니라 배워야 하는 것으로 생각하고 있다. 그런데 로크가 몰리누의 문제를 언급하는 곳은 지각에서 종종 무의식적인 판단(unconscious judgements)이 어떤 역할을 한다는 견해를 밝히는 곳이며, 그는 이 문제에 대해 몰리누와 똑같이 대답한다. 몰리누의 편지가 실린 전후 맥락을 보자.

우리는 지각에 관해서 더 고찰해야 한다. 즉 우리가 감각에 의해 받아들이는 관념들은 성인들의 경우 종종 우리가 알아차리지 못한 채 판단에 의해 변경된다는 사실을 더 고찰해야 한다. 우리가 황금빛, 설화석고색, 흑옥색 같이 한결같은 색깔로 된 둥그런 구를 볼 때 그것이 우리 마음에 새기는 인상은 우리 눈에 다양한 세기로 들어오는 빛과 밝음, 음영을 가진 평평한 원의 관념임은 확실하다. 그러나 우리는 볼록한 물체들이 보통 우리 안에서 어떻게 나타나는지, 물체들의 감각적 형태가 달라서 빛이 반사할 때 어떤 변화가 일어나는지 지각하는 데 익숙해져 있기 때문에 습관에 의해서 곧바로 그 현상들의 원인을 판단한다. 따라서 실제로는 모양을 이루는 다양한 음영이나 색깔을 모양의 표시로 통하게 하며 볼록한 모양과 한결같은 색깔에 관한 지각을 형성하는 것도 판단이다. 그것으로부터 우리가 얻는 관념은 회화에서 명백하듯이 다양하게 채색된 평면일 뿐이다. 이러한 목적으로 나는 여기서 매우 현명하고 사려 깊으며 실재적 지식을 추구하는 사람으로서 박식하고 존경할 만한 몰리누 선생의 문제를 삽입하려 한다. 그는 몇 달 전에 편지로 이 문제를 나에게 기꺼이 보내주었는데 그것은 다음과 같다. (이하 몰리누의 질문과 대답). "나는 내 친구라고 자랑스럽게 부르는 이 사려 깊은 신사가 이 문제에 대해 답한 것에 동의한다. 그리고 그 시각장애인이 단지 두 물체를 보고 있는 동안에는 첫눈에(at first sight) 어느 것이 구이고 어느 것이 정육면체인지 확실히 말할 수는 없으리라고 생각한다. 그가 촉각에 의해서 틀리지 않고 그 물체들의 이름을 대며, 느껴지는 모양의 차이에 의해서 그것들을 확실히 구별할 수 있지만 말이다. 나는 독자들이 경험과 숙달, 그리고 후천적인 관념들을 전혀 사용하지 않거나 그것들의 도움을 전혀 받지 않는다고 생각할 때 얼마나 많이 그것들을 지켜보고 있는지 고찰할 기회를 주기 위해 이 문제를 적었다."(로크의 대답)

로크는 두 물체를 구별하는 능력에 관한 물음이 아니라 두 물체의 이름을 대는 능력에 관한 물음만 다루고 있으며, 그 시각장애인이 어느 것이 구이고 어느 것이 정육면체인지 확실히 말할 수 없을 것이라고 믿는다. 확실히 말할 수 있기 위해서는 우선 그가 보고 있는 2차원적인 대상들이 그가 이미 경험했던 촉각적인 3차원적 대상들과 어떤 식으로 상응하는가를 배워야만 하기 때문이다.

2) 철학자들의 반응

(1) 부정적인 반응

버클리는 몰리누의 문제에 대하여 자신의 주저인 『원리론』에서는 간단히 언급하지만 『시각론』에서는 자신의 주장을 입증하기 위하여 여러 번 언급한다.[198] 먼저 버클리는 『원리론』에서 『시각론』에 대해 다음과 같이 말하고 있다.

---

198) 카시러는 "몰리누의 문제는 18세기의 인식론과 심리학의 다양한 문제들이 수렴되는 중심 문제이며, 버클리의 지각 이론의 출발점이다. 『시각론』은 이 문제를 체계적으로 해결하려는 시도에 지나지 않는다."고 평가한다. E. 카시러 지음, 박완규 옮김, 『계몽주의 철학』(서울: 민음사, 1995), 151~152쪽.

43. …… 거기서 다음과 같은 것을 볼 수 있다. 거리나 외부성은 결코 시각에 의해서 직접 저절로 지각되지 않으며, 그렇다고 해서 선과 각 또는 거리와 필연적 연관성을 가진 어떤 것에 의해서 파악되거나 판단되지도 않는다. 오히려 거리는 어떤 시각 관념들과 시각에 수반되는 감각들에 의해서 우리 생각에 단지 시사되는데, 이 시각 관념들과 감각들은 본성상 거리 또는 멀리 있는 사물과 전혀 유사하지 않거나 아무런 관련도 없다. 그러나 우리가 경험을 통해 배운 연관성에 의해 그 시각 관념들과 감각들은 우리에게 사물들을 의미하고 시사하게 되는데 그 방식은 어떤 언어의 낱말들이 그것들이 나타내도록 되어 있는 관념들을 시사하는 방식과 똑같다. 선천적 시각장애인이 나중에 보게 되었을 때 첫눈에 그가 본 사물들이 그의 마음 밖에 있거나 자신으로부터 떨어져 있다고 생각하지는 않을 정도로 그 방식은 똑같다. ……

44. 시각 관념들과 촉각 관념들은 전적으로 구별되고 이질적인 두 종을 이룬다. 전자는 후자의 표지이며 징후이다. 시각 고유의 대상은 마음 밖에 존재하지도 않고 외부 사물의 심상도 아니라는 것은 『시각론』에서도 보았다. …… 엄밀히 말해 우리가 시각 관념에 의해서 거리와 멀리 있는 사물을 파악할 때 그 시각 관념은 실제로 떨어져서 존재하는 사물을 우리에게 시사하거나 나타내는 것이 아니라, 이러저러한 시간에 이러저러한 행동의 결과로 어떤 촉각 관념이 우리 마음에 새겨지리라고 경고하는 것일 뿐이

다. 시각 관념은 우리가 의존해 있고 우리를 지배하는 정신이 우리가 자신의 육체에 이러저러한 운동을 불러일으킬 경우, 그가 어떤 촉각 관념을 우리에게 이제 막 새기려고 하는지 알려주는 언어라는 것은 명백하다. ……

이 인용문과 함께 "내 계획은 우리가 시각으로 대상의 거리, 크기, 위치를 지각하는 방식을 보여주려는 것이다. 또한 시각 관념과 촉각 관념의 차이를 고찰하고, 두 감각기관에 공통인 관념이 있는지 없는지를 고찰하려는 것"이라는 『시각론』의 제1절을 보면 버클리의 시각 이론의 윤곽을 그려볼 수 있다. 버클리의 『시각론』은 모두 159개의 절로 이루어져 있는데 1절에서 밝힌 그의 계획에 따라 내용을 크게 네 부분으로 나눌 수 있다. 2절에서 51절까지는 시각에 의해 대상의 거리를 지각하는 방식, 52절부터 87절까지는 대상의 크기를 지각하는 방식, 88절부터 120절까지는 대상의 위치를 지각하는 방식을 논하는 주요 논증으로 채워져 있다. 121절부터 159절까지는 시각 대상과 촉각 대상의 이질성(121~146절)을 중심으로 시각에 고유한 대상의 궁극적 본성(147~148절), 기하학의 대상인 공간의 본성(149~159절)을 다루고 있다. 몰리누의 문제는 이 네 부분에 전부 등장한다(41~42절, 79절, 101~111절, 132~133절). 버클리는 거리를 지각하는 방식이 크기와 위치를 지각하는 방식에 그대로 적용된다고 주장하므로 그의 시각 이론은 사실상 거리를 지각하는 방식과 시각 관념과 촉각 관념의 이질성이라는 두 주제에 관해 논하는 것으로 볼 수 있다.[199]

버클리는 거리, 크기 위치가 어떻게 시각에 의해 지각되는지 보여주고자 하며, 각 경우에 몰리누의 문제가 그의 주장을 지지하기 위하여 사용된다. 거리의 경우 몰리누의 문제는 다음과 같이 사용된다.

41. 선천적 시각장애인인 어떤 사람이 보게 되었다면 처음에는 시각에 의해 거리 관념을 전혀 갖지 못하리라는 것은 전제된 것으로부터 나온 명백한 결과이다. 더 가까운 대상과 마찬가지로 해와 별, 가장 먼 대상은 모두 그의 눈 속에, 아니 그의 마음속에 있는 것처럼 보일 것이다. …… 우리가 시각으로 지각한 대상이 어떤 거리에 있거나 또는 마음 바깥에 있다고 판단하는 것은 그 시각장애인으로서는 결코 도달할 수 없는 전적으로 경험의 결과

---

[199] 시각과 촉각의 이질성이야말로 버클리가 시각의 심리학에 가장 독창적으로 공헌한 점이다. Davis(1960), 395쪽. 나카무라 유지로는 버클리가 거리, 공간, 크기 등을 받아들이는 일을 모두 근육 감각을 포함하는 넓은 의미의 촉각에 귀속시켰고, 이것은 시각이 갖고 있던 왕위를 박탈하고 촉각이 시각보다 우위에 있게 된 계기가 되었다고 주장한다. 나카무라 유지로, 양일모·고동호 옮김, 『공통감각론』(서울: 민음사, 2003), 104~106쪽.

이기 때문이다.

또한 버클리에 따르면 선천적 시각장애인이 처음 보게 되었을 때 그는 촉각 대상과 동일한 본성의 것을 본 것으로 생각하거나 또는 촉각 대상과 공통으로 무엇인가를 가졌다고 생각하지 않을 것이다. 시각 대상은 촉각 대상과 질적으로 다르기 때문에 두 감각기관에 공통인 것은 있을 수 없으며, 서로 덧붙여질 수도 없다.[200] 버클리는 몰리누의 문제에 대한 로크와 몰리누의 해결책이 자기 신조를 확증한다고 주장한다.

132. 우리 신조를 더 확증하는 것은 로크 선생이 『인간 지성론』에서 밝힌 몰리누 선생의 문제에 관한 해결책에서 끌어낼 수도 있다. 나는 그것에 관한 로크 선생의 의견과 함께 그것을 거기에 있는 대로 기록할 것이다.(이하 몰리누의 질문과 대답, 로크의 대답)

133. 그런데 만약 촉각으로 지각한 네모진 면이 시각으로 지각한 네모진 면과 동일한 종류에 속한다면, 여기서 언급한 시각장애인은 네모진 면을 보자마자 그것을 확실히 알 것이다. 그것은

---

[200] 황수영은 몰리누의 문제에 대한 버클리의 대답에서 아리스토텔레스의 고유 감각과 공통 감각의 구분이 사라진다고 주장한다. 황수영 지음, 『근·현대 프랑스철학』(서울: 철학과 현실사, 2005), 85쪽.

이미 그가 잘 알고 있던 한 관념을 새로운 입구를 통해서 단지 그의 마음속에 받아들이는 것 그 이상이 아니다. …… 그러므로 우리는 시각적 연장과 모양이 촉각적 연장, 모양과 종적으로 구별되는 것이거나, 그렇지 않다면 사려 깊고 독창적인 두 사람이 제시한 이 문제의 해결책이 그르다는 것을 인정해야만 한다.

몰리누의 문제에 대한 버클리 자신의 답변은 몰리누와 로크와 마찬가지로 부정적이지만 그는 이 문제를 훨씬 더 철저하게 부정한다. 버클리에게 몰리누의 문제는 촉각과 시각에 의해 지각될 수 있는 하나의 대상에 관한 물음이 아니라 전혀 다른 두 대상들에 관한 물음이기 때문이다.

135. …… 선천적 시각장애인은 처음 볼 때 그가 촉각 관념에 항상 붙여온 이름으로 자신이 본 것을 명명하지 않으리라는 것은 명백해졌다. 정육면체, 구, 탁자는 그가 촉각으로 지각할 수 있는 사물에 적용됨을 알았던 낱말이다. 그러나 그는 그 낱말이 전혀 촉각적이지 않은 사물에 적용된다는 것은 결코 알지 못했다. 익숙하게 적용되어온 그 낱말은 그것이 주는 저항에 의해 지각된 물체나 입체를 그의 마음속에 항상 떠올리게 했지만 시각에 의해 지각된 충전성, 저항, 돌출은 전혀 없기 때문이다. 요컨대 시각 관념은 모두 그의 마음속에서 거기에 덧붙여진 이름이 전혀 없는

새로운 지각이다. 그러므로 그는 그것에 관해서 사람들이 그에게 하는 말을 이해할 수 없다. 그리고 그에게 탁자에 놓인 것으로 본 두 물체 가운데 어느 것이 구이고 어느 것이 정육면체인지 묻는 것은 그를 철저히 희롱하는 전혀 이해할 수 없는 물음이다. 그가 보는 어떤 것도 물체와 거리 관념, 또는 일반적으로 그가 이미 알았던 어떤 것의 관념을 그의 생각에 시사할 수 없기 때문이다.

버클리는 『시각론』의 제2판(1710) 부록의 맨 마지막 부분에서 1709년 8월 16일 자 《태틀러》에 실렸던 시각장애인이 20년이 지나서 보게 된 사건을 들면서 자신의 이론이 사실과 실험에 의해 확인되었다고 주장한다.[201]

(2) 긍정적인 반응

몰리누의 문제에 대해 최초로 기록된 긍정적인 답변은 1695년 9월 6일에 싱(Edward Synge)이 쓴 편지에 등장한다. 이 편지를 입수하게 된 몰리누는 이 문제가 많은 학자들을 곤혹스러운

---

201) 안과 의사 그랜트가 20세 된 존스를 성공적으로 수술했다는 광고는 나중에 사기로 판명되었으며 버클리는 다시 언급하지 않는다. 그러나 1733년에 출판된 『옹호와 설명』의 맨 마지막인 71절에서는 그 대신에 체즐던이 1728년에 13~14세 된 선천적 시각장애인의 백내장 수술을 했던 사건을 언급한다.

처지에 놓이게 했다는 자신의 말에 대한 예증이라며 로크에게 편지의 사본을 보냈고, 로크는 몰리누에게 답장을 했다. 그러나 두 사람은 싱의 견해를 알고서도 자신들의 견해를 바꾸지 않았다. 싱은 관념(idea)과 심상(image)을 구별하고 우리는 시각 대상에 관해서만 심상을 가질 수 있다고 보았다. 선천적 시각장애인은 구의 관념과 정육면체의 관념, 그리고 그것들의 차이에 관한 관념을 가질 수는 있지만, 그것들의 심상은 가질 수 없다. 구에 대해 그가 가질 관념은 온통 똑같은 대상의 관념이며, 정육면체에 대해 그가 가질 관념은 매끄러운 면, 뾰족한 각, 기다란 변처럼 모든 표면이 동일하지 않은 대상의 관념일 것이다. 시력을 되찾은 그가 구와 정육면체를 보았을 때 그는 즉시 두 물체의 서로 다른 심상을 갖게 될 것이다. 그는 구의 관념과 심상이 일치한다고 지각할 것이며, 정육면체의 관념과 심상의 차이를 지각할 것이다. 따라서 그는 어느 것이 구이고 어느 것이 정육면체인지 말할 수 있을 것이다.[202]

라이프니츠는 1695년경 로크와 논쟁하기 위해 비판적인 글을 썼지만 로크는 반응을 보이지 않았으며, 1700년 『인간 지성론』이 프랑스어 번역판으로 출판되자 1704년에 『새로운 인간 지성론』을 완성했다.[203] 그러나 그 해에 로크가 죽자 라이프니츠는

---

202) Degenaar(1996), 39~40쪽.

이 책을 출판할 의미를 잃었고, 이 책은 라이프니츠가 죽고 거의 50년이 지난 1765년에 출판되었다. 로크의 책을 순서에 따라 비판한 『새로운 인간 지성론』은 몰리누의 문제도 똑같이 2권 9장 8절에서 다룬다.

먼저 필라레테(Philalèthe, 로크의 대변인)가 테오필(Théophile, 라이프니츠 견해의 옹호자)에게 몰리누의 문제를 설명하자, 테오필은 "만약 그 시각장애인이 자신이 보는 두 가지 형태가 정육면체와 구의 형태임을 안다면 그는 그것들을 만지지 않고서도 알아보고 어느 것이 구이고 어느 것이 정육면체인지 말할 수 있으리라고 믿는다."고 대답한다. 그 대답이 틀렸다는 필라레테의 지적에 테오필은 자신의 대답이 몰리누나 로크의 대답과 크게 다르지 않다고 주장한다. 그는 그 근거로 애당초 제기된 문제에는 그 시각장애인이 자기가 구나 정육면체를 보게 될 것임을 이미 알 것이므로 두 물체를 구별할 수 있으리라는 조건이 숨겨져 있으며, 따라서 이 문제는 단지 어느 것이 구이고 어느 것이 정육면체인지 말하는 문제임을 지적한다. 그 시각장애인은 자신이 이미 촉각으로 얻은 감각적 지식, 즉 구의 경우 표면이 한결같고

---

203) *Nouveaux Essais sur l'entendement humain*(1765). 이 글에서는 영어 번역본을 사용한다. *New Essays on Human Understanding*, translated & edited by P. Remnant & J. Bennett(Cambridge : Cambridge University Press, 1981).

각이 없어서 구 자체의 면에 의해 구별되는 점들이 없지만 정육면체는 다른 모든 것들로부터 구별되는 여덟 개의 점이 있다는 지식에 이성의 원리들(rational principles)을 적용함으로써 그 물체들을 구별할 수 있다. 여기서 테오필은 그 시각장애인이 새로운 경험에 눈이 부셔 바로 보지 못하고 혼란스럽게 되거나, 추리를 하는 데 익숙하지 않은 최초의 순간에 즉석에서 두 물체를 구별할 수는 없으리라는 단서를 단다.

계속해서 테오필은 다음과 같이 주장한다. 만약 이런 식으로 형태를 구별하지 않는다면 시각장애인은 촉각에 의해 기하학의 기초를 배울 수 없을 텐데 우리는 선천적 시각장애인들이 기하학의 기초를 배울 수 있음을 확실히 안다. 나아가 신체가 마비된 사람들은 시각만으로도 기하학을 할 수 있다.[204] 이 두 부류의 사람들에게는 공통적인 심상이 없는데도 그들의 기하학이 서로 일치하는 것으로 보아 그들은 동일한 관념에 의존함에 틀림없다. 여기서 우리는 라이프니츠가 싱과 마찬가지로 관념과 심상을 구별함을 볼 수 있다. 그에 따르면 우리는 하나 이상의 감각기관에서 얻는 관념들에 관해서 정의할 수 있다. 대상의 형태를

---

[204] 이 점은 명백히 버클리와 대조된다. 버클리는 몰리누의 문제에 등장하는 시각장애인과 정반대로 만약 촉각기관이 없고 시각기관만을 가진 지적인 사람(unbodied spirit)이 있다면 아마도 그는 견고한 물체나 평평한 형태를 지각할 수 없으리라고 주장한다. 『시각론』, 150~159쪽.

정의할 수 있으면 우리는 대상의 정확한 관념(exact idea)을 갖는 것이고, 대상의 본성과 특성이 알려지지 않으면 대상의 심상 또는 혼란스러운 관념을 갖는 것이다.[205]

결국 라이프니츠에 따르면 몰리누의 시각장애인은 촉각을 통해 얻은 지식과 지성을 이용해서, 또는 두 대상의 형태에 관한 정확한 관념들의 도움으로 구와 정육면체를 구별하고 말할 수 있다. 그러나 만약 사전에 그가 정육면체와 구를 보리라는 말을 듣지 못한다면 그는 자신이 3차원적인 대상들을 보고 있다고 즉시 생각하지 못할 것이다. 우리는 여기서 라이프니츠의 말과 로크의 말에 큰 차이가 없음을 알 수 있다. 로크는 마음을 순전히 수동적으로 보고 있지는 않으며, 마음은 감각기관이 제공하는 자료와 함께 작용하는 능력이 있음을 암묵적으로 인정하고 이를 '무의식적인 판단'이라는 말로 표현한 것이라면 이는 라이프니츠가 말하는 '이성의 원리'와 크게 다르지 않을 것이다. 또한 몰리누의 시각장애인은 최초의 순간에는 즉석에서 두 물체를 구별할 수는 없으리라는 단서를 붙인 점에서도 라이프니츠와 버클리의 견해가 크게 다를 바 없다고 할 수 있다. 이런 의미에서 몰리

---

205) 라이프니츠는 버클리가 주장한 이질성을 심상에 관해서만 인정하는 것으로 볼 수 있다. 라이프니츠는 심상과 관념을 구별함으로써 로크와 버클리가 상상가능성(imaginability)과 사유가능성(conceivability)을 혼동한 것으로부터 벗어난다. Davis(1960), 397쪽.

누의 문제에 대한 라이프니츠의 대답은 긍정적이기는 하지만 상당히 제한적이라고 볼 수 있다.

3) 체즐던의 백내장 수술

이제까지 살펴본 것처럼 몰리누의 문제에 대해서 다양한 대답들이 제시되었음에도 의견이 일치하지 않는 이유 가운데 하나는 그 문제에 대한 해석이 서로 달랐기 때문이다. 몰리누는 시력을 되찾은 시각장애인이 단지 주어진 두 물체를 만지지 못하게 하는 조건을 내세웠는데 로크는 거기에 그 시각장애인이 첫눈에 물체들을 알아볼 수 있는가 하는 조건을 추가했다. 라이프니츠는 로크의 조건을 제외하는 대신 그 시각장애인이 어떤 물체들을 보게 될지 미리 듣는다는 조건이 그 문제에 함축되어 있다고 보았다. 게다가 이때까지는 철학자들이 선천적 시각장애인이 시력을 되찾을 수 없으리라고 믿었기 때문에 몰리누의 문제를 추리에 의한 해결책에 종속되는 사고 실험의 일종으로 여겼고, 그들이 내놓은 해결책은 대체로 시각 관념과 촉각 관념의 관계에 관한 것이었다. 이 관계를 필연적인 것으로 보는지 임의적인 것으로 보는지, 또 이 관계를 즉시 식별한다고 보는지, 경험에 의해 배우는 것으로 보는지, 아니면 지성에 의해 깨닫게 되는 것으로 보는지에 따라 다양한 견해의 스펙트럼이 있었지만, 대체로 이성주의자들은 긍정적인 대답을 하는 경향을 보였고 경험주의자들은 부정적인 대답을 하는 경향을 보였다.[206]

버클리는 몰리누의 문제를 해결하기 위한 시금석으로서 경험의 중요성을 자각한 최초의 철학자로 이 문제에서 그의 영향은 지배적이었다. 그런데 그의 주장을 확증할 수 있는 결정적 사건이 1728년에 일어났다. 런던의 유명한 해부학자이자 외과 의사인 체즐던이 13~14세 된 선천적 시각장애인의 백내장 수술을 성공적으로 마쳤다는 기사가 왕립학회에 보고된 것이다. 체즐던은 1년 간격으로 두 눈을 수술했고, 수술 전 눈의 상태와 수술 뒤에 환자가 무엇을 보고 무엇을 볼 수 없었는지, 새로운 시각적 인상들에 어떻게 반응했는지 상세히 기술했다. 사실상 체즐던은

---

[206] 경험주의자들이 공통적으로 부정적인 대답을 한 이유를 관념 연합 이론의 관점에서 문제의 시각장애인은 물체들을 구별하기 위하여 필수적인 시각 관념과 촉각 관념을 연합하는 경험을 해본 적이 없으며, 그가 겪는 순간은 바로 시각 관념과 촉각 관념의 연합이 최초로 이루어지는 순간이라는 데서 찾을 수도 있다. *Handbook of Perception*, Vol. 1— *Historical and Philosophical Roots of Perception*, ed. by E. C. Carterette & M. P. Friedman(N. Y. : Academic Press, 1974), 95쪽. 시각장애인에게 그가 직면한 감각적 요소들이 어떻게 연합되어야 하는지 전혀 단서가 제공되지 않는 상황은 영어를 모르는 사람에게 탁자 위에 놓여 있는 친숙한 물체들 가운데 어느 것이 Sphere에 상응하고 어느 것이 Cube에 상응하는지 묻는 것과 똑같은 상황이며, 이는 연합이 자연스럽게 이루어지는 것이 아님을 보여준다. J. Heil, "The Molyneux Question", *Journal for the Theory of Social Behavior* 17(Sep., 1987), 231쪽.

몰리누의 문제를 알지 못했고, 몰리누나 로크, 또는 긍정적인 대답을 한 어떤 철학자도 언급하지 않았으며, 환자에게 구나 정육면체를 보여주지도 않았지만, 환자의 상태를 상세히 기술해서 철학자들이 자주 언급하는 바람에 잘 알려지게 되었다. 버클리는 자신이 추리에 의해서 발견한 이론의 요점이 여러 해가 지난 뒤에 사실과 실험으로 확인되었다고 주장했다.

처음 보았을 때 그는 거리에 관해 전혀 판단하지 못해서 (그가 표현했듯이) 그의 눈에 닿는 모든 대상을 그가 만지는 대상이 피부에 닿는 것이라고 생각했으며, 어떤 대상도 매끄럽고 규칙적인 대상만큼 기분이 좋지는 않다고 생각했다. 그렇지만 그는 그 대상의 형태에 관한 어떤 판단도 할 수 없었고, 또한 그를 기분 좋게 하는 대상 안에 무엇이 있는지 추측할 수 없었다. 그는 어떤 사물의 형태도 알지 못했고, 형태나 크기가 서로 아무리 달라도 한 사물이 다른 사물과 다르다는 것을 알지 못했다. 그러나 그가 전에 촉각으로 그 형체를 알던 사물이 무엇인지 듣자마자, 그는 그것에 대해 다시 알려고 주의 깊게 관찰하기도 했다. 그러나 한 번에 배우기에는 대상이 너무 많았기에 그는 그것들 가운데 많은 것을 잊어버렸다. 그리고 (그가 말했듯이) 처음에 그는 하루 동안 무수한 사물을 배워서 알았다가 다시 잊어버렸다. 수술을 받고 나서 몇 주일 뒤에 상에 의해 현혹되어 그는 촉각과 시각 중에 어느 것이 속이는 감각기관이냐고 물었다. 그는 자신이 보았던 경계 너머에 있는 어떤 선도 결코 상상할 수 없었다. 그는 자신이 있던 방이 단지 집의 부분임을 알았지만, 집 전체가 더 크게 보일 수 있다고 생각할 수 없었다고 말했다. 그는 모든 새로운 대상이 새로운 환희였으며, 기쁨이 너무 커서 그것을 표현할 길을 원했다고 말했다.[207]

버클리의 시각 이론을 받아들이는 사람들은 체즐던의 보고가 그들의 주장을 지지하는 것으로 여겼고, 버클리의 이론을 받아들이지 않는 사람들은 체즐던의 보고에 대해 방법론적인 이유에서 비판을 제기했다. 이처럼 1728년 이후에 철학자들은 몰리누의 문제를 일반적으로 체즐던의 보고와 결부시켜 생각하게 되었다.[208]

버클리의 시각 이론에 대한 지지자들은 영국에 국한되지 않았고 프랑스에서도 생겨나게 되었다. 볼테르는 1726년부터 1728년까지 영국을 방문했는데 자유로운 정치 문화적 분위기뿐만 아

---

207) 『옹호와 설명』 71절. 주인공은 수술을 받기 전에는 사물의 형태를 지각할 수 없었지만 낮과 밤은 구별할 수 있었다. 버클리가 인용한 것은 중간중간 생략되고 양도 전체의 약 5분의 1에 불과하지만 전체적인 맥락을 살펴보기에는 큰 문제가 없을 것 같아 여기에 소개한다.
208) Degenaar(1996), 56쪽. 체즐던의 보고는 19세기에도 종종 언급되기는 하지만 18세기 후반 이후로는 영향력이 약화되기 시작한다. 그 대신 백내장 수술 결과에 대한 다양한 보고서들, 갓 태어난 동물과 갓난아기들의 시력에 관한 자료들이 사용되기 시작한다.

니라 뉴턴의 실험 철학, 로크의 경험주의 철학, 버클리의 시각 이론에도 깊은 감명을 받았다. 프랑스로 돌아온 그는 1738년에 뉴턴 철학을 대중화한 『뉴턴철학의 원리』(*Elémens de la philosophie de Newton*)를 출판하는데 이 책에는 우리가 거리를 보는 것을 배우는 방식에 대한 설명뿐만 아니라 체즐던의 보고서도 요약되어 있다. 볼테르는 거리, 위치, 크기와 형태는 광학적 선과 각의 도움으로 직접 보이는 것이 아니라는 버클리의 시각 이론을 받아들였으며, 체즐던의 수술이 로크와 버클리가 올바르게 예견한 모든 것을 확증했다고 주장했다.[209]

4) 체즐던 이후의 논쟁

(1) 콩디야크와 디드로

체즐던의 연구에 사용된 방법과 그 결과에 대한 의문은 버클리의 시각 이론을 영국보다 덜 신성하게 여긴 프랑스에서 주로 제기되었다. 라 메트리는 체즐던의 설명에 모순이 있음을 최초

---

[209] 볼테르가 요약한 체즐던의 보고서는 짧고 명료한 대신 미묘한 부분들이 빠졌고, 1729년에 제출되었다고 잘못 기록되었으며, 원문에는 없는 내용도 있다. 예를 들어 "그는 손을 씀으로써 사각형으로 판단했던 것과 둥글다고 판단했던 것을 구별할 수 없었다."는 구절은 몰리누의 문제를 연상케 한다. 그러나 볼테르가 몰리누의 문제를 명백하게 언급한 것은 아니다. Davis(1960), 400쪽; Degenaar(1996), 61~62쪽.

로 지적하였으며[210], 수술 직후 환자 눈의 생리학적 상태와 환자에게 주어진 질문의 본성에 주목함으로써 몰리누의 문제를 둘러싼 논의를 새롭게 불러일으켰다.[211]

콩디야크는 체즐던의 수술과 버클리의 시각 이론을 볼테르의 저서로 알게 되었고 최초의 저서인 『인간 인식 기원론』(*Essais sur l'origine des connoissances humaines*, 1746)에서 몰리누의 문제를 제법 상세히 논의한다. 그는 기본적으로 로크주의자이지만 반성을 선천적인 능력으로 도입한 로크가 본유주의자보다 더 나은 점이 없으며, 로크와 버클리가 지각 경험에서 감각을 토대로 한 무의식적 판단을 끌어들인 것은 감각을 평가절하한 것이라고 비판한다.[212] 그에 따르면 몰리누의 문제에서 로크가 구와 정육면체의 크기가 거의 같아야 한다고 요구한 것은 시각이 추리 없이 서로 다른 크기의 관념을 우리에게 줄 수 있음을 함축하며, 우리는 형태의 관념 없이 크기의 관념을 가질 수 없으므로 이것은 모순이다.[213] 또한 체즐던의 환자는 눈을 오랫동안 사용하지 않았

---

210) 그는 체즐던이 환자가 어떤 크기도 지각하지 못했다고 하면서도 눈 앞에 놓인 1인치 크기의 대상이 집만큼 크다고 말했다고 쓰고 있는 점을 지적했다. Degenaar(1996), 66쪽.
211) 같은 책, 67쪽.
212) 콩디야크에 따르면 감각과 반성을 인정하는 로크의 이원론은 반성을 단지 변형된 감각으로 보는 감각주의로 환원되어야 한다. Davis(1960), 401쪽.

기 때문에 수술 직후 그 기능을 제대로 발휘하지 못한다. 그러나 콩디야크는 버클리와 반대로 체즐던의 환자가 손을 사용하지 않는다 해도 이전에 촉각으로 얻은 것과 동일한 관념을 시력에 의해 얻을 것이며, 그 차이는 시간이 더 오래 걸리는 것뿐이라고 주장한다.[214]

몰리누와 비슷한 사고실험을 모든 감각기관으로 확대해서 '생명을 불어넣은 조상(彫像)'을 등장시킨 『감각론』(*Traité des sensations*, 1754)에서 콩디야크는 다시 한 번 몰리누의 문제에서 구와 정육면체가 동일한 물질로 되어 있고 크기가 거의 같아야 한다는 조건은 필요하지 않다고 비판한다. 크기가 거의 같아야 한다는 가정은 촉각의 도움 없이 시각이 다른 크기의 관념을 줄 수 있음을 수반하는 것처럼 보이지만 이것은 시각만으로는 형태를 구별할 수 없다는 몰리누와 로크의 가정에 모순된다. 한편 『인간 인식 기원론』에서와는 달리 콩디야크는 버클리의 주장이 체즐던의 보고서에서 증명되었으며, 체즐던은 수많은 세부 사항으로 이루어진 현상을 최초로 본 선구자라고 평가한다. 하지만 그는 체즐던이 "환자가 크기나 형태가 전혀 달라도 대상들을 구별할 수 없었다."고 쓰면서도 "그 환자가 매끄럽고 규칙적인 대

---

213) 『인간 인식 기원론』 1부 6장, Morgan(1977), 66쪽.
214) Degenaar(1996), 70쪽.

상들이 가장 기분 좋다는 것을 발견했다."고 쓰는 등 언제나 충분히 주의 깊게 표현하지는 않았음을 지적한다. 그는 우리가 체즐던과 같은 잘못을 다시 저지르지 않기 위해서 시력을 되찾은 시각장애인을 어떻게 가장 잘 관찰할 수 있는지에 관해 몇 가지 권고를 한다.[215]

우선 우리는 그가 나중에 시각을 통해 어떤 관념을 얻는지 스스로 말할 수 있기 위해서 촉각을 통해 얻었던 관념을 반성해야 함을 확실하게 해야 한다. 일단 수술이 시행되면 환자가 어떤 관념이 시각에 속하는지 배우기 전에는 어떤 것도 만지게 해서는 안 된다. 그에게 빛이 연장된 것으로 나타나는지, 또는 그가 빛의 윤곽을 결정할 수 있는지, 그 윤곽이 너무 모호해서 그 안의 변화를 관찰할 수 없는지를 확인하는 탐구를 수행해야 한다. 그러고 나서 환자에게 두 가지 색깔을 처음에는 분리시켜서 보여주고 나중에는 동시에 보여주고는 그가 전에 본 것으로 인지하는 것이 있는지 묻는다. 계속해서 색깔의 수를 늘려가면서 이러한 과정을 반복한다. 무엇보다도 그가 크기, 형태, 위치, 거리와 운동을 결정할 수 있는지 발견하도록 탐구가 이루어져야 한다. 모든 유도 심문은 피하도록 기술적으로 질문해야 한다. 그에게 삼각형이나 직사각형을 볼 수 있는지 묻는 것은 그가 보아야 하

---

215) 『감각론』 3부 6장, Degenaar(1996), 72~73쪽.

는 것을 듣고 있음을 뜻한다.

이처럼 콩디야크는 몰리누의 문제를 일종의 좋지 않은 유도 심문으로 암암리에 특징짓고, 시각장애인에게 적절한 질문을 하려면 주의가 필요함을 역설했다. 그는 어떤 철학자들보다도 시험적 사례들에 내재한 난점들이 훨씬 복잡함을 보여준다.

디드로의 『시각장애인들에 관한 편지』(*Lettre sur les aveugles*, 1749)는 시각장애인에 관한 최초의 과학적 연구라고 할 수 있다. 그는 많은 난점을 갖고 있는 몰리누의 사고실험이 믿을 만한 정보를 얻기 위해서는 충족시켜야 할 조건들이 있다고 주장한다. 우선 문제의 시각장애인은 상식이 많은 사람, 기왕이면 명료하게 생각할 수 있는 철학자이면 좋겠고, 그에 대한 관찰은 수술하고 상당한 시간이 지나서 눈이 완전히 치료되었을 때 시작해야 하며, 그때까지는 어둠 속에서 그가 눈을 움직일 기회를 갖도록 해야 한다. 그리고 그가 마음속에서 일어나고 있는 것만 말하게 기술적으로 질문하고, 이 질문은 철학자들의 공개 토론회에서 이루어져야 한다.[216]

디드로는 콩디야크와 마찬가지로 몰리누가 물체의 크기와 재료처럼 관계없는 조건들을 내세움으로써 문제를 방해했다고 생

---

[216] 『시각장애인들에 관한 편지』 첫머리에서 디드로는 철학자들과 저명인사들이 참석하지 못하고 하찮은 구경꾼들 앞에서 백내장 수술이 이루어진 것을 풍자적으로 비난한다. Morgan(1977), 31쪽.

각한다. 그리고 우리는 경험에 의해서만 거리를 판단할 수 있으며 처음으로 눈을 뜬 사람은 평평한 표면을 볼 뿐 대상들이 돌출한다는 것을 알지 못한다는 이유에서 몰리누의 문제에서 구와 정육면체를 원과 사각형으로 대체하고,[217] 그 문제를 "눈이 색깔을 구별하기를 배우는 것은 촉각을 통해서는 아니다. 만약 시력을 되찾은 시각장애인 앞에 검은 정육면체와 붉은 구가 흰 바탕에 놓여 있다면 그는 즉시 이 형태들의 윤곽을 식별할 것"이라고 흥미롭게 변형시킨다.[218] 그는 몰리누의 문제가 실제로는 두 가지 질문을 포함하고 있다고 보았다. 첫째, 시각장애인은 백내장 수술 직후에 볼 수 있을까? 둘째, 만약 볼 수 있다면 그는 형태를 구별할 수 있을 정도로 충분히, 그리고 촉각을 통해 배운 낱말을 그 형태들에 적용할 수 있을 정도로 충분히 볼까? 그 이름들이 그 형태들에 속한다는 증거를 가질까?[219]

첫 번째 질문에 대해서 그는 문제의 시각장애인은 갓난아기가 처음 눈을 떴을 때처럼 아무것도 볼 수 없다고 서슴없이 대답한다. 두 번째 질문에 대해서 그는 촉각은 눈이 형태를 구별하도록

---

217) 같은 책, 56쪽.
218) 같은 책, 53쪽. 정육면체와 구가 탁자 위에 놓여 있어야 한다면, 문제의 시각장애인은 두 물체를 구별해야 할 뿐만 아니라, 물체들과 탁자, 그리고 탁자와 그 배경을 구별해야 하는 어려움을 겪을 것이다. Degenaar (1996), 128쪽.
219) Morgan(1977), 50쪽.

도와줄 수 있지만 눈은 촉각의 도움 없이도 형태를 구별할 수 있을 것이다. 즉 눈은 작동하고 경험을 얻는 시간이 필요하지만 형태의 구별에 촉각이 필요한 것은 아니라고 대답한다. 촉각은 시각 경험을 분명하고 확고하게 하는 역할만 한다는 것이다. 그는 특히 두 번째 질문에 대해 시각장애인의 지성에 따라 대답이 다양하다고 주장한다. 그는 그 예로 교육을 받지 못하고 지식도 없어서 추리에 익숙하지 않은 사람들, 시각 대상과 촉각 대상을 비교는 하지만 확신이 없는 사람들, 추리는 잘 하지만 대상이 시각과 촉각에 동일하게 나타날지 확언하지 못하는 철학자(인식론자) 로크, 고도로 지적이고 재능 있는 기하학자 손더슨[220]을 들었다.

디드로의 『시각장애인들에 관한 편지』는 몰리누의 문제에 관한 논의에 중요한 기여를 했다.[221] 첫째, 그는 수술을 받은 시각장애인의 지각이 시각을 다루는 문제의 해결에 적절한지 논의를 불러일으킴으로써 몰리누와 버클리의 기본적 가정에 의문을 제기했다. 둘째, 그는 라 메트리와 콩디야크처럼 수술 직후에 눈이 중대한 상태에 놓일 수 있음을 지적하고, 심리학적 실험이 충족시켜야 하는 방법론적 기준들을 제시했다. 셋째, 그는 서로 다른 배경을 가진 환자들이 동일한 방식으로 반응하지 않을 것이며

---

220) Nicholas Saunderson(1682~1739). 케임브리지의 루커스 수학 석좌교수로서 한 살 때 시력을 잃었다. 같은 책, 55~56쪽.
221) Degenaar(1996), 77~78쪽.

지각은 버클리가 제시한 것처럼 보편적이지 않다고 지적했다. 18세기 프랑스 철학자들이 대부분 경험주의자나 감각주의자였던 것과는 달리 디드로는 몰리누의 문제에 관해서 이성주의적 견해를 보인다.

(2) 리드

리드는 『인간 마음의 탐구』(1764)에서 몰리누의 문제에 대해 눈으로만 보는 사람의 경우와 수학적인 추리도 할 수 있는 사람의 경우를 들어 두 가지 해결책을 제시한다. 그는 대상의 시각적 현상은 자연이 우리에게 거리, 크기, 형태를 알려주기 위해 사용하는 일종의 기호이며 언어라는 버클리의 주장에 동의한다. 그에 따르면 시력을 되찾은 시각장애인은 우리가 지각하는 것과 동일한 대상의 시각적 현상을 지각할 것이지만 그 언어들을 이해하지 못할 것이다. 즉 기호의 의미를 깨닫지 못하고 주목할 뿐일 것이다. 따라서 체즐던에 의해 백내장 수술을 받은 그 젊은이는 시각 능력만을 사용한다면 두 대상 가운데 어느 것이 구이고 어느 것이 정육면체인지 알지 못할 것이다.

…… 새로 보게 된 사람에게 대상들의 시각적인 현상은 우리에게 보이는 것과 동일할 것이다. 그러나 그는 우리처럼 그것의 진짜 크기는 전혀 볼 수 없을 것이다. 그는 시각만으로는 대상들의

길이, 폭, 또는 두께가 몇 인치 또는 몇 피트가 되는지 전혀 추측할 수 없을 것이다. 그는 대상들의 진정한 모양을 거의 또는 전혀 지각할 수 없을 것이다. 또한 이것이 정육면체이고 저것이 구인지, 이것이 원뿔이고 저것이 원통인지 식별할 수도 없을 것이다. 그의 눈은 이 대상이 가까이 있고 저 대상이 더 멀리 있는지 그에게 알려줄 수 없을 것이다. …… 한 마디로 그의 눈은 완전하기는 하지만 처음에는 외부 사물들에 관한 정보를 거의 주지 못할 것이다. ……[222]

리드는 수학적 추리도 할 줄 아는 사람이라면 결과가 달라질 것이라고 믿는다. 리드는 버클리가 시각적 형태를 촉각적 형태의 기호로 여기고 양자를 구별한 것에는 동의하지만 양자 간에 전혀 관계가 없다는 주장에는 동의하지 않는다. 그에 따르면 사물의 시각적인 형태와 그 실제 형태 사이에는 유사성, 심지어 필연적이고 수학적인 관계가 있다. 눈이 보이는 사람의 경우 시각적인 형태는 경험에 의해 실제 형태의 개념으로 직접 이끈다. 그리고 전자로부터 수학적 추리에 의해 후자를 끌어낼 수 있고, 마찬가지로 후자로부터 수학적 추리에 의해 전자를 끌어낼 수도

---

[222] T. Reid(1764), *An Inquiry into the Human Mind*, ed. by T. Duggan (Chicago: The University of Chicago Press, 1970), 6장 3절, 98쪽.

있다. 시각장애인의 경우에도 사물의 실제 형태를 알고 이로부터 천천히 수학적 추리에 의해 시각적인 형태를 추적해가는 일은 가능하다.[223] 자신의 주장이 옳은지 그른지 조사하기 위해 리드는 사고실험을 수행한다.

…… 손더슨 박사와 같이 시각장애인이 가질 수 있는 모든 지식과 능력을 가진 어떤 시각장애인이 갑자기 완벽하게 볼 수 있게 되었다고 가정하자. 그는 시각 관념들이 어느 정도 그에게 친숙해지기 시작할 때까지는 시각 관념과 촉각 관념을 연합시킬 기회를 갖지 못한다고 가정하자. 그리고 그렇게 새로운 대상들에 의해 유발된 놀라움이 가라앉으면 그는 이 대상들을 검토하여 이것들을 그의 마음속에서 그가 이전에 촉각에 의해 가졌던 개념들과 비교할 시간을 갖게 된다. 특히 마음속에서 그의 눈이 현전화하는 시각적 연장을 그가 이전에 숙지했던 연장, 길이와 폭을 지닌 연장과 비교할 시간을 갖게 된다. …… 그는 전자가 후자와 마찬가지로 길이와 폭을 가졌음을 알게 될 것이다. …… 따라서 그는 촉각적인 원과 삼각형과 사각형과 다각형들이 있는 것처럼 시각적인 원과 삼각형과 사각형과 다각형들이 있을 수도 있음을 지각할 것이다. …… 그리하여 만약 손더슨 박사가 볼 수 있게 되어

---

223) 같은 책, 6장 7절, 115쪽.

유클리드의 첫 번째 책의 도형들을 주의 깊게 본다면 그는 심사숙고해서 그것들을 만져보지 않고서도 그것들이 그가 이전에 그렇게도 촉각에 의해 잘 알고 있었던 바로 그 도형들임을 발견할 것이다. …… 그러므로 버클리 주교는 우리가 보는 연장과 형태와 위치와 우리가 촉각에 의해 지각하는 그것들과 전혀 유사성이 없다고 가정하는 중대한 오류를 토대로 자신의 논의를 진행시켰다. ……[224]

우리는 리드가 시각과 촉각의 관계에 관한 버클리의 이론에 영향을 받아서 한편으로는 버클리의 이론과 다를 바 없는 주장을 하지만, 다른 한편으로는 라이프니츠와 디드로를 연상케 하는 주장을 하는 것을 볼 수 있다.

5) 맺음말

이제까지 논의에서 알 수 있듯이 몰리누의 문제에는 모든 사람이 똑같이 받아들일 수 없는 조건과 가정들이 있어서 다양한 해석이 불가피했다. 몰리누는 문제의 시각장애인이 구와 정육면체를 만지지 말아야 하며, 그것들이 형태가 아니라 크기와 재료

---

[224] 같은 책, 6장 11절, 141~142쪽.

를 바탕으로 식별되는 것을 막으려고 '크기가 거의 같고 동일한 금속으로 되었다'는 조건을 내세웠다. 로크는 첫눈에 물체들을 알아볼 수 있는가 하는 조건을 추가했는데, 여기서 우리는 로크가 시각장애인의 시각 기능이 그대로 보존되어 시력을 되찾은 최초의 순간에 즉시 정상적인 기능을 발휘하리라고 가정했음을 알 수 있다. 라이프니츠는 시각장애인에게 무엇을 볼지 미리 말해준다는 조건이 문제에 함축되어 있다고 주장했다. 이들은 시각장애인의 시력 회복 가능성을 실제로는 믿지 않았지만 논의를 위해 가설을 수락한 만큼 이들의 대답도 본성상 사변적이고 선험적인 것이었다. 라이프니츠는 수학자 손더슨의 예에서 확신을 얻은 디드로와 리드의 선구자였다. 몰리누의 문제에서 가장 큰 비중을 차지하는 버클리의 경우 시각 관념과 촉각 관념에는 공통적인 것이 없으므로 시각장애인은 눈으로 본 것만으로는 제대로 말할 수 없으리라는 제1원리에서 자신의 대답을 제시했으며, 시각장애인이 실제로 무엇을 볼 것인가 하는 데에는 관심이 적었다.[225]

사변적이고 철학적인 주제였던 이 문제를 경험적으로 평가할 수 있는 문제로 보기 시작한 결정적 계기는 체즐던의 보고서였다. 대부분의 철학자들은 체즐던이 보고한 환자의 경험이 적어

---

225) Morgan(1977), 16쪽.

도 원리상 이 문제의 해결에 적합하다고 여겼다. 그러나 콩디야크와 디드로는 체즐던의 관찰이 훈련을 받지 못한 사람에 의해 적절하지 않은 방식으로 이루어졌다고 보고 실험이 충족시켜야 하는 기준을 제시했다. 그뿐만 아니라 그들은 몰리누의 문제가 하나의 물음이 아니라 대단히 복합적인 물음임을 지적했다. 그들은 몰리누가 크기와 재료처럼 관계가 없는 조건들을 내세워서 문제를 복잡하게 했다고 생각했다. 디드로는 로크와 반대로 시각장애인은 시력을 회복한 뒤 상당한 시간이 지나서 시험해야 한다고 조건을 달았다. 콩디야크는 몰리누의 문제가 일종의 유도 신문임을 지적했고, 디드로는 문제의 시각장애인이 성인이므로 그가 얼마만큼 지성적이냐 하는 것이 관건이라고 지적했다. 디드로는 몰리누의 문제가 두 물체의 구별과 명명이라는 복합 질문임을 깨닫고 두 물음을 분리했다.

체즐던의 보고서 이후에도 다양한 실험 결과가 제시되었지만 그 어떤 것도 몰리누의 문제에 대한 긍정적인 대답이나 부정적인 대답을 지지하는 결정적 증거를 제공하는 데 성공하지 못했다. 우리가 언뜻 짚어볼 수 있는 이유만 해도 여러 가지가 있을 수 있다. 무엇보다도 시각장애인이 백내장 수술을 하기 전후의 조건이 경우마다 다를 수 있다. 수술 이전에 시각 장애의 정도, 시각 경험의 차이, 지적 배경의 차이, 의사가 수술 후 동일한 시간에 실험을 수행하는지의 여부, 수술이 제대로 되었는지도 문제이지만 그 결과 보고가 정확한지도 문제가 될 수 있다. 환자의 표현은 의사에게 아주 낯설어서 의사는 자신의 경험에 비추어서 그 표현을 해석할 것이므로, 환자의 표현은 주의 깊게 평가되어야 한다.[226] 이 모든 복잡함은 콩디야크와 디드로가 예견한 대로였다. 시력을 회복한 직후의 시각장애인은 거의 모두가 몰리누의 문제에 대답할 처지가 아니었다. 몰리누의 문제는 본성상 결정적 실험이 될 수 없는 것에 대한 답을 요구한 것이다.[227]

몰리누의 문제를 단순히 시력을 되찾은 시각장애인이 얼마나 빨리 어떤 과정을 밟아서 볼 수 있는지에 관한 경험적 문제라고 여기는 것은 잘못이다.[228] 이 문제는 시력을 되찾은 시각장애인이 구와 정육면체를 눈으로 보아서 구별할 수 있는지 여부에 관한 것이 아니라, 시각적으로 순수한 상태에 있는 사람이 시각에 의해서 그런 결정을 정확히 할 수 있는지 그 여부에 관한 물음이다.[229] 이 물음에 대답하는 방식은 다양했지만 질문과 대답의 핵

---

226) Davis(1960), 407쪽.
227) 같은 책, 399쪽.
228) 햄린은 몰리누의 문제는 표면상 경험적인 것처럼 보이지만, 시각장애인이 대상을 구별하고 확인하는 데 촉각을 사용하는 것에 익숙해져서 다른 수단을 사용하기 싫어할 것이므로 경험적 용어로 해결하기 힘들며, 철학자들이 선험적인 용어로 그 문제를 다루고 있다고 지적한다. D. W. Hamlyn, *Sensation and Perception*(London : RKP, 1961), 104쪽.
229) Heil(1987), 230쪽. 황수영은 이 문제를 '감각의 원초적 소여가 그 자체로서 시간 공간적으로 정돈되어 있는지 아니면 그것에 질서가 잡히기

심은 하나의 감각 질서에서 다른 감각 질서로 이행하는 것이 어떻게 가능한가, 또는 어떻게 감각들이 지각자 속에서 결합되는가 하는 것으로서 이 문제는 순수 시각의 가능성 또는 시각이 최초로 탄생하는 순수 시각의 순간을 찾는 문제이다. 시력을 되찾은 시각장애인은 순수한 감각 작용을 생산하는 데 유용한 도구로서, 그는 우리가 기억하지 못하는, 촉각에 연결되지 않은 순수한 시각적 차원의 지각이 가능함을 입증할 수 있는 사례이다. 그러나 시각 주체가 탄생하는 순간을 목격하려는 철학자들의 욕망을 충족시키기는 어려웠다. 지각과 경험, 언어와 습관을 넘어서 순수한 시각이 가능한 그 순간은 어떤 존재도 오래 머무를 수 없는 지점이었다. 주체의 시각이 다른 감각과 결합하는 것은 필연적이고, 경험주의 철학에서마저 시각은 순수한 신체적인 눈의 시각이라고 말하기는 어려웠다.[230] 몰리누의 문제는 원자주의적이고 감각주의적인 지각 개념이 지배적이었던 시대적 배경을 이해하고 감각주의를 받아들여야만 성립되는 18세기라는 시대의 물음이었지만, 카시러가 보여준 바와 같이 제기된 뒤 결코 무대에서 사라진 적이 없다. 이 문제는 사변적인 철학적 주제로 등장해서 심리학적인 문제로 변모했다가 나중에는 생리학적인 문제

위해 어떤 다른 과정을 상정해야 하는 것인지 하는 인식 과정 문제와 직접 관련되는 것'이라고 표현한다. 황수영(2005), 89쪽.
230) 주은우, 『시각과 현대성』, 280~286쪽 참조.

로 옮겨간 추이를 지켜볼 수 있는 전형적인 사례 가운데 하나이다. 아마도 감각기관들 간의 관계에 관한 문제는 감각기관을 구성하는 것이 무엇이며 감각기관들을 서로 구별하는 것은 무엇인지에 관한 의견이 일치할 때까지 우리를 괴롭히는 어려운 문제일 것이다.[231]

그런데 한국판 체즐던 보고서인 『심청전』에서 눈을 뜬 심봉사는 심청이를 알아보았을까? "심봉사 반갑기는 반가우나 눈을 뜨고 보니 도리어 생면목이라. 딸이라 하니 딸인 줄 알지만 근본 보지 못한 얼굴이라 알 수 있나."(완판 71장본)

---

[231] R. Schwartz ed. *Perception*(Oxford : Blackwell Publishing, 2004), 69쪽.

■ 참고문헌

버클리, 문정복 옮김, 『인간 지식의 원리론』, 울산대학교 출판부, 1999.
버클리, 한석환 옮김, 『하일라스와 필로누스가 나눈 대화 세 마당』, 숭실대학교 출판부, 2001.
A. A. Luce and T. E. Jessop, eds., *The Works of George Berkeley, Bishop of Cloyne*, 9 vols. London: Thomas Nelson and Sons, 1948~57(버클리 저작의 표준판).
A. A. Luce, *The Life of George Berkeley Bishop of Cloyne*, Edinburgh and London: Nelson, 1940(버클리의 전기).
D. Berman, ed., *George Berkeley: Eighteenth-Century Response*, 2 vols. New York and London: Garland, 1989(버클리에 대한 초기 반응).
D. Berman, *Berkeley and Irish Philosophy*, London and New York:

Continuum, 2005(버클리 저작의 아일랜드 배경).

W. E. Creery, ed., *George Berkeley—Critical Assessments*, 3 vols. London and New York: Routledge, 1991(논문 모음집).

버클리에 영향을 미친 저작

A. A. Luce. *Berkeley and Malebranche—A Study in The Origin of Berkeley's Thought*, Oxford: Oxford University Press, 1934.

C. J. McCracken and I. C. Tipton, eds., *Berkeley's Principles and Dialogues: Background Source Materials*, Cambridge: Cambridge University Press, 2000.

I. Barrow, *Lectiones* XVIII, *Cantabrigiae in Scholis publicis habitae*, London, 1669.

I. Newton, *Mathematical Principles of Natural Philosophy*(2nd edn. 1713), trans. A. Motte, rev. F. Cajori, 2 vols. Berkeley and Los Angeles: University of California Press, 1962.

―――, *Opticks*(1st edn. 1704), New York: Dover, 1952.

J. Locke, *An Essay Concerning Human Understanding*(1st edn. 1689), ed. Peter H. Nidditch. Oxford: Clarendon Press, 1975.

N. Malebranche, *The search after Truth*(1st edn. 1674/5), Trans. T. M. Lennon and P. J. Olscamp. Cambridge: Cambridge University Press, 1997.

W. Molyneux, *Dioptrica Nova: A Treatise of Dioptricks in Two Parts*, London: Benjamin Tooke, 1692.

시각 이론에 관한 저작

D. M. Armstrong, *Berkeley's Theory of Vision*, Victoria: Melbourne University Press, 1960.

M. Atherton, *Berkeley's Revolution in Vision*, Ithaca: Cornell University Press, 1990

R. Schwartz, *Vision—Variations on Some Berkeleian Themes*, Oxford: Blackwell, 1994.

T. K. Abbott, *Sight and Touch: An Attempt to Disprove the Received(or Berkeleian) Theory of Vision*, London: Longman, 1984.

버클리 철학 주석서

A. C. Grayling, *Berkeley: The Central Arguments*, London: Duckworth, 1986.

A. D. Ritchie, *George Berkeley: A Reappraisal*, ed. G. E. David. Manchester: Manchester University Press, 1967.

D. Berman, *George Berkeley—Idealism and the Man*, Oxford: Clarendon Press, 1994

D. M. Jesseph, ed. and trans., *George Berkeley: De Motu and the Analyst*, Dordrecht: Kluwer, 1992.

G. D. Hicks, *Berkeley*, New York: Russell and Russell, 1968.

G. Picher, *Berkeley*, London: Routledge & Kegan Paul, 1977.

I. C. Tipton, *Berkeley: The Philosophy of Immaterialism*, London: Methuen, 1974.

J. Bennett, *Locke, Berkeley, Hume: Central Themes*, Oxford: Clarendon Press, 1971.

J. Dancy, *Berkeley: An Introduction*, Oxford: Blackwell, 1987.

K. P. Winkler, *Berkeley: An Interpretation*, Oxford: Clarendon Press, 1989.

K. P. Winkler, ed., *The Cambridge Companion to Berkeley*, Cambridge: Cambridge University Press, 2005.

R. G. Muehlmann, ed., *Berkeley's Metaphysics: Structural, Interpretive, and Critical Essays*, University Park, PA: Pennsylvania State University Press, 1995.

R. I. Brook, *Berkeley's Philosophy of Science*, The Hague: Martinus Nijhoff, 1973.

■ 저자 연보

1685	아일랜드의 킬케니 주에서 3월 12일 출생. 찰스 2세 죽고 동생 제임스 2세 등극, 몬머스의 반란, 루이 14세의 낭트 칙령 폐기로 많은 신교도들 프랑스를 떠남.
1687	뉴턴의 『자연 철학의 수학적 원리』 출간.
1688	명예혁명; 오라녜 공이 왕위에 오르고 제임스 2세는 프랑스로 망명, 말브랑슈의 『형이상학과 종교에 관한 대화』 출간.
1689	권리선언, 윌리엄과 메리 잉글랜드와 스코틀랜드의 왕과 여왕 선포, 루이 14세 영국에 전쟁 선언, 스피노자의 『신학정치론』 영역본 출간.
1690	로크의 『인간 지성론』, 『시민정부론』 출간.
1692	몰리누의 『새로운 굴절 광학』 출간, 버틀러 출생.

1694	말브랑슈의 『진리 탐구』 영역본 출간.
1695	로크의 『기독교의 합리성』 출간.
1696~1700	킬케니 칼리지 수학.
1696	톨랜드의 『신비롭지 않은 기독교』 출간.
1700	더블린의 트리니티 칼리지 입학(이후 1724년까지 소속됨), 베를린의 과학 아카데미 창설.
1704	뉴턴의 『광학』, 스위프트의 『터무니없는 이야기』 출간, 로크 사망.
1706	틴달의 『기독교 교회의 권리』 출간, 로크 유작집 출간, 보일 사망.
1709	『시각론』, 킹의 『신의 예정과 예지』 출간.
1710	아일랜드 교회의 사제 서품을 받고, 『원리론』 출간, 라이프니츠의 『신정론』 출간, 리드 출생.
1711	샤프츠버리의 『사람, 예절, 의견, 시간의 특성』 출간, 흄 출생.
1712	『무저항적 복종』 출간, 루소 출생.
1713	런던으로 이주, 『세 대화편』 출간, 콜린스의 『자유 사상론』 출간, 샤프츠버리 사망, 디드로 출생.
1713~14	프랑스와 이탈리아 1차 여행.
1714	맨드빌의 『꿀벌의 우화』 출간.
1715	말브랑슈 사망, 엘베시우스 출생.

1716~20	프랑스와 이탈리아 2차 여행.
1716	라이프니츠 사망.
1721	『운동론』 출간, 몽테스키외의 『페르시아인에게 보내는 편지』 출간.
1723	애덤 스미스, 프라이스, 돌바하 출생.
1724	데리의 주교로 임명되고 트리니티 칼리지 사직, 칸트 출생.
1725	허치슨의 『미와 덕 관념의 기원 탐구』 출간.
1726	스위프트의 『걸리버 여행기』 출간.
1728	8월 1일에 앤 포스터와 결혼하고 로드 아일랜드로 여행을 떠나서 1731년까지 체류, 브라운의 『인간 지성의 절차, 범위, 한계』 출간.
1729	뉴턴의 『자연 철학의 수학적 원리』 영역본 출간.
1731	런던으로 돌아와서 1734년까지 체류.
1732	『알키프론』 출간.
1733	『옹호와 설명』 출간, 브라운의 『자연스럽고 인간적인 것과 함께 유비에 의해 생각한 신적이며 초자연적인 것』 출간.
1734	『분석자』 출간, 코크 주 클로인의 주교로 임명.
1738	볼테르의 『뉴턴 철학 원론』 출간.
1739/40	흄의 『인간 본성론』 출간.

1744	『시리스』 출간, 비코 사망.
1748	흄의 『인간 지성에 관한 탐구』 출간, 몽테스키외 『법의 정신』 출간, 벤담 출생.
1749	『현자에게 하는 말』 출간, 괴테 출생.
1752	클로인을 떠나 런던으로 감, 버틀러 사망.
1753	1월 14일 런던에서 사망.

■ 역자 후기

 2005년 9월 첫째 토요일, 대우재단 세미나실에서는 현대철학사상연구회가 열리고 있었다. 이 연구 모임은 1991년부터 신일철 선생님을 모시고 한 달에 한 번 동서양철학과 주제의 구별 없이 자유롭게 발표해온 모임이다. 그 모임에서 나는 『시각론』과 『원리론』의 관계를 다룬 「버클리의 시각 이론」이라는 논문을 발표했다. 그날 선생님은 몸을 가누시기도 힘든 상태에서 발표자인 내 앞에 앉으셔서 시종 뚫어지게 나를 바라보셨다. 마치 이렇게 학문을 할 수 있는 네가 부럽다고 눈으로 말씀하시는 것 같았다. 그날 이후 다시는 선생님을 뵙지 못했지만 나는 아직도 선생님의 그 간절한 눈동자를 잊을 수 없다. 선생님은 이날 금일봉을 주셨는데, 아마도 자신이 없더라도 이 모임을 계속 가져주길 당부하신다는 뜻에서 그러셨을 거라고 짐작한다. 선생님의 뜻을 받들어 우리는 이 모임을 석 달에 한 번 동일한 형식으로 갖고 있다.

두세 달 모임에 나오시지 못하시던 선생님께서는 2006년 1월 16일 하늘의 부르심을 받았다. 선생님의 1주기를 기념하기 위해 출판한 『논쟁과 철학』(고려대학교 출판부)에 「몰리누의 문제」라는 논문을 실었다. 그리고 이 두 논문을 중심으로 역자 해제를 구성했다. 실로 이 번역서 한 권에 선생님의 지도로 석사와 박사 학위를 받은 나와 선생님과의 인연이 다 담겨 있다고 해도 과언이 아니다.

나는 '『시각론』과 『원리론』의 관계를 어떻게 볼 것인가' 하는 것과 '몰리누의 문제'를 『시각론』과 관련된 가장 중요한 주제라고 파악하고 집중적으로 다루었다. 『원리론』만을 버클리 철학의 진수라고 생각했던 내게 이 책의 번역은 버클리를 다른 각도에서 보게 된 계기가 되었다. 또한 처음엔 석사와 박사 학위논문을 쓰면서 스쳐 지나가듯 읽었던 이 책을 대단치 않게 생각하고 번역을 맡았는데 예상외로 내용이 어려웠고, 자연과학에 대한 기초 지식이 없이 서양철학을 공부한다는 것이 사상누각임을 실감하게 되었다. '몰리누의 문제'가 18세기에 그렇게도 철학자들의 관심을 끌었던 주제였음을 알게 된 것도 커다란 소득이다. 19세기 이후에는 독자적인 주제로 철학계의 화제가 되지는 않았지만, 오늘에 이르기까지의 변천 과정을 추적해 보는 것을 또 하나의 과제로 삼으려 한다.

  한여름의 대자연은 제 빛깔을 발하며 성장해간다. 우리의 삶도 이 인연의 고리들로 얽혀 사랑하는 존재로 성숙해갔으면 한다. 이 책이 나오기까지 오랜 시간이 걸렸다. 그 시간 속에서 나는 사랑받고 사랑하며 살았다. 학문의 길을 열어주신 스승들에게서, 번역으로 진행되는 수업에서, 토론의 장을 열어주었던 동료 교수들에게서, 태를 열어 나를 존재케 한 부모님에게서, 늦되는 나를 지켜준 아내와 두 딸에게서 받은 사랑에 감사한다. 끝으로 아카넷 출판부의 여러분에게 감사의 말씀을 드린다.

2009년 겨울
무등산 자락에서
이재영

이재영(李在榮)

고려대학교 철학과에서 학사, 석사, 박사 학위를 받았다. 서양근대철학회 회장을 지냈고, 현재 범한철학회 회장이며 조선대학교 철학과 교수로 재직하고 있다.
저서로는 『영국 경험론 연구』, 『현대철학과 사회』(공저), 『서양근대철학』(공저), 『지식정보사회와 윤리』(공저), 『서양근대철학의 열가지 쟁점』(공저), 『논쟁과 철학』(공저), 『개인의 본질』(공저)이 있으며,
역서로는 『영국경험론』이 있고, 「토마스 리드의 지각 이론」 등 다수의 논문이 있다.

새로운 시각 이론에 관한 시론

대우고전총서 026

1판 1쇄 찍음 | 2009년 12월 10일
1판 1쇄 펴냄 | 2009년 12월 21일

지은이 | 조지 버클리
옮긴이 | 이재영
펴낸이 | 김정호
펴낸곳 | 아카넷

출판등록 2000년 1월 24일(제2-3009호)
100-802 서울 중구 남대문로 5가 526 대우재단빌딩 8층
전화 6366-0511(편집) · 6366-0514(주문) | 팩시밀리 6366-0515
편집장 오창남 | 편집팀 안덕희
www.acanet.co.kr

ⓒ 이재영, 2009
버클리 KDC 164.22

Printed in Seoul, Korea.

ISBN 978-89-5733-174-3 94160
ISBN 978-89-89103-56-1 (세트)